Hund mit Streifen...

...mein Freund Pablo

IMPRESSUM

Die vollständige oder auszugsweise Vervielfältigung, Speicherung oder Übertragung dieses Buches, des Bildmaterials oder einzelner Text-Passagen, ob mechanisch oder elektronisch, ist ohne vorherige Genehmigung des Rechteinhabers (Stefan Klink) urheberrechtlich (§7 UrhG) und ausdrücklich untersagt.
Sämtliche Fotos / Bildmaterial dieses Buches sind urheberrechtlich geschützt!
Das Kopieren, Vervielfältigen oder Veröffentlichen von Buch-Inhalten (auch auszugsweise) bedarf einer schriftlichen Genehmigung des Autors (Stefan Klink).

Bibliografische Information der Deutschen Nationalbibliothek:
Die Deutsche Nationalbibliothek verzeichnet diese Publikation in der Deutschen Nationalbibliografie; detaillierte bibliografische Daten sind im Internet über dnb.dnb.de abrufbar.

© 2016 Stefan Klink, "Hund mit Streifen...mein Freund Pablo"
Umschlaggestaltung: S. Klink
Umschlagfoto: S. Klink
Foto und Bildmaterial: S. Klink / S. Ost
Homepage / Webseite: www.hund-mit-streifen.de

© 2016 Herstellung und Verlag: BoD – Books on Demand, Norderstedt

ISBN: 978-3-7431-9415-1

Hund mit Streifen...
...mein Freund Pablo

Der etwas „andere" Hunde-Alltag eines BARDINO & „Auslands-Hundes"!

von

Stefan Klink

(Ein schonungslos ehrliches Buch über "gestreifte" Hunde)

Gewidmet meiner treuen Fellnase Pablo.
Meinem persönlichen Seelen-Hund, mit dem ich gemeinsam
ein Stück Lebenszeit und Lebensweg wandern darf.

Aber auch ein Stück Hoffnung für all die Fellnasen,
die irgendwo auf diesem Planeten in Heimen, Tötungsstationen
oder im Tierschutz auf ihre letzte oder einzige Chance warten.
Eine Chance auf Zukunft, ein neues Zuhause,
aber auch auf die Chance einfach nur zu "LEBEN"!

INHALT

- Vorwort
- Kapitel 1 - Die Suche nach dem richtigen Hund
- Kapitel 2 - Der Weg zum Wunsch-Hund
- Kapitel 3 - Mein Freund Pablo
- Kapitel 4 - Verwechslungen
- Kapitel 5 - Vom Straßenkind zum Seniorenheim
- Kapitel 6 - Der Bardino / Was kommt da auf mich zu?
- Kapitel 7 - Vermittlung, Adoption, Übernahme des Hundes
- Kapitel 8 - Eine Adoption aus der Sicht eines Hundes
- Kapitel 9 - Die Ankunft im neuen Zuhause
- Kapitel 10 - Von Düften und blinden Passagieren
- Kapitel 11 - Onkel Doktor / Panik und Kontrolle
- Kapitel 12 - Pflege & Gesundheit
- Kapitel 13 - Der Hunde-Spielplatz

- ➢ Kapitel 14 - Pure Verzweiflung / Hunde-Flüsterer & Pfoten-Versteher
- ➢ Kapitel 15 - Der gestreifte Wächter & Hüter
- ➢ Kapitel 16 - Hüte-Hund vs. Schutz-Hund
- ➢ Kapitel 17 - Familie, Hunde-Haltung und andere Katastrophen
- ➢ Kapitel 18 - Die Sache mit den Zwergen
- ➢ Kapitel 19 - Hurra es geht in Urlaub
- ➢ Kapitel 20 - Begegnungen...der unheimlichen "dritten Art"
- ➢ Kapitel 21 - Sein oder Nichtsein...
- ➢ Kapitel 22 - Die Frage aller Fragen
- ➢ Kapitel 23 - Eine kleine "Bitte"
- ➢ Danksagung
- ➢ Anhang, Tipps & Internet

 # Vorwort

Vorab; dies wird nicht noch so ein langweiliges Buch über allgemeine Hunde-Themen...und auch kein weiteres Buch in dieser Hunde-Welt, über Hunde-Erziehung, Hunde-Flüsterer, stille Treppen, Pfoten-Versteher oder über Methoden einer modernen Hunde-Super-Nanny!

Wichtige Information zu diesem Buch und dessen Inhalt selbst:

- ➤ Wir verzichten grundsätzlich und bewusst auf gewisse Höflichkeitsfloskeln!

- ➤ Grundsätzlich verzichten wir hier unter Bardino-Haltern auf förmliche Ansprachen und sind (wie in Hunde-Halter-Kreisen üblich) per "Du"! Demzufolge spreche ich auch die Leser dieses Buches nicht mit einem förmlichen "Sie" an, sondern mit einem "Du".

- ➤ Die Wahrheit und die Realität dieser Hunde-Welt kann nicht immer nur "schön" geredet (oder wie hier in einem Buch "schön geschrieben") werden.

- ➤ Alle Themen, Fakten, insbesondere fachliche Rasse-Details und medizinische Anmerkungen im direkten Bezug auf diese Hunde-Rasse usw. sind sorgfältig recherchiert, ausgewählt, fachlich geprüft, an entsprechender Stelle hinterfragt und von Insidern dieser gestreiften Welt bestätigt worden.

- Es werden weder reinrassige Bardinos noch Bardino-Mixe voneinander inhaltlich oder Rasse bedingt in diesem Buch getrennt oder gesondert benannt! Wir sprechen pauschal in diesem Buch immer von einem Bardino! (Natürlich auch von einer "Fellnase" oder einem "Streifenhörnchen".)

- Dieses Buch ist nicht dazu gedacht, jedem Leser persönlich gefallen zu wollen. Der eine Leser wird sich sicherlich persönlich und schmunzelnd in vielen Bereichen, Geschichten und Themen wiederfinden.
  Andere Leser werden dieses Buch wegen seiner Ehrlichkeit vielleicht sogar verfluchen, und manche Zeilen werden vielleicht nicht jedem Leser gefallen!

- Manche Menschen werden mit der nüchternen Wahrheit und den realen Fakten einiger Themen und Details dieser "gestreiften" und vor allem etwas "anderen" Hunde-Welt gewisse Probleme haben, andere werden dagegen sicherlich sogar nützliche Informationen, Empfehlungen und Tipps für sich und ihre persönliche Bardino-Welt entdecken.

- Viele Themen-Bereiche sollte man durchaus etwas sportlich nehmen und vor allem mit dem notwendigen Humor betrachten!

Auf den Ursprung oder die Herkunft dieser besonderen Hunde-Rasse möchte ich hier auch nicht eingehen, da dies schon ausreichend an anderer Stelle und in anderer Literatur beschrieben und erklärt wurde.
Abseits davon findet man ausreichende Rasse-Informationen in den einschlägigen und allgemein bekannten Internet- Plattformen, in diverser Literatur, im Bardino-Forum oder direkt von dem spanischen Dachverband der Hunde-Züchter!

Dieses Buch beinhaltet ernste und humorvolle Alltags-Geschichten rund um diese Hunde! Informationen zur allgemeinen Bardino-Haltung, typische Eigenschaften dieser gestreiften Hunde, wir sprechen natürlich über ihre Rasse-Eigenschaften, all ihre "Ecken & Kanten", typisches Verhalten, Problemchen und viele andere Dinge rund um diese Bardino-Welt.

Natürlich ist es mir in diesem Buch sehr wichtig, auch mal Themen wie die eigentliche Suche nach dem gestreiften Wunschhund anzusprechen, die Recherche, die Vermittlung und auch die Adoption von "Auslands-Hunden", bis hin zu ihrer Ankunft in ihrem neuen Leben und ihrem Alltag im neuen Zuhause.

Im Informations-Teil des Buches findet man nützliche Tipps, Alltags-Dinge, die man beachten sollte oder auch bei der Bardino-Haltung tunlichst unterlassen sollte.
Aber auch und insbesondere allgemeine Informationen und Tipps zum Thema "Auslands-Hunde" und deren spezieller Problematik.
Natürlich auch über die oftmals gestellte und viel diskutierte Frage mancher Menschen, ob es denn nun wirklich / ausgerechnet / unbedingt ein Hund aus dem Tierschutz, Tierheim, Tötungsstation oder einem anderen fernen Land sein muss?!?

Frei nach dem Motto:

"Mein Bardino...ein unbekanntes Wesen von einem anderen Stern!"

Oder sage ich treffender:

"Normaler Hund war gestern, jetzt habe ich einen Bardino an meiner Seite!"

An der Stelle muss ich auch selbst eingestehen, dass ich mir persönlich vieles wirklich anders beim nächsten Hund vorgestellt hatte. Seit ich meinen gestreiften Freund gefunden habe, definiere ich das Thema Hund, Hunde-Alltag und Hunde-Haltung nicht nur komplett neu, sondern wirklich "anders" (im wahrsten Sinne des Wortes)!
Selbst nach zahlreichen eigenen anderen Hunde-Rassen und langjähriger Erfahrung mit Vierbeinern habe ich schnell begriffen, dass es auch bei Hunden mit gleichen oder sehr ähnlichen Rasse-Eigenschaften sehr große Unterschiede gibt.
Ein Hütehund ist nicht gleich ein Hütehund...und je nach dem, was bei so manchem Streifen-Hund noch als Mix und dessen Eigenschaften hinzu kommt, ist oftmals das Chaos, merkwürdige Situationen usw. nicht nur perfekt, sondern so manche "Überraschung" in unserem Alltag mehr als nur garantiert.
Auf gut Deutsch könnte man jetzt sagen / fragen:

- Du suchst die echte und ultimative Herausforderung in der Hunde-Welt?

- Kein Hund hat dich bis jetzt richtig verzweifeln lassen oder gar so richtig in den Wahnsinn getrieben?

- Du hast selbst Nerven wie Drahtseil und echte Nehmer-Qualitäten?

- Du suchst immer noch nach einer sinnvollen Beschäftigung für deine Freizeit?

- Eine langweilige Fellnase, ein gewöhnlicher Ruten-Wedler, ein Trend- und Mode-Hund der vielen "Gedudel"-Rassen / Sorten oder ein wirklich kleinwüchsiger Mini-Kläffer vom Kaliber "Handtaschen-Sirene" / "Fuß-Hupe" ist nichts für dich und trifft nicht einmal im Ansatz deinen persönlichen Geschmack?

- Bist immer noch auf der Suche nach einem treuen, souveränen und absolut unbestechlichen Begleiter und Freund auf vier Pfoten?

- ➢ Auf der Suche nach einem echten "Bodyguard"?

- ➢ Du bist auf der Suche nach einem der letzten und großen Abenteuer dieser Menschheit / modernen Gesellschaft?

- ➢ Etwas ganz besonderes und ein wirklich verrücktes Exemplar unter den Fellnasen soll es nun sein?

- ➢ Ein echter "Charaktere-Hund" soll es sein, mit einer ordentlichen Portion Selbständigkeit und Selbstbewusstsein?

- ➢ Du bist immer noch auf der Suche nach einem ganz besonderen und einzigartigen Hund, der auch wirklich und garantiert etwas "anders" sein darf und soll im Vergleich zu all den anderen Hunde-Rassen?

Dann wird es jetzt wirklich sowas von an der Zeit, über einen echten und gestreiften "BARDINO" & "BARDINO-MIX" nachzudenken und wir sollten uns mal ausgiebig über diese verrückte Hunde-Welt gemeinsam unterhalten!

Ich wünsche viel Spaß beim Lesen dieses Buches...und natürlich "HERZLICH WILLKOMMEN" in dieser doch sehr merkwürdigen, besonderen, wirklich etwas "anderen" und "gestreiften" Bardino-Welt.

Kapitel 1 - Die Suche nach dem richtigen Hund

Die Zeit ist gekommen, wo endlich ein Hund bei mir einziehen und mein Leben bereichern soll. Schön und außergewöhnlich soll er sein, möglichst ein Welpe, gut und einfach zu handhaben, anspruchslos und ein geselliger netter Schwanzwedler!
So weit, so gut...aber ehrlich gesagt doch gar nicht mal so einfach wie gedacht.
Aber wo und wie finde ich nun meinen persönlichen Wunsch- oder gar Seelen-Hund?

Gehe ich nun direkt zum Züchter, schaue ich mich im Internet auf den zahlreichen Verkaufs- oder Vermittlungs-Plattformen um, informiere ich mich im Tierschutz über Hunde oder gehe ich einfach mal ins Tierheim um die Ecke?
Nur die zwei wichtigsten Fragen aller Fragen überhaupt stellen sich leider die wenigsten angehenden Hundehalter:

- **"Welcher Hund passt überhaupt zu mir, meiner Familie und meiner persönlichen Lebenssituation?"**

- **"Welcher Hunde-Rasse kann ich überhaupt gerecht werden in meinem Alltag?"**

Holla die Waldfee (sorry für die Ausdrucksweise, aber es brodelt in mir bei diesem Thema), keine schöne Tatsache aber auch ein Stück bittere Realität in dieser schönen Hunde-Welt. Würden sich viele Menschen einfach mal diese beiden Fragen stellen, wäre diese Hunde-Welt auch schon ein kleines Stück besser!

Vor allem aber würden sich viele Menschen nicht gnadenlos und immer wieder den falschen Hund / Rasse aussuchen, würde es im Tierschutzbereich / Tierheimen weniger Rückläufer oder Neuzugänge geben (in Tierschutzkreisen auch oftmals als vierbeinige "Wanderpokale" bezeichnet) und sich sicherlich aus Sicht der Hunde und allen Betroffenen dieser Geschichte ein besserer, einfacherer und gemeinsamer Alltag meistern lassen!

Aller Anfang ist schwer, oder die große Frage, wo fange ich mit meiner Suche an?

Der beste Weg und erste Schritt zur Orientierung in diese Hunde-Welt dürfte wohl sein, sich überhaupt einmal mit all den verschiedenen und wundervollen Hund-Rassen auseinanderzusetzen, sich mal die "typischen" Eigenschaften einer Rasse anzusehen und zu bestimmen, was überhaupt am besten zu mir, meiner Familie, meinem persönlichen Umfeld und meinen persönlichen Lebensumständen passt?!

Im nächsten Schritt sollte man nach Möglichkeiten suchen, den entsprechenden Wunsch-Hund (Rasse) mal in Natura kennen zu lernen. Dazu gibt es viele Möglichkeiten!
Egal ob man mal auf dem Hundeplatz vorbei schnuppert, bei Hunde-Treffen diverser Vereine oder Interessengemeinschaften bestimmter Hunde-Rassen einen Besuch abstatten, auf Internet-Portalen für entsprechende Rassen mal die Halter selbst kontaktieren und nach ihren eigenen Erfahrungen fragen oder ganz banal auf einer Probe-Gassi-Runde im Tierheim um die Ecke seinen "Wunsch-Hund" kennen zu lernen. Nicht zuletzt muss ich persönlich für mich eingestehen, dass abseits des eigentlichen Wunsch-Hundes als solches natürlich nach Möglichkeit an erster Stelle die Suche im Tierschutzbereich, bei Tierschutz-Organisationen oder den Tierheimen selbst stehen sollte! Genau da sind oftmals die tollsten und die wirklich wundervollsten Fellnasen (fast aller Rassen und Altersgruppen) zu finden! Auch wenn sich leider immer noch die dummen Gerüchte rund um diese Fellnasen tapfer halten, das all diese Hunde (im wahrsten Sinne des Wortes) einen Dachschaden besitzen, unerziehbar sein oder echte Horror-Hunde darstellen sollen, findet man gerade in diesen Bereichen die echten Rohdiamanten!

Offen eingestanden; natürlich gibt es auch die Hunde, die mehr oder weniger traumatisiert sind, aus schlechter oder qualvoller Haltung stammen oder einfach nur von Menschen grausam misshandelt worden sind.
Aber was soll es, denn hat man erst einmal seinen Wunsch-Hund gefunden, sollte dies kein Grund sein, sich nicht dieser Herausforderung stellen zu wollen.
Der Schlüssel zum Glück sind immer die gleichen Dinge!
Hört man auf sein eigenes Bauchgefühl bei der richtigen Hundeauswahl und seinem zukünftigen Partner für ein gemeinsames Stück Lebensweg, investiert die notwendige Geduld, baut das entsprechende Vertrauen auf, erhält man garantiert und unweigerlich den tollsten Hund der Welt!

Mit etwas Glück sogar seinen persönlichen Seelen-Hund?!

Fakt ist aber auch, man gibt einem ganz besonderen und von der Gesellschaft vergessenen Hund nicht nur ein neues Zuhause, sondern eine (vielleicht letzte) Chance auf ein neues Leben! Gerade wenn wir jetzt von dem Thema "Auslands-Hunde" sprechen, retten wir sogar ein Leben, denn in den meisten Ländern tickt die Uhr des Lebens dieser Hunde.
Sie sitzen in der Regel in sogenannten Tötungsstationen und warten wenige Tage auf ihren sicheren Tod!
Vor allem fristen sie nicht unbedingt ihr Dasein unter einem trockenen Tierheimdach, nicht bei gefüllten Näpfen, werden nicht regelmäßig Gassi geführt, nicht medizinisch ausreichend versorgt und bekommen auch keine Streicheleinheiten.
Banal ausgedrückt, sprechen wir von einem Gegenstand (rechtlich einer Sache), der lediglich am Leben erhalten wird, bis sprichwörtlich seine letzte Stunde geschlagen hat. Dies soll der Grundgedanke und Anregung sein, vielleicht auch mal über einen "Auslands-Hund" nachzudenken und einer solchen Fellnase eine Chance, ein Leben und eine Zukunft zu schenken?!
Hinzu kommt aber auch die Tatsache, dass man den Hund / Rasse vielleicht auch gar nicht um die Ecke findet?!
Auch hierbei immer die Frage, warum nicht einfach ein Hund aus dem Ausland?!

Letztendlich entscheidet immer das richtige "Bauchgefühl", welcher Hund nun der richtige sein soll. Dass man später immer wieder genau auf dieses Thema angesprochen wird (meist sogar sehr negativ von solchen "Unwissenden") und warum es jetzt auch noch unbedingt eine Fellnase aus einem anderen Land und dann auch noch gar aus dem Tierschutz, Tierheim, Tötungsstation sein musste, interessiert mich persönlich schon längst nicht mehr. Hauptsache ist doch, dass es die richtige Schnuffelnase und der zu mir persönlich passende Hund ist. Egal wo er herkommt!

Natürlich sollte man bei einer solchen Entscheidung für einen "Auslands-Hund" genau abwägen, ob man auch die notwendigen Nerven besitzt, mit einem solchen Hund seinen Mitmenschen zu begegnen!
Aus eigener Erfahrung kann ich immer wieder nur betonen, dass man natürlich als Halter eines solchen Hundes mit Migrationshintergrund in der heutigen "Moderne" und materialistischen Welt schnell als Hundehalter 2. Klasse abgestempelt wird!
Hört sich zunächst verrückt an, aber in der heutigen Zeit gehört es inzwischen mehr als nur zum guten Ton oder dem eigenen Ansehen, mit welchem Vierbeiner man sich letztendlich schmückt und seine Rundchen dreht!
Am besten ist es natürlich, wenn der eigene Hund von vorne herein zur Autofarbe passt, nicht mit dem Handtäschelchen oder den neuesten Schühchen der modernen Hunde-Mutti kombinierbar ist oder das Fell zur neuesten Frisur.

Natürlich muss der Hund auch über einen gewissen Mindestwert verfügen, die getätigte Investition darstellen, oder zumindest teuer und sehr edel aussehen! Schließlich muss auch der Hund zeigen, was man hat oder welchem neureichen Status man angehört.

Da haben "gut gebrauchte" und nicht mehr ganz so neue (oder gar Straßen-Mixe) Hunde aus dem Tierschutz eh schon leider die schlechteren Karten!
Wenn uns dann mal wieder (wie so oft) unterwegs oder auf einer Gassi-Runde so ein komischer Gutmensch oder fragwürdiger Weltverbesserer der Hunde-Welt begegnet, mich regelrecht zu einer Antwort auf all seine dummen Fragen nötigt oder mich auf unverschämte Weise zu einer verbalen und direkten Reaktion zwingt!

Komischerweise sind dies fast ausschließlich die Vertreter der modernen Hundehalter-Fraktion / Neu-Hund Gesellschaft, für die natürlich nur ein echter Rasse-Hund der Sorten "Trend-Hund", Edel-Wuffel, irgendein "Gedudel" & Co. mit den entsprechenden Papieren von einem ganz besonderen, natürlich unglaublich teuren und angesagten Züchter in Frage kommt!

Inzwischen antworte ich immer sehr gerne passend zur Situation, tiefenentspannt, absolut nett und natürlich freundlich mit folgenden Antworten (je nach Intelligenz-Einschätzung meines Gegenübers oder der Situation angebracht):

- Sorry, das kann ich ihnen nicht einfach erklären, dafür sind diese Hunde zu selten!

- Fragen sie erst gar nicht, denn das würden sie eh nicht verstehen!

- Fragen sie nicht so dummes Zeug, mein Hund ist sehr sensibel und könnte sie hören!

- Schon klar, dass dieser Hund nichts für sie ist, sie sprechen ja auch nicht seine Sprache!

- Ich würde mich ja mit ihnen durchaus duellieren, aber wie ich sehe, sind sie leider geistig unbewaffnet!

- Sprechen sie bitte langsam, mein Hund ist Ausländer und hat einen sehr schwierig zu erklärenden Migrationshintergrund!

- Vorsicht! Mein Hund hat heute eh schon verdammt schlechte Laune und noch nicht gefrühstückt!

- Kommen sie bloß nicht näher, mein Hund hat sie durchschaut und kann sie scheinbar auch nicht wirklich leiden!

- Sorry, meine Lebenszeit ist zu kostbar für mich, um mich mit ihnen weiter zu unterhalten und zu beschäftigen!

- Ihr Versuch ist ja ganz nett, aber leider nicht unser Niveau!

- Zur Rasse kann ich ihnen nichts sagen, der war in der Pfoten-Wühlkiste im Sonderangebot!

- Der ist mir die Tage plötzlich "zugeflogen"!

- Wohnen sie auf dem Mond und haben den neuesten Edelrassen-Trend verpasst?! Das ist ein sehr seltener, unglaublich kostbarer und natürlich ein absolut reinrassiger "Zelö". Eine sehr spezielle Züchtung aus einem spanischen Zebra der Tiefebenen und einem andalusischen Berg-Löwen!

Mal im Ernst; was soll der ganze Irrsinn und Quatsch mancher Menschen und modernen Zeitgenossen in der heutigen Halter-Gesellschaft?!

Warum nur ist es so wichtig geworden, was für einen Hund man letztendlich an der Leine hat und wo er tatsächlich herkommt?!
Eigentlich könnte man ja als Halter eines "reinrassigen" Bardinos richtig aufdrehen! Denn sie sind nicht nur ausgefallen schön, sondern sogar noch recht selten und besitzen eine Art von Extravaganz!
Komisch nur, dass all dies dem typischen Bardino-Halter eher sowas von egal ist, im Vergleich zu manch anderem modernen Hunde-Halter der heutigen Gesellschaft.

Zurück zur eigentlichen Suche nach dem richtigen Hund.

Nachdem man nichts in den regionalen Tierheimen usw. gefunden hat, bleibt ja eigentlich nur noch die Suche im Internet und damit die Recherche auf zahllosen Plattformen im Tierschutzbereich, unzähligen Tierschutz-Vereinen, Hilfs-Organisationen und privaten Vermittlern.

Das Thema Züchter und kommerzielle Vermehrer lasse ich jetzt hier mal bewusst weg. Auch die Geschichte von den Hobbyzuchten, Hobbyzüchter & Co., die natürlich alle nur zu gerne ihre Fellnasen in "liebevolle Hände" abgeben möchten!
Natürlich nur gegen einen entsprechenden Preis!

Diese fragwürdigen Quellen der Beschaffung sind in diesem Buch absolut nicht von Interesse und hier in unseren "gestreiften" Kreisen ohnehin verachtet und tabu!

Da wir uns ja den Tierschutz-Hunden verschrieben haben und lieber einer vergessenen oder misshandelten Seele, vielleicht einem Hund, der in der Todeszelle seine letzten Tage absitzt, eine allerletzte Chance auf ein neues Leben und eine Zukunft schenken möchten, stehen eigentlich nur gewisse Tierschutz-Quellen, vermittelnde Vereine und entsprechende Organisationen in diesen Bereichen zur Verfügung und im direkten Fokus unserer Hunde-Welt.

Die Suche kann beginnen!

Kapitel 2 - Der Weg zum Wunsch-Hund

Auf geht es, den Computer hochgefahren und sofort mal ein paar Suchbegriffe im Internet eingegeben! Schnell wird man fündig, allerdings noch viel schneller etwas ratlos. Denn von der Vielzahl von diversen Tierschutz-Plattformen im Internet, den unzähligen Vereinen und Organisationen, die in diesen Bereichen der Hunde-Vermittlung tätig sind, wird man regelrecht überrollt und ehrlich gesagt auch gnadenlos überfordert.
Nun ja, schnell sind auch die ersten Fellnasen gesichtet, die traurigen Schicksale gelesen und man fängt langsam an, sich die ersten Favoriten und Fotos auf seiner Festplatte abzuspeichern...

Nach eigenen Erfahrungen und auch nach all den Geschichten und Erfahrungen der Mitglieder unseres Bardino-Forum (Kommunikations-Plattform von Bardino-Haltern) könnte ich jetzt sagen, dies ist eigentlich der falsche Weg!
Besser ausgedrückt, nicht die richtige Reihenfolge!
Zuerst sollte man sich mal etwas genauer und intensiver mit all den Organisationen, Vereinen und Vermittlern dieser Art von Hunde-Vermittlung auseinandersetzen!
Leider ist es so, dass sich auch in diesen Bereichen viele Menschen tummeln und engagieren, die zwar vom Grundsatz her "Gutes" tun möchten, aber bei vielen Menschen und damit auch bei den entsprechenden Organisationen / Vereinen auch solche Pappnasen aktiv sind, wo leider der Spruch "denn sie wissen nicht was sie tun" eher zutreffen würde!
Leider gibt es auch immer häufiger sehr fragwürdige Menschen, die unter dem Deckmantel des Tierschutzes gerne mal ihre Haushaltskasse aufbessern oder sich auf übelste Weise auch noch an diesen Hunden und ihren Schicksalen mit ihrem scheinheiligen Engagement und Vermittlungen bereichern möchten!
An der Stelle kann ich nur empört sagen: "Aus"..."Pfui"!

Auch wenn es so mancher Hund in der Vermittlung ausbaden würde oder auch mit seinem Leben bezahlen würde, vor allem wenn dieser sein Dasein in einer Tötungsstation fristet und seine Zeit droht abzulaufen, würde man besser manchen Menschen in diesen Vermittlungsbereichen das Handwerk legen!
Zum Glück gibt es aber auch die ehrlichen, vertrauenswürdigen und seriösen Vermittler, Vereine und Organisationen! Nur sie zu finden, stellt sich oftmals als schwieriges und aufwändiges Unterfangen heraus.

An dieser Stelle und auch aus eigener (leider unschönen) Erfahrung, aus einer Vielzahl von Gesprächen und Vermittlungs-Geschichten anderer Bardino-Halter heraus würde ich inzwischen vor der eigentlichen Suche nach dem Wunsch-Hund zunächst einmal die in Frage kommenden Vereine und Organisationen durchleuchten und mich intensiver mit ihrer Arbeitsweise / Vorgehensweise auseinandersetzen!

Hierzu würde ich beispielsweise keine Gästebücher ihrer Homepage lesen, denn wie real diese "Postings", Eintragungen oder Textfiles von Hunde-Haltern tatsächlich sein mögen, wird man niemals nachvollziehen können!
Auch kann man den Wahrheitsgehalt einer erfolgten Vermittlung nur erahnen oder mutmaßen, aber sicherlich nicht zuverlässig werten können.

Deutlich zuverlässiger in der real praktizierten Vermittlung und deren realen Bewertung sind Hunde-Halter selbst, die schon entsprechende Erfahrungen gesammelt und selbst gemacht haben, bei der Adoption ihrer eigenen Hunde!
Sprecht genau solche Leute an und fragt sie offen nach ihren Erfahrungen mit diversen Vereinen und Organisationen!

Hierzu gibt es viele Wege ans Ziel, um an ehrliche, seriöse und wertvolle Informationen zu gelangen, abseits von vielleicht geschönten Außendarstellungen, übertriebenen Selbstdarstellungen oder aufwändigen Internet-Portalen!
Immer wieder würde ich den gleichen Weg empfehlen; erst die richtige und seriöse Organisation suchen, dann erst nach dem passenden Hund (in deren bevorzugten Portalen und Vermittlungs-Börsen) Ausschau halten!

Sofern man nicht inzwischen schon seinen Hund an anderer Stelle längst gefunden hat?! Hierzu sind natürlich gerade die Empfehlungen der Hunde-Halter, die schon einen Hund aus dem Tierschutz übernommen und adoptiert haben,
von sehr großer und nützlicher Bedeutung!
Diese spiegeln ein klares und vor allem ehrliches Bild, welche Vereine und Organisationen usw. eine sehr gute und empfehlenswerte Leistung erbringen, damit auch überhaupt eine seriöse Abwicklung und Vermittlung von Hunden gewährleisten!

Auch sollte man unbedingt darauf achten, dass man auch nach einer erfolgreichen Vermittlung / Adoption jederzeit auf einen zuverlässigen Ansprechpartner zurückgreifen kann! Insbesondere ist es sehr empfehlenswert, dass der zuständige Vermittler auch gerne bei Fragen oder späteren Problemen als direkter Ansprechpartner kontaktiert werden kann und mit Empfehlungen, Rat und Tat zur Seite steht.

Zum guten Schluss sollte man auch wirklich darauf achten, im Detail die Gesundheit, gesundheitlicher Zustand, notwendige Impfungen und auch einen aktuellen Parasiten-Status (sogenannter "Mittelmeer-Test") des Hundes zu hinterfragen und entsprechend zu klären! Vor allem aber, bevor der Hund seine Reise in sein neues Leben und damit in sein neues Zuhause antritt!
Leider wird in genau diesem Bereich oftmals vieles verschwiegen, Probleme verheimlicht und geschönt! Hier spielt eine seriöse Vermittlung eine sehr gewichtige Rolle und ein verantwortungsbewusster Vermittler spielt hier mit absolut offenen Karten! Gerade was diesen "Mittelmeer-Test" im Vorfeld einer Vermittlung angeht, muss immer wieder darauf sehr eindringlich darauf hingewiesen werden, dass es nur ein "Schnell-Test" ist und ausschließlich ein Bild des Zustandes des Hundes wiedergibt, am Tage des Tests! Selbst am Flughafen und bei der Ausreise (Tage später) aus diversen Ländern kann sich der Hund immer noch die tollsten Erkrankungen, Infektionen, Parasiten usw. einfangen! Daher gilt bei "Auslands-Hunden" (egal ob aus südlichen Ländern oder auch östlichen Ländern) generell die dringende Empfehlung, den Hund (ein paar Tage nach seiner Ankunft und Eingewöhnungszeit im neuen Zuhause) zeitnah seinem Tierarzt vorzustellen!

Den Hund eingehend auf Erkrankungen, Parasiten (insbesondere auf Giardien- oder Filarien-Befall, da viele Hunde mit schwerem Durchfall einreisen (der eher selten Futter bedingt ist, wie leider so oft vermutet und fälschlicherweise angenommen!) und allgemeinem Zustand untersuchen zu lassen.

Bei den jeweiligen Untersuchungen, Testverfahren usw. sollte man nicht auf ein paar Euro achten, sondern unbedingt einen "großen" Mittelmeer-Test (also keinen erneuten "Schnell-Test") machen lassen und diesen auch ein halbes bis dreiviertel Jahr später nochmals wiederholen!

Mal unter uns, das ist keine Übertreibung! Sondern so viel gesundheitliche Verantwortung ist man seiner Fellnase schuldig, vor allem aber auch um spätere und schwere Erkrankungen (einige Krankheiten haben lange Inkubationszeiten bis zu ihrem Ausbruch!) vorzubeugen und auch auszuschließen. Für die Menschen, die es leider immer noch nicht wahr haben wollen; der "Mittelmeer-Test" als solches und dessen irreführende Namensgebung hat nicht im geringsten etwas damit zu tun, dass diese typischen Krankheiten, Erreger usw., die dort getestet werden, ausschließlich in Ländern des Mittelmeer-Raumes vorkommen!

Auch ein Hund aus "östlichen" Ländern und diversen anderen europäischen Regionen bringt oftmals die gleichen Krankheiten, Erreger und Infektionen mit bei seiner Einreise in unsere Heimat!
Nur will dies komischerweise niemand so richtig glauben, bis plötzlich der eigene Hund schwer erkrankt und es oftmals keine Rettung, keine ausreichende und notwendige Behandlung oder gar Heilungs-Chance mehr gibt.

Zurück zur Recherche und der Suche nach dem Wunsch-Hund...

Sehr hilfreich hat sich immer wieder erwiesen, dass man neben den zahlreichen Informationen und Tipps anderer Hunde-Halter, Internet-Plattformen oder seinem privaten Umfeld unbedingt Rasse-Kenner ansprechen sollte!
Schließlich erhält man immer die besten Tipps und nützlichsten Informationen genau von den Menschen, die genau diese Wege der Vermittlung schon gegangen sind und auch genau die Hunde-Rasse heute an ihrer Seite haben, nach der wir speziell suchen und persönlich Ausschau halten!
An dieser Stelle natürlich die ultimative Empfehlung, Tipp und Hinweis an all die Menschen, die sich für einen wundervollen Bardino (Männlein), Bardina (Weiblein) oder einen gestreiften "Mix" interessieren: **www.bardino-friends.de**

Dies ist nicht nur das 1. und einzige Forum zum Schwerpunkt-Thema der Hunde-Rasse des Bardino, sondern hier treffen sich in erster Linie genau die Menschen, die nicht nur ihre persönlichen Erfahrungen austauschen, sondern viele Themen rund um den Bardino und das Thema Hund allgemein diskutieren, über Hunde-Haltung fachsimpeln, Tipps und Informationen austauschen und gemeinsam nach Problem-Lösungen suchen.

Oder ganz einfach ausgedrückt mal über ihren Alltag, Situationen, Erlebnisse, Abenteuer oder Reisen mit diesen doch sehr verrückten Streifenmonstern berichten und Einblicke in ihre persönliche Hunde-Welt gestatten.
Für einen (insbesondere angehenden) Bardino-Halter auf der Suche nach nützlichen Tipps, Informationen und Gleichgesinnten eigentlich ein absolutes "Muss"!

Anmerken müsste man allerdings, dass man unbedingt eine ordentliche Portion Humor mitbringen und auch vertragen sollte, nicht bei der erstbesten Gelegenheit zum Lachen in den Keller laufen möchte, wenn man in diesem etwas "anderen" Hunde-Forum und all seinen verrückten Hunde-Haltern / Forum-Bewohnern aktiv werden möchte! Natürlich kommen gerade dort all die Tierschutz-Themen rund um die gestreifte Hunde-Welt nicht zu kurz.

Die Forum-Gemeinschaft unterstützt auch aktiv den Tierschutz und diverse Vereine und Organisationen, startet auch immer wieder sehr aktiv eigene Nothilfe-Aktionen. Gerne werden dort auch Fragen zu Themen wie Vermittlung oder Adoption von Bardinos beantwortet und diskutiert.

Übrigens; in diesem Forum tummeln sich auch Forum-Mitglieder, die selbst in diversen Tierschutz-Organisationen, Vereinen usw. persönlich aktiv sind und auch gestreifte Hunde vermitteln!
Hat man erst einmal die richtige und seriöse Vermittlung (Organisation, Verein) gefunden, dann ist natürlich der Punkt gekommen, nach dem richtigen und passenden Hund zu suchen und Ausschau zu halten.

Dass dies ein sehr Zeit raubendes Unterfangen werden kann, sollte einem schon vorab bewusst sein, denn auf Anhieb seinen passenden Hund zu finden, ist gar nicht mal so einfach oder gar zeitlich einzugrenzen!
Manche Menschen werden sofort fündig und haben das notwendige Bauchgefühl beim Betrachten der unzähligen Hunde-Vorstellungen und Bilder.
Andere wiederum suchen ewig!

Meine persönliche Suche dauerte fast 2 Jahre und ich kann echt nicht sagen, wie viele Streifenhörnchen ich mir in diesem Zeitraum tatsächlich angesehen habe.
Kurz vor der eigenen Kapitulation und der Suche nach einem ganz besonderen Hund wurde ich dann irgendwann nachts plötzlich fündig!

Ehrlich gesagt hatte ich schon fast gar nicht mehr damit gerechnet, als mein Bauchgefühl beim Betrachten eines Fotos und lesen der Vorstellung dieses Hundes Alarm geschlagen hatte.

Als ich dann die wirklich außergewöhnlichen "Bernstein"-Augen und den Blick dieses Hundes näher betrachtete, wusste ich es sofort!

Der ist es...das ist meiner...und kein anderer!

Darf ich vorstellen:

(Anlass, Hauptdarsteller und Protagonist dieses Buches)

- **Name:** "**Pablo**" (mein kleines "Streifenmonster")

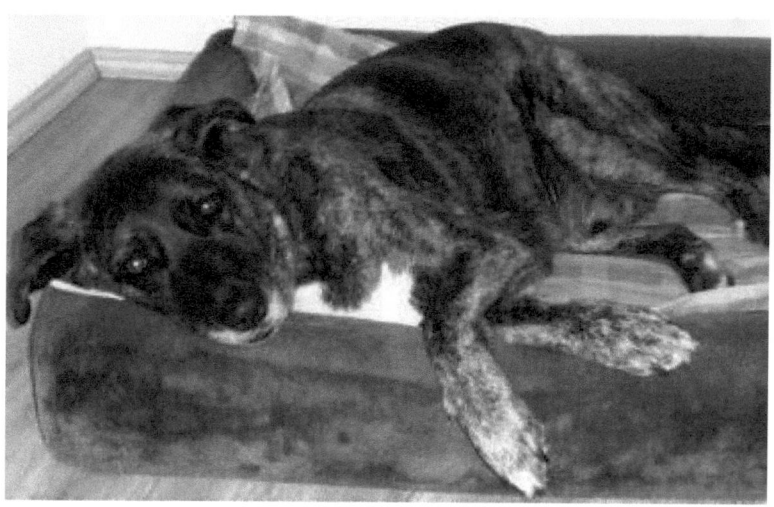

- **Geboren:** Januar 2010

- **Herkunft:** Fuerteventura / Tötungsstation

- **Rasse:** 99,8% echter Bardino (Majorero Canario)

- **Gewicht / Maße:** 35kg (+ - 1 kg) / 62 cm

- **Hobby:** mit Herrle und Frauchen abhängen und rumklönen

- **Beruf:** Hund sein dürfen und seiner Rasse jederzeit gerecht werden

- **Nebenjobs:** Sicherheitsbeauftragter, Fraules persönlicher Bodyguard, Herrle in die Verzweiflung treiben und bespaßen, Leckerlie-Tester, Vollpfosten-"Angroller", Vertreter-Schreck, Paketdienst-Jäger, Schnecken-Schubser und offizieller Grashalm-Wachstumsbeobachter

- **Laster:** Langstreckenschläfer & Extrem-Schnarcher, Flohkisten-Wühler

- **Lieblingsfutter:** Nudeln schlürfen, Äpfel und Erdbeeren lutschen, Bananen schlabbern, getrocknete Rinderstreifen schreddern, nebenbei halt sein Trockenfutter knabbern

- **Besondere Fähigkeit:** bekennender 20% Hund (wird noch erklärt!)

- **Besondere Eigenschaften:** Unbestechlich, ehrlich, stur, treu

- **Lieblingsspielzeug:** Holz!
  In jeglicher Baumart und Aststärke, gerne auch am Strand als Treibgut mit einer gewissen "salzigen Note" (bevorzugte Geschmacksrichtung: "Atlantik")

> **Lieblings-Sport & Beschäftigung:** Bloß kein Stress!
> Leidenschaftlicher Rasen-Schnuffler, Klippen-Schäfer, Hecken-Lieger, Blumenbeet-Prüfer, Feinschmecker und Napfinhalt-Genießer

Kapitel 3 - Mein Freund Pablo

Mein Freund Pablo...seit fast sechs Jahren begleitet er mich jetzt auf unserem gemeinsamen Weg. Egal ob auf steinigen Pfaden, unwegsamen Gelände, Täler wie Berge, über alle Höhen und Tiefen des Lebens.
Er ist immer an meiner Seite, ein echter Freund, mehr als nur ein treuer Begleiter!

Auch wenn er mich so manches Mal nahezu in den Wahnsinn treibt oder getrieben hat, möchte ich keine einzige gemeinsame Sekunde Lebenszeit oder all die gemeinsam erlebten Momente mit ihm missen.
Von all den Fellnasen an meiner Seite, die mich ein Stück auf dem langen Weg des Lebens begleitet haben, ist er der ganz "Besondere"...mein Seelen-Hund.
Er möchte "nicht gefallen", hat viele Ecken und Kanten.

Aber eins hat er auch; ich nenne es die große Gabe, tief in die Seelen seines Gegenüber hinein zu schauen. Sein Urteil ist ehrlich, aufrichtig und unbeirrbar.
Viele Fellnasen sind mit den Jahren gekommen und wieder gegangen.
Niemals zuvor hat mich ein solches Geschöpf so in seinen Bann gezogen, beschützt und auch getröstet. Ich hörte viele Geschichten, so manche Erzählung und habe viel gelesen. Wollte all die "gestreiften" Dinge nicht wirklich glauben.
Heute weiß ich es besser!
Es ist kein normaler Hund, sondern ein Bardino!

In all den schweren Stunden, wofür er wirklich nichts konnte, als Ärzte mal wieder um sein Leben rangen, ihn so manches Mal aufgeben wollten...
...sah er mich an, grub seine Nase in meine Arme und ich wusste es sofort!
Er will und wird kämpfen!
Kämpfen für ein besseres Leben, vielleicht auch nur für mich?!

Wenn ich heute in seine braunen Augen schaue, weiß ich nur zu gut, dass sich zwei gleiche Seelen auf einer langen Reise des Lebens nicht nur gesucht haben, sondern auch endlich gefunden! Die Tage verrinnen, aber die gemeinsamen Momente und Augenblicke werden bleiben und niemals vergehen...

Nur zu gut kann ich mich daran erinnern, als Pablo damals vor sechs Jahren hier ankam und mich beim Öffnen dieser Transport-Box das erste Mal diese braunen Augen anschauten und sich unsere Blicke trafen.
Aus Freude wurde schnell Leid, denn bis zu diesem Zeitpunkt hatte ich noch nie einen solchen misshandelten und geschundenen Hund gesehen!
Geschweige denn einen Hund, der nicht mal in der Lage war, auf eigenen Beinen seine Box zu verlassen!
Es folgte eine Zeit geprägt von Arztbesuchen, Klinikaufenthalten und zahllose Behandlungen. Ein ständiges Auf und Ab des Lebens, und aus diesem Häufchen Elend wurde ganz langsam ein Hund. Ein Hund, der einfach nur leben will und endlich auch ein ganz normaler Hund sein darf.
Sein Vertrauen zu gewinnen, war allerdings wohl (im Nachhinein betrachtet) die größte Herausforderung für uns! Es dauerte Monate, bis er sich ganz normal und ohne Angst anfassen ließ. Ehrlich gesagt auch Jahre, bis er gewisse "Berührungen" für sich akzeptierte. Sein Misstrauen in Menschen schien grenzenlos und seine seelischen Wunden heilten nur sehr langsam.
Seinen Napf leerte er immer sehr vorsichtig, ging mit uns seine Gassi-Runden; immer geprägt von Vorsicht und Misstrauen. Ein Misstrauen gegen alles und jeden.
Wir haben nichts unversucht gelassen!
Versuchten ihn zu trainieren, immer mehr Vertrauen zu gewinnen und zu einem ganz normalen Hund zu formen. Man merkte ihm förmlich an, dass er wirklich wollte, ber tief in seinem Inneren etwas blockierte.
All unsere Versuche "Nähe" zu gewinnen waren irgendwie immer begleitet von einer gewissen "Ferne". Anders kann man es nur sehr schlecht Menschen mit Worten beschreiben, die ihn nicht kennen oder schon mal bis zu diesem Zeitpunkt kennen gelernt haben.

Nach fast zwei Jahren in seinem neuen Zuhause und nach all unseren Bemühungen kam völlig unerwartet der Tag, den ich wohl niemals mehr vergessen werde!
Der Tag, wo er das erste Mal ganz von sich aus plötzlich aus seiner Kiste kam, sich räkelte und auf direktem Wege auf mich zukam!

Vor mir stehend und mit seinen großen Bernstein-Augen schaute er mich an. Unsere Blicke trafen sich eine gefühlte Ewigkeit, als er noch einen letzten Schritt auf mich zukam und er mich mit seiner feuchten Nase anstupste, als wollte er mir etwas ganz Bestimmtes sagen?! Er schmiegte sich eng an mich, legte seinen Kopf in meine Armbeuge, schloss seine Augen und seufzte nochmals tief.
Das Eis war wohl endlich gebrochen...

Was mich und meine Frau angeht, lässt er Berührungen zu und vertraut uns seither grenzenlos. Auf seine ganz eigene, spezielle und sehr außergewöhnliche Art.
Auch heute ist er noch immer sehr zurückhaltend, hält sich alles und jeden vom Leib, den er nicht kennt. Menschen, die er wirklich kennt, werden zwar toleriert und akzeptiert (zum Beispiel Familienmitglieder, Nachbarn usw.), aber direkte "Nähe" oder gar Berührungen sind allerdings immer noch eine ganz andere Geschichte und ein absolutes Tabu.
Abseits unserer Freunde Sanny und Andy ist es gerade mal sein "Leibarzt" und sein Team, die ihn anfassen dürfen und dessen Nähe er inzwischen und bis zum heutigen Zeitpunkt freiwillig zulässt.
Oder spreche ich treffender von ein paar wenigen Menschen, die sich sehr um ihn bemüht haben und denen er inzwischen auch vertraut?!
Nach den ersten Tagen und Wochen war uns allerdings eins mehr als nur bewusst, dieser Hund wird sehr viel Zeit benötigen!
Aber was soll es, er hat genug in seiner Vergangenheit erlebt. Er wird alle Zeit der Welt von uns bekommen die er braucht, ein normales Hunde-Leben zu führen.
Eine solche Extreme kannte ich ehrlich gesagt bis heute noch von keinem meiner Hunde; aber auch nicht diese Art, wie dieser gestreifte Hund vertraut und seine Zuneigung überhaupt zeigt.

In all den Jahren meiner persönlichen Hundehaltung habe ich wirklich schon viel erlebt, gesehen und auch geschätzt. Aber nie hatte ich einen so merkwürdigen und wirklich etwas "anderen" Hund an meiner Seite.
Ich könnte jetzt wohl ganz normal davon berichten, dass er hütet und bewacht. Aber selbst bei diesen Themen ist er etwas "anders"!

Dass diese gestreiften Hunde ihre angeborene und ausgeprägte Aufgabe sehr ernst nehmen, erklärt sich fast von selbst. Dass sie aber diese Aufgaben noch ganz anders ausleben, hätte ich in dieser Form wie Pablo es zeigt, ehrlich gesagt niemals für möglich gehalten! Genau hier ist der Ansatz für mich persönlich, wo ich von einem echten "Seelenhund" spreche. Denn er ist ein wahrer "Fels in der Brandung" des Lebens und mehr als nur ein sehr treuer Begleiter.
Sein Zuhause und sein "Rudel" schützt er unbestechlich, ebenfalls rund um die Uhr sein Revier. Was seine Bezugspersonen selbst angeht, wacht er unermüdlich!
Besonders an den Tagen, wo es Herrle mal nicht so gut geht.
Pablo ist nie sehr weit entfernt und weicht für nichts auf der Welt von meiner Seite. Verrückt daran ist seine permanente Kontrolle! Ständig stupst er mich mit seiner Nase an (wenn ich zum Beispiel mal ein Stündchen schlafe), sucht die direkte Nähe und wenn die Möglichkeit es zulässt, schlotzt er am Handgelenk mit seiner Zunge immer wieder genau die Stelle, wo man den Puls fühlen und ertasten kann.

Wenn es seinem Frauchen mal schlecht geht oder sie einfach mal krank ist und sich ins Bett legt, krabbelt er in fast regelmäßigen Abständen die Wendeltreppe (die er im Alltag normalerweise nicht einmal eine einzige Stufe empor steigen würde) hinauf ins Schlafzimmer, legt sich einige Minuten neben das Bett von seinem Frauchen, schnuppert öfters mal an ihr und trottet nach seiner persönlichen Kontrolle wieder ins Erdgeschoss hinunter. Wirklich so, als hätte er eine sehr wichtige Aufgabe zu erfüllen.
Verstehe mal einer diesen merkwürdigen und gestreiften Hund?!

Auf Gassi-Runden legen wir keinen gesteigerten Wert darauf, on nun ein Hund vor, neben oder hinter seinen Leutchen läuft. Ehrlich gesagt glaube ich auch nicht all den fachlichen Empfehlungen und Meinungen mancher Menschen, Trainer, Hunde-Versteher, Pfoten-Flüsterer & Co., wo nun ein Hund grundsätzlich immer und natürlich richtig zu laufen hat! Warum auch?!

Die Meinung, dass ein Hund, der öfters mal "vorläuft", der wirklich wahre Rudel-Chef ist, halte ich persönlich für absoluten Blödsinn dieser ominösen Hunde-Fachwelt. Pablo läuft auf unseren Ründchen immer vor, ist immer neugierig und beobachtet gerne sehr aufmerksam sein Umfeld und das was da so alles auf uns zukommt! Kommt etwas von vorne, bleibt er immer sofort stehen und erwartet unsere "Meinung" oder Einschätzung der Situation.
Kommt etwas plötzlich von hinten, kommt er angerannt und steht sofort neben uns und zu allem bereit.

Bei freundlichen "Begegnungen" nimmt er allerdings gerne Abstand ein und möchte sich auch nicht anfassen lassen. Möglichst in erhöhter Position und allzeit bereit, aber ohne zu "Grollen". Etwas angespannt setzt er sich dann in der Regel hin und beobachtet. Aber jemanden nur im Ansatz mal Rute wedelnd und überschwänglich zu begrüßen, gar selbst wenn sein Gegenüber sich freundlichst bemüht, erwidert er absolut nichts außer bei Annäherungen wieder seinen erwünschten Mindest-Abstand wieder her zu stellen oder auf das nötige Maß schnellst möglich zu korrigieren.
Bei Begegnungen der unbekannten Art "umzingelt" und umkreist er regelrecht sein Gegenüber und ich habe immer den Eindruck, er sucht sich die bestmögliche Position heraus, um bei Bedarf sofort reagieren zu können, oder um seinem Herrle oder Frauchen am effizientesten zur Hilfe eilen und sofort schützen zu können.

In Natura betrachtet sehr ungewohnte Eigenschaften in dieser doch sehr merkwürdig ausgeprägten Art eines Hundes, aber auch gleichzeitig ist dieses gezielte Verhalten sehr beeindruckend. Vor allem aber ohne großartigen Gedöns und das unnötige Hektik oder gar Stress aufkommen.

Dies alles sind für uns schon komische und teils merkwürdige Situationen, allerdings auch ohne diese Dinge und besondere Verhalten jemals trainiert zu haben!

Man könnte es so beschreiben, dass ein Bardino ein extrem selbständiger und wirklich absolut souveräner Hund in seinem Alltag ist.
Ohne jeden Zweifel offen zu lassen und je nach Situation sehr erhaben.

Gerne behaupte ich immer, dass wir eigentlich zwei völlig verschiedene Fellnasen haben. Auf der einen Seite ein sehr "harter Hund", zielorientiert, massiv in Sachen Sicherheit und Schutz, unbeirrbar, absolut unbestechlich und unnahbar!
In manchen Situationen eher schwer zu händeln und für einen Hund als sehr stur und extrem selbständig zu bezeichnen.

Auf der anderen Seite in seinem Zuhause und damit im normalen Alltag ist Pablo außergewöhnlich "leise" und sehr sanftmütig.
Kein "Kuschelhund" im normalen Sinne, da er generell Berührungen / Nähe nicht unbedingt mag oder gar sucht. Eine gewisse Verspieltheit wie andere Hunde oder eine herzliche "Begrüßung" zeigt er seinen Bezugspersonen gegenüber eher sehr selten und fuchtelt auch nicht überschwänglich mit seiner Rute, wie es viele andere Hunde für gewöhnlich tun.

Selbst seine sogenannten "Fress-Gewohnheiten" sind für einen Hund (fachlich definiert "Schlingfresser") als merkwürdig und "anders" zu bezeichnen!
Seinen Napf leert er absolut gemütlich, sortiert in aller Ruhe den Napf-Inhalt bevor er tiefenentspannt frisst! Sogar die Uhr könnte man für seine Fütterung stellen, denn er bevorzugt absolut feste "Essens-Zeiten"!
Irgendwie eine wirklich sehr verrückte Geschichte,
aber er frisst immer sehr pünktlich (plus minus fünf Minuten)!
Wie er das macht, hat sich uns bis heute noch nicht erschlossen!

Morgens spielt es keine Rolle, wann wir beispielsweise seinen Napf füllen.
Pünktlich um halb zehn schlendert er gemütlich Richtung Napf,
hockt sich hin und wartet, bis der Zweibeiner endlich kommt.
Dauert es aus seiner Sicht zu lange und er sieht die Pünktlichkeit im Verzug,
fiept er für gewöhnlich kurz, um auf sich und seinen Bedarf aufmerksam zu machen.

Abends wiederholt sich das ganze Schauspiel pünktlich gegen halb fünf!
Das merkwürdige an der Sache ist, füllt man seinen Napf zu anderen und damit für ihn zu ungewohnten Uhrzeiten (kommt ja auch hin und wieder mal vor), rührt er sein Futter nicht an. Eine weitere (ich nenne es mal bewusst) Fütterungs-"Zeremonie" ist, dass wenn wir unser eigenes Abendessen einnehmen (in der Regel gegen sieben Uhr), liegt er schon im Vorfeld in der Küche und wartet auf sein Frauchen, die ihm dann pünktlich noch 1-2 getrocknete Rinderstreifen / Kau-Artikel zum Tagesabschluss gibt.

Jetzt ist seine gestreifte Welt scheinbar vollkommen in Ordnung, geht auf seine Fress-Matte, um seine geliebten Rinderstreifen zu schreddern und schlurft anschließend gemütlich mit sich und seiner Welt zufrieden in seine Kuschelkiste zurück, bis es dann irgendwann anschließend auf die letzte Gassi-Runde geht.

Sogar das Thema "Leckerlies" ist sehr speziell.
Pablo nimmt grundsätzlich von "Fremden" absolut nichts an!
Von bekannten oder befreundeten Personen nur auf gutes Zureden von mir oder seinem Frauchen und wenn, dann nur sehr vorsichtig und auffällig zögerlich.
Nie sofort mit den Zähnen, schnappt niemals danach oder gar begleitet von Hektik.
Er nimmt Leckerlies regelrecht behutsam und fast bedächtig auf. "Betteln" ist für ihn ein Fremdwort, zumal er ohnehin niemanden begrüßt, Nähe sucht, noch sonst etwas von anderen Personen erwartet!

Über gewisse Verhaltens-Auffälligkeiten (typische Dinge, die man von so ziemlich jedem Hund kennt) kann ich allgemein (abseits von Hüte- und Schutz-Aufgaben) wirklich nicht berichten, da Pablo bis dato vom Wesen her der mit großem Abstand "ruhigste" Hund ist, den ich jemals an meiner Seite hatte!

Alles in allem betrachtet ein wirklich perfekter Hund in der Haushaltung und ein wundervoller Freund / Begleiter auf vier Pfoten, wie man ihn sich nur wünschen kann! In erster Linie gerade auch wegen seiner sehr zurückhaltenden, ruhigen und sehr sanftmütigen Art, im Umgang mit seinen "Freunden" und natürlich uns als seine Halter und Bezugspersonen.
Auch wenn er kein typischer Vertreter der "Kuschelhund"-Liga in seinem für ihn "normalen" und eher unnahbaren / zurückhaltenden Verhalten ist.

Werte Leser dieses Buches!
Seit stolz darauf und wisst es zu schätzen, einen solch "gestreiften" und treuen Freund an eurer Seite zu wissen! Genießt die gemeinsame Zeit, den gemeinsamen Weg und all die Momente und Augenblicke.

Du bist noch auf deiner der endlosen Suche nach deiner gestreiften Fellnase?
Gebe niemals auf und höre nie auf zu suchen!
Denn irgendwo wartet er auf dich...dein "Seelenhund"!

# Kapitel 4 - Verwechslungen

Eins vorab: Einen echten und damit reinrassigen Bardino zu finden, ist ein sehr schwieriges Unterfangen! Dies ist fast mit einem "Sechser im Lotto" zu vergleichen oder sprichwörtlich eine "Stecknadel im Heuhaufen" zu finden. Oftmals ist es einfach nur pures Glück, oder als reinen Zufall zu bezeichnen.
Egal wo man sich auf die Suche begibt, egal wo man im Tierschutz und Vermittlungs-Portalen nach Streifenhörnchen Ausschau hält, in den seltensten Fällen handelt es sich tatsächlich um einen echten Bardino! Mit der Zeit hat sich ein gewisser Trend eingeschlichen, dass fast jeder "gestreifte" Hund inzwischen pauschal als Bardino oder Bardino-Mix bezeichnet und deklariert wird!

Mal ganz unter uns; egal wo ich mir aktuell Bilder von "Bardinos" ansehe, deren Beschreibungen und Alltags-Geschichten durchlese, Charaktere-Beschreibungen von zu vermittelnden Hunden anschaue, haben viele "gestreifte" Hunde eins wirklich gemeinsam. Es sind die tollsten und wundervollsten Mixe, aber ganz sicher keine typischen und damit keine echten Bardinos!

Eigentlich ist eine Pauschalierung, alles an "gestreiften" Hunden als einen Bardino zu bezeichnen, ein sehr fataler Trugschluss! Denn es ist im Bezug auf verschiedene Hunde-Rassen nicht nur sehr verwirrend, sondern für den zukünftigen Halter auch ein gewisses Glücksspiel! Je nachdem, was da für ein gestreiftes "Etwas" auf seinen neuen Halter zukommt, haben diese Hunde nicht nur sehr unterschiedliche Charaktere-Züge, sondern bringen ganz verschiedene Ansprüche und damit auch verschiedene Rasse-Eigenschaften mit sich. Vor allem aber stellen sie auch gewisse Herausforderungen an ihren Halter, mit denen er bei der Auswahl seines Wunsch-Hundes und den gewünschten Eigenschaften einer ganz bestimmten Hunde-Rasse (in unserem Fall der Bardino) vielleicht gar nicht gerechnet hatte?!

Dies kann nicht nur zu falschen Erwartungen führen, weil der Halter bei seiner Auswahl des Hundes ganz andere Vorstellungen über die gewünschten Rasse-Eigenschaften hatte, sondern oftmals führt dies zwangsläufig dazu, dass der Halter ganz andere Anforderungen (die der Hund anhand seiner tatsächlichen Rasse stellt) erfüllen muss!

Dies führt natürlich auch dazu, dass von einem Bardino in der Öffentlichkeit nicht nur ein falsches Bild entstehen kann, sondern sich neue Halter mit Eigenschaften ihrer Hunde auseinandersetzen müssen, die vielleicht nicht gewünscht waren und auch nicht zu den "typischen" erwarteten Eigenschaften eines echten Bardino gehören?! Dass sich selbst die reinrassigen Vertreter innerhalb einer bestimmten Hunde-Rasse natürlich etwas untereinander unterscheiden können, ist selbstsprechend! Schließlich sprechen wir hier von einem Lebewesen, was jedes auf seine Art auch innerhalb seiner Rasse in dieser Hunde-Welt ein wundervolles, liebenswertes und ganz besonderes Unikat darstellt.

Worauf ich jetzt hinaus will, ist ganz einfach zu erklären und zu beantworten! Wenn ich persönlich bei meiner Suche nach dem passenden Hund zu mir unterwegs bin, mich natürlich vorab mehr als nur ausreichend informiert habe, welche Hunde-Rasse mit ihren typischen Attributen überhaupt zu mir und meiner Lebenssituation passen soll, stellt es zwangsläufig gewisse Problematik dar, wenn der Hund letztendlich ganz andere und unerwartete typische Eigenschaften anderer Rassen mit sich bringt.
Mir ist natürlich auch klar und mehr als nur bewusst, wenn man sich erst einmal in einen ganz bestimmten Hund verliebt hat, das Bauchgefühl eine unverwechselbare Sprache spricht, ist alles andere eigentlich egal!
Dennoch sollte man sich darüber im Klaren sein, dass der folgende Alltag ein ganz anderer sein kann, als tatsächlich erwartet!
Schließlich hegt man ja auch irgendwo den Anspruch, dem neuen Hund überhaupt gerecht werden zu können und seinen Ansprüchen als Verantwortung bewusster Halter ausreichend zu genügen. Vielleicht sollte ich dies verständlich anders beschreiben?!

Wenn ich beispielsweise einen tiefenentspannten selbständig handelnden Bardino suche, der ausgeprägt seine Familie und sein Zuhause "hüten" soll (anders ausgedrückt "schützen" soll), ein ruhiges und ausgeglichenes Wesen vorweist und besitzen sollte, sich nicht von jedem Fremden begrabschen lassen soll (viele andere gewünschte Eigenschaften und Erwartungen an meinen "Ideal-Hund" abdecken soll), dann spreche ich von meinem persönlichen Wunsch-Hund!

Stellt sich dann aber recht schnell heraus, dass er zwar "gestreift" ist, aber eher einem Mix / Mischung aus hyperaktivem "Australian Shepherd", einem etwas durch geknallten Mali, noch ein paar stark ausgeprägte Anteile Jagdhund besitzt und der ganze Mix schlussendlich von einem alles und jeden liebenden Schwanzwedler der Sorte "fass mich ruhig an, komm in mein Haus und streichel mich Fremder" entspricht, wäre es für mich und Frauchen eher der falsche Hund!

Dass wir persönlich wirklich das sehr große Glück hatten (dies eher ein wirklich großer Zufall war), tatsächlich nach sehr langer Suche unseren absoluten "Wunsch-Hund" und damit einen reinrassigen Bardino mit fast allen typischen (von uns gewünschten) Eigenschaften dieser Rasse gefunden haben, war natürlich ein echtes Geschenk und wirklich erfüllter Traum!

Bevor jetzt beim Lesen hier ein falsches Bild entstehen sollte!?
Es geht hier in keinerlei Weise oder aus einer Arroganz heraus darum,
einen echten und reinrassigen Bardino zu besitzen! Ganz im Gegenteil.
Jeder Hund ist auf seine ganz eigene Art liebenswert und etwas Besonderes!
Wichtig ist lediglich, dass jeder Hund seinen wirklich passenden Menschen findet.
Genau dieser Punkt ist die wichtigste Basis für ein gemeinsames und wundervolles
Leben zwischen Hund und seinem zweibeinigen Partner / Freund.
Wie verschieden unsere Streifenhörnchen tatsächlich sein können, möchte ich mal
beispielsweise an den folgenden Bildern aufzeigen.

Es zeigt "Pablo" (reinrassiger Bardino nach aktueller Zucht-Linie / Rasse-Standard "Majorero Canario" des spanischen Zucht-Verbandes) mit seinen zwei absolut besten Freundinnen "Kati" (ursprünglicher Zucht-Standard des "Bardino Auténtico" / "Perro de Majorero") und "Lisi" (ein sehr wundervoller Bardino-Mix), die beiden einzigartigen Hunde meiner besten Freundin.

Unterschiedlicher als "Kati" und "Pablo" im direkten Vergleich zu "Lisi" könnten Streifenhörnchen wirklich nicht sein! Auch wenn sie optisch bei genauerem Hinsehen gewisse Ähnlichkeiten aufweisen, sind es sehr verschiedene Hunde, vor allem aber extrem unterschiedlich in ihren Charaktere-Zügen, im Wesen und vor allem in ihren persönlichen Eigenschaften!
Faszinierend ist allerdings dagegen, wie identisch "Pablo" und "Kati" in den Charaktere-Eigenschaften sind! Ob wir nun vom Aussehen her von einem Ur-Bardino wie bei "Kati" sprechen, oder von der modernen Zucht-Variante von "Pablo", abseits der optischen Ansicht / Unterschiede könnten beide in Hinsicht Charaktere, Wesen, sehr vielen Bardino-Attributen und insbesondere den typischen Rasse-Merkmalen eineiige Zwillinge sein!

Zumindest aber direkte Geschwister aus einem Wurf. Tatsächliche Unterschiede sind wirklich nur ihre Abweichungen im Aussehen. Was sich in erster Linie nur auf die Fell-Struktur und die gestreifte Farbe-Variante bezieht. Die restlichen und damit tatsächlichen Unterschiede im persönlichen Verhalten usw. dieser beiden echten Bardinos sind da eher in dem großen Altersunterschied der beiden zueinander zu begründen. Davon abgesehen ist "Kati" in Natura nicht nur eine echte Bardina-"Dame", sondern eine sehr imposante und wirklich beeindruckende Erscheinung!

"Kati"   "Lisi"

Zurück zu dem Thema Tierschutz und was dort letztendlich alles als Bardino beschrieben und als solches deklariert wird.
Bevor wir uns nun falsch verstehen; dies soll jetzt keine Kritik an so manchem "unwissenden" Hunde-Vermittler sein!
Denn man sollte sich auch mal die Grundsatz-Frage vor Augen halten, wie schwer es (insbesondere bei Welpen) tatsächlich ist, einen Hund mal gerade eben so richtig einzuschätzen was die Rasse angeht, besonders dann, wenn wir von Mixen sprechen, oder gar von "Straßen-Hunden", deren Herkunft man nicht einmal im Ansatz beurteilen oder nachvollziehen kann!

Besonders schwer wird die richtige Einschätzung, wenn man nicht einmal die "Eltern-Tiere" kennt oder solche Hunde direkt von der Straße kommen!
Wenn sie einsam und verlassen ihr "Dasein" in einer Tötungsstation / Tierheim fristen, ist in der Regel die Herkunft ohnehin selten bekannt, geschweige denn man kennt die Vorgeschichte eines solchen Hundes.
In den seltensten Fällen ist der Züchter oder die direkte Herkunft / Vergangenheit dieser Hunde bekannt, die eine nur annähernd treffende Beschreibung des Wesens und dessen Charaktere-Züge zulassen könnten.
Allerdings muss man leider auch davon ausgehen, dass es im Tierschutz-Bereich und den zuständigen Vermittler-Kreisen auch Menschen gibt, die zwar Tag für Tag einen verdammt guten Job machen, sich aktiv engagieren und sich verantwortungsvoll um diese Hunde kümmern, aber leider gerade mal nur im wesentlichen Ansatz so eine "grollende Fellnase" von einer "schnurrenden Samtpfote" unterscheiden können!

Selbst wenn wir uns bei unserer persönlichen Suche nach dem "Wunsch-Hund" auch auf die Einschätzungen und Beschreibungen dieser Menschen verlassen müssen, darf man sich nicht unbedingt auf alle gegebenen Angaben verlassen!
Wie schon angesprochen, stellt dies absolut keinen Vorwurf dar, sondern sollte nur als Beispiel dazu dienen, selbst etwas genauer hinzuschauen bei der richtigen Auswahl des zu sich persönlich passenden Hundes.

Nicht dass man sich nachher (ganz aus Versehen und purer Unwissenheit) bei der endlosen Suche und der unglaublichen Vielzahl an Hunden in den Vermittlungs-Bereichen für einen echt englischen "Weide-Bardino" entschieden und sich verliebt hat! Und das nur, weil die Rasse-Beschreibung im Groben und anhand des Fell-Muster, der vier Beine, die wedelnde Rute usw. und nicht zuletzt anhand der typischen Sturheit und manchen eigenwilligen Rasse-Eigenschaften irgendwie gut zu den gesuchten Attributen meines persönlichen "Wunsch-Hundes" passen könnte?!

Anmerken muss man natürlich, dass ein Bardino nicht immer zwangsläufig aus Fuerteventura kommen muss!
Menschen "reisen" oder ziehen beruflich (oder aus anderen Gründen) schon mal in andere Länder um. So kommen verschiedene Tiere in anderen Ländern vor, die dort eigentlich nicht typisch für dieses Land sind oder dort halt nicht ihren Ursprung haben!

Abseits der Tatsache, dass heutzutage in Tierheimen und Tierschutz-Kreisen inzwischen so ziemlich alles was vier Beine hat, ein gewisses Fell-Muster, Streifen oder merkwürdige Farb-Varianten aufweist, sofort klangvoll und mit einer gewissen Überzeugung als Bardino bezeichnet und deklariert wird, kam es 2014 zu einer äußerst merkwürdigen Entdeckung meinerseits!

So kam es, dass ich völlig unerwartet 2014 mit meinem Streifenhörnchen in einer bis dahin für uns absolut unbekannten Küsten-Region umherwanderte.
Dass es auf dieser doch sehr merkwürdigen Insel auch bis dahin für mich unbekannte "Lebensformen" und somit unentdeckte "Rassen" in der Fauna zu entdecken gab, ist eigentlich als ganz normal zu bezeichnen.

Als wir also ahnungslos die Wiesenhänge über den Küsten-Klippen entlang wanderten, kamen wir plötzlich auf eine Ebene mit unzähligen merkwürdig "gestreiften" und bunt "getupften" Tieren vorbei.
Aus purer Neugierde und fragend nach Antworten sah ich in der Ferne einen "Eingeborenen" dieser Insel, dem wohl diese merkwürdigen Vierbeiner gehörten.

Da ich persönlich weder ein begnadeter Forscher oder Naturwissenschaftler bin, noch in irgendeiner Weise ein Enkel von "Charles Darwin" auf Entdeckungs-Expedition in fernen Welten des Tierreiches, machte ich mich sogleich auf den Weg zu diesem "Eingeborenen" Besitzer dieser Tiere.

Dort angekommen, führten wir ein längeres und hoch interessantes Gespräch (so gut es halt mit meinen Sprach-Eigenschaften zu bewerkstelligen war).
Der Mann erklärte mir nun sehr ausführlich, dass diese Tiere auf der Wiese die gleiche "Art" sind, wie mein kleiner gestreifter Begleiter!
Nur halt Insel typisch etwas standfester, schwerer in der Statur und halt deutlich größer als all die üblichen und schon bekannten Varianten des Bardino!

Mir wurde sofort klar, es muss sich um eine neue und äußerst seltene Art oder neue Zuchtlinie eines echten Insel- und "Weide-Bardino" handeln!
Zumindest würden sie wohl bei einer Vermittlung in Tierschutz-Kreisen garantiert so heutzutage bezeichnet und entsprechend deklariert werden!

Darf ich euch vorstellen, der echte und Insel typische "Weide-Bardino"!

Kapitel 5 - Vom Straßenkind zum Seniorenheim

Ein sehr schwieriges Thema, wenn man sich der Kernfrage stellt, wie "jung" oder "alt" eigentlich der Wunsch-Hund sein soll oder gar überhaupt sein darf?!

- ➢ Soll es nun ein Welpe sein?
- ➢ Vielleicht doch eher ein gut "gebrauchter" Hund?
- ➢ Oder darf es sogar ein Hunde-"Opa" oder eine "Omi" sein?

Mehr als nur eine lange Überlegung, welchem Hund ich nun ein neues Zuhause und eine gesicherte Zukunft schenken und welcher es nun werden soll?!
Vor allem aber auch die Frage, "was passt zu mir" und meinen Lebensumständen?
Räumen wir erst einmal mit verschiedenen Wunschvorstellungen oder gewissen Vorurteilen auf, die zwangsläufig immer wieder auf das Tagesprogramm der richtigen Auswahl kommen!

Der Welpe...

Eigentlich fast die einzige Alters-Variante, die im Tierschutz-Bereich und bei Vermittlungen generell immer sehr gute Chance auf ein neues Zuhause und eine schnelle Vermittlung hat! Frei nach dem Motto:
"Oh ist sie / er süß...ach wie niedlich!"

Gefolgt von unzähligen und anderen überzeugenden Argumenten für eine Entscheidung. Man kann von Anfang an und von der ersten Minute die Zukunft des Hundes einfacher beeinflussen, sich dabei ohne irgendwelche "Altlasten" oder schon vorhandene Probleme uneingeschränkt der Erziehung und der Sozialisierung widmen. Die Möglichkeit, den heranwachsenden Hund besser zu "prägen" und deutlich einfacher zu konditionieren und viele andere Vorteile in diesem Bereich des ersten Lebensabschnitt. Aber auf was alles lässt man sich wirklich auch noch ein?

Den wenigsten Hunde-Anfängern ist bewusst, welcher großen Herausforderung und Verantwortung man sich da stellen muss und was da so alles tatsächlich auf jemanden zukommt und den Alltag mehr als nur verändert.

Da ist es schnell vorbei mit so Dingen wie niedlich, süß und wirklich lustig!
Wochen und (im schlimmsten Fall) Monate alle paar Stunden (rund um die Uhr) raus, bis das kleine gestreifte Wesen mal endlich stubenrein ist...

Ständig sind die neuesten Designer-Schuhe von Mutti angenagt, Papis Socken und andere Gegenstände verschwinden neuerdings auf unerklärliche Weise in einem gewissen "schwarzen Loch" oder in einem merkwürdigen Haushalts-Nirvana...

Trotz "Gütesiegel" und den tollsten Hersteller-Garantien hält die neue Couch und Wohnzimmereinrichtung nicht annähernd das, was uns beim Kauf versprochen wurde! Von wegen reißfeste Stoffe, Schmutz abweisendes Oberflächenmaterial und unempfindlich gegen jegliche Art von Nutzung und merkwürdige Flüssigkeiten!
Natürlich ist alles gut zu reinigen und instand zu halten!

Holla die Waldfee, diese Herstellerfirmen sollten sich doch wirklich mal mit ganz banalen Dingen wie Hundehaare, Krallen, Zähne, aber auch insbesondere dem Spieltrieb und dem Beschäftigungsanspruch eines gestreiften Welpen auseinandersetzen. Abgesehen davon sprechen wir jetzt nicht einmal im Ansatz von Alltags-Dingen wie eine ordentliche "Pubertät"!

Der kleine vierbeinige "Herr" entdeckt für sich die Welt der "Machos" und die "Damen" ihre erste "Läufigkeit"! Holla die Waldfee, diese Geschichten können mehr als nur ein paar Nerven beanspruchen und einen Hundehalter schier in den Wahnsinn treiben. All das sind reale Fakten und Tatsachen, die man selbst wirklich einmal mehrfach hinterfragen muss und dies auch bei der Auswahl des Wunsch-Hundes berücksichtigen sollte, ob ein "Welpe" nun wirklich die richtige und passende Entscheidung ist?!

Allerdings sollte man auch immer das Bewusstsein haben, dass es nicht unbedingt einfach werden wird, einen Welpen besser und schneller zu sozialisieren und zu erziehen als einen älteren Hund!
Ist der Welpe tatsächlich ein echter Bardino, sollte man sich mehr als nur darüber bewusst sein, dass wir von einem (selbständigen und durchaus sturen) "Hütehund" sprechen, der eine gewisse Herausforderung und durchaus ganz andere Anforderungen an seinen Halter stellt, als ein ganz normaler Hund der typischen "Kuschelzoo-Liga", die einfach nur "gefallen" wollen!

Handelt es sich bei dem gestreiften Welpen um einen "Mix", kommen oftmals noch ganz andere Faktoren (zum Beispiel ein ausgeprägter Jagdtrieb usw.) hinzu, die es dann zusätzlich im Alltag und der Erziehung zu meistern gilt. Gerade oder insbesondere was Welpen "unbekannter Herkunft" angeht, gleichen diese oftmals je nach Rasse-Mix und genetischen Einflüssen anderer Hunde-Rassen einer regelrechten "Wundertüte" in Sachen Eigenschaften, Eigenheiten, Besonderheiten und Charaktere.

Also weg von der banalen und allgemeinen Denkweise und den unzähligen Gerüchten der Hunde-Welt, mit einem Welpen wäre alles viel einfacher als mit einem gut gebrauchten oder älteren Hund!

Der gut "gebrauchte" Hund...

Ob nun einjährig, zweijährig oder ein paar Jährchen mehr, eigentlich eine sehr gute Wahl! Abseits vieler Vorurteile gerade bei Hunden aus dem Tierschutz sind diese Fellnasen von vorneherein oftmals in ihrer Handhabung deutlich einfacher zu betrachten, denn sie haben Dinge wie eine Pubertät usw. schon hinter sich.
Selbst wenn sie eine Haltung im Haus / Wohnung noch nicht kennen (besonders dann, wenn sie von der Straße kommen), sind sie in kürzester Zeit in Hinsicht "Stubenreinheit" schnell zu konditionieren und zu erziehen.
Erst einmal in ihrem neuen Zuhause angekommen, werden sie möglicherweise (muss aber nicht sein!) die ein oder andere Stelle zwar markieren, aber nach ein paar Tagen der Umgewöhnung ist dieses Problem in der Regel als erledigt zu betrachten. Sie lernen und begreifen im Gegensatz zu einem Welpen sehr schnell, ihre "Geschäfte" draußen zu verrichten.

Lustig zu beobachten ist allerdings, dass gerade viele dieser Hunde aus "südlichen Ländern" sich in gewisser Weise an unsere landschaftlichen Gegebenheiten erst noch eingewöhnen müssen, denn solche Dinge wie Gras und Wiesen kennen sie oftmals nicht! An dieser Stelle frage ich mich immer wieder, was das für ein neues und durchaus merkwürdiges Gefühl für den Hund sein muss, wenn er plötzlich anstatt gewohntes Geröll, steinige Böden und Sand weiches Gras unter seinen Pfoten spürt?! Diese Erfahrung und Umgewöhnung führt zwangsläufig zu so manch lustigen Situation und schrägen Nummer auf der ein oder anderen Gassi-Runde.
Der größte "Aufreger" ist allerdings immer noch das sich tapfer haltende Gerücht, dass all diese Tierschutz- und Tierheim-Hunde angeblich immer extrem "traumatisiert" sein sollen und nichts als größere "Macken" besitzen!

Offen eingestanden stimmt es manchmal schon, was eine direkte Traumatisierung und was ihre Folgen angeht, da diese Hunde eine Vergangenheit besitzen und nicht selten massiv geschunden, misshandelt und körperlich schwer verletzt wurden.

Deswegen aber alle Hunde aus diesen Bereichen und einer solchen Herkunft immer gleich pauschal zu verurteilen und entsprechend äußerst negativ darzustellen, ist nicht gerade der richtige Weg und auch keine Lösung.
Ganz im Gegenteil!

Nach so einigen eigenen Hunden aus diesen besagten Quellen kann ich persönlich immer wieder nur sagen, dass diese "Altlasten" und diverse Folgeschäden (sofern überhaupt vorhanden) mit Geduld und einer größeren Portion Vertrauen auch wieder zu beheben sind.
Gerade diese "Rohdiamanten" (wie ich sie gerne treffend nenne) glänzen anschließend um so mehr, wenn sie ihr Herz an ihren neuen Halter verschenken!
Was gesundheitliche, körperliche und medizinische Schäden angeht, hat dies ja primär nichts mit seiner Erziehung, Konditionierung oder zukünftigen Haltung zu tun.
Gerade was dieses traurige Thema angeht, weiß ich selbst nur zu gut wovon ich spreche! Denn mein kleines Streifenhörnchen an meiner Seite ist alles, nur kein gesunder Hund. Seine Liste an Folgeschäden und Erkrankungen resultierend auch aus seinen vielen Verletzungen und Misshandlungen seiner persönlichen Vergangenheit ist sehr lange. Offen ausgesprochen betragen alleine die Kosten von den zahlreichen Arztbesuchen, Klinikaufenthalten und diversen Operationen, Behandlungen usw. in den letzten sechs Jahren locker den Wert eines schicken Mittelklasse-Sportwagen.
Nur darüber groß nachgedacht oder mich gar aufgeregt habe ich mich nie!
Denn was kann die Fellnase dafür, was andere (Un-) Menschen ihm in seiner persönlichen Vergangenheit angetan haben?! Er will einfach nur "leben"...
...und das soll er auch!
Abgesehen davon sieht es doch in der heutigen Welt der modernen Hunde-Zucht und deren Vermarktung auch nicht wirklich anders aus, was gesundheitliche Dinge angeht!
An der Stelle darf man nie vergessen, dass gerade im heutigen Welpen-Bereich schnell solche Themen wie "Qualzucht", genetische Zuchtschäden, Kofferraum-Hunde und dubiose Züchter auf das Programm kommen. Auch stellt sich immer mehr die Frage, wie "gesund" ist tatsächlich heutzutage noch ein Welpe / Hund vom kommerziellen "Vermehrer", Hobby-Züchter oder gewerblichen Hunde-Züchter?!

Abgesehen davon sprechen wir immer von einem ganz lebendigen Individuum, wo jedes Lebewesen auch seine eigene und persönliche Gesundheit besitzt.
Gegenüber dem Welpen im direkten Vergleich hat der gut "gebrauchte" Hund bei der persönlichen Auswahl des Wunsch-Hundes ganz klare Vorteile!
Abseits seiner mehr oder weniger bekannten Vergangenheit und seiner eventuellen gesundheitlichen Altlasten hat man einen Hund vor sich stehen, dessen Charaktere und Wesenszüge man durchaus beschreiben kann.
Man weiß im Prinzip schon im Vorfeld (sofern der Vermittler eine ehrliche, zutreffende und nachvollziehbare Beschreibung abgeben kann), was da für eine Fellnase auf uns zukommt und welche Besonderheiten, Eigenschaften und Eigenheiten auf uns zukommen.

Dies ist für mich persönlich sogar ein ganz klarer Vorteil gegenüber dieser Wundertüte der Marke Welpe! Zumindest weiß man von Anfang an in einigen Bereichen, welchen Herausforderungen wir uns wohl bei diesem Hund stellen müssen, und manche Überraschungen bleiben uns auch in gewisser Weise erspart.

Befindet sich der Wunsch-Hund schon hierzulande, würde ich natürlich immer empfehlen, den Hund vor einer persönlichen Entscheidung mal kennen zu lernen!
Es geht nicht über das eigene Bild und das persönliche "Bauchgefühl".
Vor allem aber findet man bei einem persönlichen Treffen schnell heraus,
ob man wirklich zueinander passt und ob die Grund-Chemie zwischen Hund und Halter stimmt?! Aus rein persönlicher Sicht, nach einigen Erfahrungen meiner eigenen Hundehaltung und aus vielen anderen Gründen, die hier nicht aufgeführt sind, würde ich mich immer wieder für einen genau solchen "gebrauchten" Hund entscheiden!
Aber niemals für einen "Welpen"!
Allerdings auch aus der eigenen Fairness und Überzeugung zum Thema Tierschutz-Hunde heraus, denn ein gebrauchter Hund hat (leider) viel zu oft deutlich schlechtere Vermittlungs-Chancen, als ein süßer, niedlicher und kleiner Welpe.

Omi & Opi / der Senioren-Hund...

Diese Fellnasen haben eindeutig die schlechtesten Vermittlungs-Chancen aller Altersklassen! Warum eigentlich?
Gerade die älteren Fellnasen sind oftmals "eine Seele von Hund"!
Sie haben gewisse Dinge schon längst hinter sich gelassen, keine pubertären Handlungen in ihrem Alltag mehr und in ihrem direkten Verhalten bestechen sie nicht selten durch eine großartige Souveränität und beeindruckende Gelassenheit!
Natürlich stelle ich mir persönlich immer wieder die Frage, warum ein "älterer" Hund in den seltensten Fällen eines Hunde-Wunsches in Frage kommt?!

Besonders dann, wenn eine langfristige "Bindung" und Hunde-Haltung vom zeitlichen Fenster noch nicht auf lange Dauer absehbar ist.
Selbst unter dem Aspekt, dass ältere Hunde meist nicht mehr den großen Bewegungsdrang verspüren und in ihrer "Bespaßung" nicht mehr ganz so anspruchsvoll sind wie jüngere Semester, frage ich mich natürlich an dieser Stelle, warum zum Beispiel ältere Menschen (durchaus auch selbst mit einem gesundheitlichen Handikap oder Einschränkungen) sich nicht einfach mal für einen älteren Hund entscheiden?
Alleine schon aus der Tatsache heraus, dass man bei der Bindung und Haltung älterer Hunde nicht von vorneherein von 10-15 Jahren sprechen kann.

Bei jüngeren Menschen steht natürlich als oberster Fellnasen-Wunsch in der Regel meist ein Welpe im Fokus, aber gerade als "Erst"-Hund oder als Hunde-"Anfänger" könnte man auch hier natürlich einen älteren und reiferen Hund durchaus mehr als nur empfehlen. Anmerken muss man natürlich auch, dass nicht jeder ältere Hund automatisch altersbedingt eine Schlaftablette ist, jede Menge Zipperlein und gewisse Gebrechen mit sich bringt!

Es gibt durchaus sehr sportliche und sehr rüstige "Rentner", die vor Gesundheit förmlich nur so strotzen. Was ihre direkte Haltung und den Hunde-Alltag angeht, ist ihre Altersweisheit und ihre Souveränität nicht zu unterschätzen!

Diese Faktoren lassen sich ganz klar als Vorteil sehr gut bei Erziehungsfragen und in ihrer Konditionierung (im Vergleich zu Junghunden und Welpen) nutzen und sehr gut ausbauen. Leider wird dieser große Vorteil in der Regel von Hunde-Haltern sehr unterschätzt oder überhaupt nicht in dieser Hunde-Welt richtig wahrgenommen.

Worum es mir natürlich in erster Linie geht bei meinen Zeilen ist die Tatsache, dass sich abseits eines "Alters" auch bei diesem Thema hier mehr Menschen einfach und banal mal etwas intensiver mit der Kernfrage auseinandersetzen sollten, welcher Hund eigentlich am besten zu ihnen persönlich und damit auch zu ihren Lebensumständen und Alltag passt?!

Nicht mehr, aber auch nicht weniger!

Hinzu kommt, dass es mehr als nur schön und sehr zu begrüßen wäre, wenn deutlich mehr ältere Hunde für ihre verbleibende "Lebenszeit" noch ein schönes Zuhause, eine Familie, Zuneigung, Vertrauen und letztendlich ein warmes Körbchen bekommen würden. Sie haben es nicht nur verdient, sondern sie werden es "ihrem Menschen" auf ihre ganz besondere Art danken...

Kapitel 6 - Der Bardino / Was kommt da auf mich zu?

Bevor es hier im Buch zu fachlichen Verwirrungen kommt; ich schreibe hier immer pauschaliert und verallgemeinert von dem "Bardino" als Hund und Rasse.
Damit spreche ich sowohl von der weiblichen Variante, die richtig als "Bardin**a**" beschrieben wird... als auch von der männlichen Variante, die als "Bardin**o**" bezeichnet wird! Natürlich sind auch alles "Mixe" usw. mit inbegriffen und hier im Buch vereinfacht auch als Bardino pauschaliert.

Zurück zur gestreiften Rasse des Bardino, vor allem aber die große Frage:
"Was kommt da eigentlich auf den neuen oder angehenden Hunde-Halter zu?"
Anhand zahlreicher, interessanter und sehr informativen Diskussionen in unserem Forum, Berichten in Insider-Kreisen und einer Vielzahl von Alltags-Geschichten zahlreicher Streifenhörnchen-Bändigern dieser Bardino-Welt, versuche ich jetzt mal den "typischen" Bardino anhand seiner Eigenschaften, Eigenheiten, Wesen, Charaktere bis hin zu all seinen typischen "Ecken & Kanten" (vielleicht sollte ich dies treffender als "schräge" und "verrückte Macken" beschreiben) darzustellen.

Hier gilt natürlich auch wieder die große und eindringliche Bitte an all die Menschen, die kurz vor einer Entscheidung, Adoption usw. stehen, sich bitte im Vorfeld mit dieser gestreiften Rasse etwas genauer (hier in diesem Kapitel) auseinanderzusetzen!
Frei nach dem Motto: "Drum prüfe wer sich ewig bindet!"

Dass man als Halter-Neuling / Bardino-Ersttäter" auf der recht schwierigen Suche nach den richtigen Informationen schnell an gewisse Grenzen gerät, viel zu viele Fragen noch unbeantwortet und offen sind / bleiben, ist nun wirklich kein großes Geheimnis.

Mangels an einem entsprechenden Bekanntheitsgrad dieser Rasse, kaum öffentliche Informationen hierzulande zu finden sind, ist es gar nicht mal so einfach,
sich ein echtes und aussagekräftiges Bild dieser recht seltenen, wirklich sehr außergewöhnlichen und ganz besonderen Hunde-Rasse zu erwerben und vielleicht sogar im Detail zu erkunden.

In diesem Kapitel hier lege ich jetzt auch keinen gesteigerten Wert auf all die spezifischen Informationen (fachlichen Darstellungen / Rasse-Standard usw.) des spanischen Rasse-Verbandes, Informationen der entsprechenden Züchter oder der spanischen Hundehändler!
Hier in diesem Buch zählen ausschließlich die wirklich echten und realen Erfahrungen aus dem ganz "normalen" Alltag von zahlreichen Haltern dieser gestreiften und ganz besonderen Fellnasen!

Auf gut Deutsch; hier interessiert die nackte gestreifte REALITÄT,
die sich Tag für Tag hinter unseren eigenen Haustüren, in unseren Gärten,
auf den Gassi-Runden, bei diversen Begegnungen und in unserem direkten Umfeld stattfindet!

Aus Mangel an ausreichenden Informationen, hierzulande über diese gestreiften Hunde und um Erfahrungen mit anderen Bardino-Haltern auszutauschen, wurde dann 2011 das 1. und offizielle Bardino-Forum in Deutschland gegründet! Dieses Bardino-Forum stellt inzwischen einen wichtigen Bestandteil dieser Bardino-Welt dar, wo sich zahlreiche Hunde-Halter untereinander austauschen, ihre Erfahrungen berichten und teilen. Ein Fenster in eine etwas "andere" Hunde-Welt...

Besonders wenn man in diesem Bardino-Forum unterwegs ist, die vielen Alltags-Geschichten, Abenteuer bis hin zu den Hunde-Tagebüchern liest, wird man mehr als nur fündig, was diese Hunde sehr gut beschreibt, was tatsächlich als "typisch" zu bezeichnen ist und wie sich diese Hunde in ihrem Alltag und in ihrem neuen Zuhause verhalten.

"Freud & Leid" dieser Hunde-Halter liegt genau so oft dicht beieinander, als die verrückte Tatsache, dass es an vielen Tagen einfach nur die tollsten Hunde dieser Welt sind, als auch die wirklich zahlreichen düsteren Tage, wo man gerne am liebsten und aus purer Verzweiflung das gestreifte Fell dieser etwas "anderen" Streifentiere als dekorativen Wandschmuck an die heimische Wohnzimmerwand aufhängen würde! Wir sprechen jetzt natürlich nicht davon (zumal wir ja alle bekennende Verrückte und echte Hunde-Liebhaber sind), wie oft man gerne diese sehr speziellen Hunde im ganz normalen Alltags-Wahnsinn auf den Mond oder in ein anderes Universum befördern möchte. Auf die endlose Geschichte und die immer wieder aufflammenden Diskussionen der Hunde-Welt, ob ein Bardino nun ein "Anfänger-Hund" ist, gehe ich hier nicht ein! Denn genau diese Geschichte, was ist nun ein echter Anfänger-Hund und was halt nicht, dürfte schon von der Fragestellung her absoluter Blödsinn in dieser Hunde-Welt sein!

Es gibt keine Anfänger-Hunde!

Wenn ich wirklich ehrlich bin, könnte ich jetzt eingestehen, das mir persönlich in fast fünfundzwanzig Jahren eigener Hundehaltung und langjährigen Engagement im Tierschutzbereich erst ein einziger echter "Anfänger-Hund" begegnet ist!

Allerdings muss ich auch eingestehen, dass dieser Hund zur in Europa inzwischen selten gewordenen Rasse der chinesischen Plastik-Hunde gehört, eigentlich nur ("Made") in China vorkommt, auf Knopfdruck bellt, beim zweiten Drücken des Knöpfchen sogar die Rute wackelt. Klasse ist natürlich, dass man ihn nicht ständig (außer hin und wieder halt mal eine neue Batterie) füttern muss, keine ständigen Gassi-Ründchen (vom ersten Tag an absolut stubenrein!), und bei größeren Erziehungsproblemen hat dieses Tierchen einen anderen Knopf auf der Unterseite, wo man zwischen "on" oder "off" bei Bedarf entscheiden kann!

Zurück zum Bardino!

Der falsche Hund / Rasse in den nicht passenden Händen oder bei einem absolut ungeeigneten Halter führt zwangsläufig zu noch größeren Problemen und mehr als nur schwierigen Herausforderungen!
Die Chemie zwischen Hund & Halter muss einfach passen!
Wenn nicht, werden sich zwangsläufig und garantiert der Alltag, Erziehung, Training und die Hundehaltung als solches recht schnell zu einem wahren Alptraum entwickeln.
Besteht das Bewusstsein, mit welcher Art von Hund man es hier tatsächlich zu tun hat und worauf man sich da eigentlich wirklich einlässt, hat man mit großer Sicherheit den tollsten Hund und treuesten Freund an seiner Seite!
"In guten wie in schlechten Zeiten"...heißt es doch immer so passend!
Hat man erst einmal das notwendige Vertrauen dieser außergewöhnlichen Fellnase gewonnen, erhält man als Belohnung eine uneingeschränkte und echte Freundschaft fürs Leben! Hat man deutlich abweichende Vorstellungen vom eigenen Wunsch-Hund, sollte man sich und vor allem dem Hund den Gefallen tun, sich bei anderen Rassen umzuschauen! Vor allem aber bei Hunde-Rassen, die vielleicht besser zu sich persönlich passen, zu den eigenen Lebensumständen und Alltag besser geeignet sind und eher den eigenen Wunsch-Vorstellungen eines Traum-Hundes entsprechen!

Also, fangen wir an mit der "typischen" Beschreibung eines echten Bardino!

Mal alle Bardino-"Mixe" außen vor, wo noch ganz andere Hunde-Eigenschaften, Besonderheiten und markante Charaktere-Züge diverser Rassen hinzukommen, diese zusätzlich mehr oder weniger ausgeprägt sind und gewisse Verhaltensmuster verändern oder sogar stark beeinflussen können.
Den "typischen" Bardino würde ich persönlich nach einigen Jahren der eigenen Haltung und all den vielen Diskussionen, Erfahrungen, Berichten und den zahlreichen Beschreibungen vieler Bardino-Halter wie folgt zusammenfassen und beschreiben:

- Ein Hund / Rasse, der uns Menschen in seinem Alltag absolut nicht benötigt und braucht!

- Er ist sehr selbständig.

- Er ist als extrem zurückhaltend zu beschreiben, ein sehr vorsichtiger Hund, bis hin zu unnahbar oder gar als Einzelgänger zu bezeichnen! Dennoch ist ein Bardino durchaus geeignet in der vierbeinigen Rudel-Haltung und ist in der Regel sehr gut verträglich mit anderen Tieren.

- Es bedarf oftmals viel Zeit und sehr viel Vertrauen, bis er eine gewisse und gewünschte Nähe überhaupt zulässt und auch den eigentlichen Rudel-Führer "Mensch" anerkennt.

- Er stellt vieles grundsätzlich immer erst in Frage, bevor er etwas für sich akzeptiert oder toleriert.

- Ein Bardino ist ausgesprochen wachsam, sehr Revier orientiert und territorial ausgeprägt.

- ➢ Er ist mutig, sehr entschlossen, zielorientiert und absolut nicht und in keinster Weise einzuschüchtern.

- ➢ In seinen Reaktionen, Handlungen und vom persönlichen Wesen her ist er absolut kompromisslos (insbesondere in seinem "Revier" und Zuhause).

- ➢ Er verfügt über eine angeborene "Härte" (die niemals ausgeprägt, trainiert, konditioniert oder entsprechend intensiviert werden sollte)!

- ➢ Massiv, sehr Ziel- und Lösung orientiert in seiner beeindruckenden und schnellen Reaktion auf Gefahren, Bedrohungen, Aggressionen ihm oder vor allem seinem "Rudel" und den Bezugspersonen gegenüber.

- ➢ Er ist extrem entscheidungsstark (gerne als sehr "stur" zu bezeichnen)!

- ➢ Bei begründeter "Gefahr" ist er durchaus schwierig zu handhaben, wenn er seine "eigene Entscheidungen" erst einmal getroffen hat und diese auch selbständig durchsetzen / umsetzen möchte.

- ➢ Er reagiert sofort auf laute Geräusche, Stimmschwankungen oder hektische Bewegungen von Personen (insbesondere bei fremden Personen).

- ➢ Er zeigt oftmals keine / erst recht nicht die üblichen und typischen Hunde-Anzeichen (wie zum Beispiel die Ohrenstellung, Rute oder die berühmte "Bürste") vor seinen Reaktionen. Lediglich die gesenkte Kopfhaltung verrät ihn oftmals, bevor er reagiert oder aktiv wird.

- ➢ Ein fast lautloser und sehr anmutiger Hund in seinen Bewegungen.

- Unbeirrbar!

- Unbestechlich!

- Er verfügt über ein extremes Misstrauen gegen alles "Fremde" und bei ungewohnten Situationen.

- Er mag keine plötzlichen Veränderungen in seinem gewohnten Umfeld, Revier und Zuhause.

- Sein Vertrauen und die Ergebenheit muss man sich als Halter und Bezugsperson hart erarbeiten und mühevoll verdienen.

- Er belohnt den Menschen mit einer bedingungslosen Treue, wenn das Vertrauen erst einmal gegeben / vorhanden ist.

- Katzen und andere Tierhaltung ist in der Regel kein Problem, sobald er diese akzeptiert und gewohnt ist.

- Kinder sind kein Problem in seinem Umfeld und gehören zum "Rudel". Stimmt das notwendige Vertrauen, liebt und schützt ("hütet") er sie in seinem Rudel absolut bedingungslos.

- Laute, hektische und übernervöse Terror-Kinder (gleiches gilt natürlich und insbesondere auch für Erwachsene!) sollte man unbedingt auf Abstand halten, um Gefahren, Risiken oder ungewollte Reaktionen des Bardino zu vermeiden und nicht unnötig zu provozieren.

- Er ist kein typischer "Kläffer" / Dauerbeller / Terror-Hund, sondern eher ein sehr ruhiger, unbeschreiblich sanftmütiger, ausgeglichener und tiefenentspannter Hund.

- Er "grollt" bei Bedarf / Gefahr sehr beeindruckend und unnachahmlich eindrucksvoll (man könnte es mit einem gewaltigen und aufziehenden Gewitter vergleichen), anstatt einfach nur wie ein normaler Hund zu bellen. Dieses "Grollen" ist sehr schwierig zu beschreiben! Hat man es mal gehört / erlebt, wird man es auch nicht mehr vergessen, denn es ist sehr beeindruckend.

- Er ist absolut "pflegeleicht" in der Haushaltung.

- Er liebt lange sehr ausgedehnte Ruhe- und Schlaf-Phasen.

- Er bevorzugt es immer mit "Aussicht" und "über den Dingen" zu liegen oder zu sitzen.

- Er beobachtet und fixiert generell alles und jeden in seinem Umfeld.

- Er ist kein typischer "Gartenfeger" und Action-Hund.

- Er spielt eher nur bedingt und phasenweise / zeitlich sehr begrenzt.

- Er neigt gerne zum absoluten "Kontroll-Freak" und man könnte es auch als einen persönlichen "Schatten" beschreiben.

- Er ist eher ein Distanz und Abstand liebender Hund (besonders Fremden gegenüber).

- Unterwegs neigt er Fremden gegenüber dazu, diese zu umzingeln und mit gebührenden Abstand nicht aus den Augen zu verlieren.

- Er ist kein typischer Kuschel- oder Streichel-Hund aus der normalen Schwanzwedler-Fraktion.

- Er fordert eine sehr konsequente, ruhige und souveräne Erziehung. Allerdings ohne jegliche Art von Härte und "laute Töne" / Ansagen!

- Er ist im Vergleich zu anderen Rassen schwieriger zu erziehen und auch wegen seiner extremen Selbständigkeit aufwändiger zu trainieren. Denn er möchte nicht unbedingt gefallen (wie viele andere Hunde-Rassen). Er hinterfragt immer wieder sehr gerne Kommandos und Ansagen. Bardinos biedern sich niemals an und sind auch nicht aufdringlich in ihrer besonderen Art und von ihren natürlichen Wesenszügen her.

- Bardinos sind extrem sensibel!

- Ein Bardino kann durchaus sehr nachtragend sein!

- Er ist hochintelligent.

- Er ist sehr lernfähig, aber oftmals hinterfragend.

- Er ist arbeitswillig, sofern die Aufgabe seinem persönlichen Bewegungsdrang und auch seinem Interesse entspricht.

- Er ist ein sehr Ruhe liebender Hund!
  Er hat keinen stark ausgeprägten Bewegungstrieb und muss oftmals regelrecht zu einer Handlung überredet und sehr motiviert werden .

- Er ist kein typisch geeigneter Hund (im Vergleich zu anderen Rassen) für diverse Hundesportarten.

- Ein Bardino ist nicht unbedingt für sehr sportliche Menschen (Jogger, Radsportler usw.) geeignet und auch nicht wirklich für diese Zwecke zu empfehlen, abseits von sehr aktiven "Mixen", wo entsprechende Eigenschaften und ein gewisser Bewegungsdrang anderer / aktiverer Rassen stärker dominieren.

- In Gefahren-Situationen und begründeter Bedrohung sehr agil, unglaublich reaktionsstark, extrem schnell, leistungsstark bei Bedarf und Abruf, kann von der einen auf die andere Sekunde förmlich explodieren (im wahrsten Sinne des Wortes).

- Dennoch ist er ein sehr ausdauernder Begleiter auf Wanderungen oder durchaus längeren Spaziergängen (gerne auch im gröberen oder bergischen Gelände).

- Ein echter 10% - 20% Hund in vielen Belangen (wie wir ihn oft in Insider-Kreisen humorvoll bezeichnen)!
  Denn man könnte den typischen Bardino so beschreiben:
  "So wenig wie möglich, aber immer so viel wie nötig!"
  Droht allerdings "Gefahr" jeglicher Art, kommt jemand seinen Menschen, Bezugspersonen, Rudel, Revier, Zuhause usw. zu nahe, gibt er allerdings immer volle 200% !

Er ist ein echter "Fels in der Brandung"!

Bevor ich es noch vergesse! Es gibt natürlich ein paar gewisse und merkwürdige Dinge, über die man noch schreiben sollte, wenn wir von einem typischen Bardino und seinen Besonderheiten / Eigenheiten sprechen:

- Er neigt stark dazu, absolut keine "Schmerzen" zu zeigen, was vieles nicht gerade im Alltag vereinfacht und selbst eine medizinische Behandlung, vor allem die richtige Diagnostik bei gesundheitlichen Problemen, Krankheiten usw. sehr erschweren kann.

- Er ist in der Regel ein anspruchsloses Wesen, eine eher sehr robuste und genügsame Hunde-Rasse.

- Er hat eine stark ausgeprägte Muskulatur, breiter Brustbereich und ist ein sehr kräftiger Hund.

- Er verfügt über sehr ausgeprägte doppelte Afterkrallen.

- Er hat eine sehr buschige Rute (bei der Urform des Bardino wirkt sie optisch etwas "gekürzt").

- Es sind keine "typischen" Rasse-Erkrankungen (laut spanischen Zuchtverband) und auch keine "genetischen" Zucht- oder Rasse-"Fehlbildungen" bekannt.

- Er besitzt eine durchschnittliche bis hohe Lebenserwartung für Hunde dieser Größe.

➢ Die häufigen gesundheitlichen Mankos (bei vermittelten und im neuen Zuhause lebenden / angekommenen Hunden aus spanischer Herkunft!) sind fast ausschließlich / größtenteils durch eine sehr schlechte Haltung, massive Misshandlungen, Unterernährung, Mangelerscheinungen, nicht behandelter und schwerer Parasitenbefall usw. als Ursache zu begründen und nicht als typisch für diese Rasse zu bezeichnen.

➢ Er besitzt stechende, sehr leuchtende, funkelnde und wirklich einzigartige "Bernstein"-Augen. Ziehen diese unglaublichen Augen jemanden erst einmal in ihren Bann, hat man gnadenlos verloren!

Wenn wir von optischen Besonderheiten sprechen, dann sind es auf jeden Fall neben dem gestreiften Fell die unglaublich wunderschönen Augen, die uns haltlos in ihren magischen Bann und in ihre Tiefe ziehen! Man hat immer wieder den Eindruck, so ein Hund könnte mit diesen Augen in die Seele seines Gegenüber schauen.
Ein paar komische, merkwürdige und schräge Dinge dürfen ja nicht in der Liste der typischen Dinge fehlen, also hier noch einige gewisse Besonderheiten:

- Selbst wenn der Bardino eher als lautlos in seinem Alltag zu bezeichnen ist, kaum zu sehen oder wahrnehmbar seine Anwesenheit in seinem Zuhause zeigt, man hört ihn! Mal ganz unter uns, er schnarcht nicht nur sehr laut und sehr viel, sondern schon wie ein stark röchelnder und angetrunkener kanadischer Holzfäller mit einer sehr chronisch ausgeprägten Nasenwandverengung oder extrem starken Nasennebenhöhlenentzündung.

- Sein typischer "Bewegungsdrang" ist sehr Wetter / Jahreszeit / Situation abhängig! Keine unnötige Hektik, immer schön tiefenentspannt, bloß kein Stress!
  Dies stellt sich an sommerlichen und warmen Tagen so dar, dass er beruflich in der Sportschau eine gewisse Karriere als Zeitlupen-Darsteller machen könnte, oder als Slow-Motion Superstar sofort an jeder Talent-Show die Zuschauermassen von den Stühlen reißen und überzeugen würde! Hört sich jetzt zunächst sehr lustig und witzig an, aber als Hunde erfahrener Mensch (man hatte ja schon andere Hunde und Rassen) ist dies eine ganz besondere Herausforderung im Gassi-Runden-Alltag mit einem Bardino!

> Bei dieser sehr langsamen Schritt-Taktung / Reise-Geschwindigkeit der täglichen Gassi-Runden muss man insbesondere unterwegs in der Natur und in den Wäldern extrem aufpassen, dass man sich ausreichend am anderen Ende der Leine bewegt. Denn sonst läuft man als Halter in die große Gefahr, dass einem regelrecht Efeu um die Schuhe wuchert oder die Sohlen schnell Moos ansetzen!
> Natürlich immer gedanklich bei der Sache, unbedingt auf die Vorfahrtsregelungen in Flora & Fauna achten, nicht dass euch da noch ein Rudel rasender Waldschnecken mit deutlich überhöhter Geschwindigkeit plötzlich und unerwartet die Vorfahrt auf dem Waldweg in Frage stellen und es als Folge zu einem unnötigen und schweren Crash kommt!
> Also immer brav daran denken, genügend Zeit für eine ausgiebige Gassi-Runde einzuplanen.
> Es kann mit einem Bardino immer etwas länger dauern unterwegs, als mit anderen Hunden und bis man wieder sein Zuhause erreicht!

> Verbale Ansagen, Kommandos, Trainingsbefehle und erzieherische Maßnahmen von Herrle oder Frauchen im Fall Bardino sind auch schon wieder so ein sehr spezieller Fall, für den leidgeprüften und hoffentlich nervenstarken Hunde-Halter!
> Egal was man diesem Streifenhörnchen abverlangt, in Auftrag gibt, Ansagen macht und einfordert, wird grundsätzlich nicht nur mal so pauschal in Frage gestellt, schon gar nicht sofort erledigt!
> Der typische Bardino prüft zunächst einmal die Dringlichkeit dieses Anliegen der Rudel-Chef-Etage sehr genau. Ist dieser Prüfprozess abgeschlossen, sprechen wir über Phase zwei, die eigentliche Notwendigkeit.

Sind diese beiden Ebenen vom Bardino abgewogen und entsprechend entschieden, schlurft er in der Regel erst einmal sehr gemütlich in seine Rückzugs-Kiste (sein persönliches Büro, Schlafzimmer usw.), um als nächstes nach einem passenden und geeigneten Termin in seinem Kalender festzulegen!

Da dieser bürokratische Aufwand natürlich nicht so ganz spurlos an so einem gestressten Streifenhörnchen vorbei geht, fällt er in der Regel völlig erschöpft in seinem Büro um, verfällt in einen sofortigen Tiefschlaf und verpennt mal wieder den anstehenden Termin!

Auf gut Deutsch; wer etwas von seinem Bardino verlangt, gar eine sofortige Erledigung des Auftrages, Befehl, Ansage usw. erwartet, sollte sich langsam aber sicher daran gewöhnen, sich etwas mehr in Geduld zu üben! Abseits von seinen wichtigen Hauptaufgaben, diverse Gefahren, direkten Bedrohungen und was die Sicherheitsfragen des eigenen Rudel angehen, wo der Bardino mit sofortiger Erledigung und Reaktion glänzt, bedarf es in allen anderen Angelegenheiten und Nebenjobs einem Maß an größtmöglicher Geduld, etwas Nachsicht und starke Nerven seitens seiner Halter!

> Wenn wir von einem gesunden Bardino und frei von genetischen Mankos der Rasse sprechen, gibt es dennoch ein kleines Problem, was sich in unserem Alltag immer wieder darstellt!
> Der Bardino neigt häufig und immer wieder plötzlich an einer kurzzeitigen "Taubheit"!
> Dies ist rein medizinisch betrachtet sehr außergewöhnlich, und es mangelt auch an einer entsprechenden Diagnostik dieses Problems. Äußern wird sich diesmal mehr oder weniger, denn es steht immer im direkten und unweigerlichen Zusammenhang mit seiner aktuellen "Tages-Laune" oder ganz bestimmten Situationen!

Für den Halter ein sehr schwieriges Unterfangen, denn in der Regel kann man in diesen Situationen (vielleicht bezeichne ich es treffender als die plötzlichen "Anfälle" des Hundes) tun und lassen was man möchte, die Fellnase reagiert weder auf Ansagen, Kommandos, noch auf diverse Zeichensprache und wildes Rumgefuchtel. Auch das ausschweifende Wedeln mit seinen Lieblings-Leckerlies führt eher selten bis mäßig zu einem gewissen Erfolg des Halters und seinem direkten Anliegen und der persönlichen Ansprache an den Hund.
Vielleicht sollte ich treffender sagen, man steht förmlich (mal wieder) wie ein Volldepp in der Landschaft rum, und der Hund am anderen Ende der Leine widmet sich ausschließlich seinen eigenen Interessen oder halt deutlich interessanteren Dingen, die seine ausnahmslose Aufmerksamkeit beanspruchen. An dieser Stelle können wir aber auch nur über exakt zwei Empfehlungen sprechen, die sich in all den Jahren der Bardio-Haltung und den unzähligen Erfahrungen anderer Bardino-Halter als wirklich sehr sinnvoll in der praktischen Umsetzung erwiesen haben!

Variante 1: Der einfache Weg!

Man findet sich einfach mit der Situation ab, zündet sich vielleicht ein bis zwei Zigarettchen an und harrt der Dinge aus, die vielleicht noch kommen mögen.
Dauert dieser Zustand etwas länger an, sollte man sich vielleicht vor größere Runden mit dem Streifenhörnchen vorab sehr gut vorbereiten. Ein guter Tipp wäre es, sich im Vorfeld eine Kanne heißen Tee (gut an kälteren Tage und sehr empfehlenswert) zu kochen und diese mitzunehmen, ein Taschenbuch vorsorglich einzupacken, um nicht unterwegs beim Ausharren und wartend nicht von einer größeren und plötzlich auftretenden Langeweile überrascht zu werden.
Natürlich steht es jedem frei, selbst das ein oder andere (ohnehin mitgenommene) Leckerlie des Hundes zu knabbern!
Denn wer liest schon gerne ein spannendes Buch, ohne ein paar Kekse dabei zu haben?! Als Grundsatz könnte man sagen, nur Geduld werter Bardino-Halter!
"Es geht irgendwann vorbei"...oder sage ich treffender "weiter auf der Runde"?!

Vor allem aber seid froh und dankbar in solchen Situationen darüber, dass eure Hunde nicht wirklich verbal mit euch sprechen können! Denn sie würden euch mit großer Sicherheit eine klare Ansage machen, oder euch gleich mit der ausgestreckten "Mittelpfote" zuwinken!

Frei nach dem typischen Bardino-Motto:

"Jetzt nicht Chef...ich habe gerade überhaupt keine Zeit für deine Anliegen und diese komischen Forderungen an mich!"

"Du störst mich gerade bei etwas sehr wichtigen...versuche es später noch einmal...oder lasse uns einen Termin vereinbaren!"

Variante 2: Der harte Weg!

Denn ein Bardino stellt grundsätzlich alles in Frage, was man ihm abverlangt...
...ein (Hunde-) Leben lang!

Das heißt für den Halter nichts anderes als sehr geduldig den Hund zu trainieren, erziehen und zu konditionieren. An dieser Stelle und immer wieder der eindringliche Hinweis darauf, dass diese Hunde-Rasse uns Menschen in ihrem persönlich Alltag absolut nicht brauchen, außer uns in unserer Hundehaltung verantwortlich zu zeigen, ihm bei Bedarf die Dose und den Futtersack zu öffnen!

Nicht mehr, aber auch nicht weniger.

Diese Hunde sind über Jahrzehnte so gezüchtet worden, ihre Entscheidungen selbständig zu treffen und ihr Handeln nicht zu rechtfertigen.

Wir Menschen bilden uns doch nicht etwa wirklich ernsthaft ein, aus diesem recht eigenwilligen und sehr eigenständigen Streifenhörnchen von heute auf morgen uns ein niedliches Hundchen der Sorte "Pflegeleicht" zu zaubern?!

Schon gar nicht uns mal eben so passend auf die Schnelle zurechtzubiegen!

Natürlich ein Hundchen, was jederzeit seinen Haltern "gefallen möchte", uns jeden Wunsch von den Lippen abliest und entzückt durch die Gegend hüpft, nur weil Herrle oder Frauchen mal wieder etwas von ihm wollen / verlangen?!?

Holla die Waldfee, was ein Wunschdenken!
Wenn das wirklich jemand glauben sollte, ihr viel zu viele Kuschelzoo-Geschichten
anderer Hunde / Rassen gelesen und gehört habt, von all den Hunde-Haltern,
die etwas anderes behaupten und auch noch davon ernsthaft überzeugt sind,
solltet ihr auf jeden Fall schon mal in eurem Kalender den 6. Dezember eintragen,
denn dann kommt der echte "Weihnachtsmann". Vielleicht hat der ja noch ein paar
gute Tipps in seinem Sack, wie ihr mit eurem Streifenhörnchen schneller (vor allem
einfacher) ans Ziel der optimalen Bardino-Erziehung gelangt?!
Geht das sprichwörtlich in die Hose, nur weil der Herr Weihnachtsmann eher mit
Ratlosigkeit und mangelnder Kenntnis über Hunde glänzt (nicht böse sein, denn er ist
ja eher Fachmann auf dem Gebiet von der Haltung eines "Rangifer-Tarandus"
spezialisiert (auch Rentier genannt), oder ihr nicht bis zu ihm vorgelassen wurdet und
an seiner Sekretärin Herrn "Knecht-Ruprecht" gescheitert seid?!
Nun; dann habt ihr ja noch ein paar Tage später als Lösungs-Joker die Gelegenheit,
dies auf eurem Wunsch-Zettelchen zu vermerken!
Mit etwas Glück berücksichtigt euch und euren dringenden Wunsch dann vielleicht das
"Christkind" und legt euch eine Ideal-Lösung unter den Weihnachtsbaum?!
Damit die Warterei nicht zu langweilig wird, könnt ihr ja bis dahin eurer Fellnase noch
ein paar Hundekekse backen, ein paar passende Weihnachtslieder einüben, um
gemeinsam an den kommenden Weihnachts-Feiertagen unter dem Weihnachtsbaum
ein richtig fröhliches "Ihr Kinderlein kommet" "Bardinolein kommet" zu frohlocken.
Wunder dauern bekanntlich etwas länger!

Also werte Leser, nicht sofort verzagen oder bei den kleinsten Problemchen aufgeben.
Ein typischer Bardino ist zwar ein verrückter, sehr spezieller und eigenwilliger Hund!
Dennoch gibt es verschiedene Wege und Möglichkeiten, ihn zu meistern!

Der Schlüssel zum Bardino ist immer der gleiche...Vertrauen, Zeit & Geduld!

Wichtiger Hinweis!

Denkt bitte unbedingt daran, all diese merkwürdigen Weihnachts-Gestalten nicht zu nah an euch und euer Rudel heran zu lassen, denn euer Bardino wird euch schützen wollen und er ist in seinem Revier für die Sicherheit zuständig!

Glaubt mir werte Leser, ein Bardino nimmt seine ihm anvertraute Aufgabe immer sehr ernst und ist dabei sehr kompromisslos!

Der "typische" Bardino besitzt mindestens noch 1.000 andere "Ecken und Kanten"! Unzählige Eigenschaften oder besondere Eigenheiten, die ich jetzt hier vielleicht unbewusst vergessen habe?!
Dennoch denke ich, die wichtigen und auffälligen Dinge haben wir nun alle aufgezählt und (hoffentlich) nachvollziehbar beschrieben.
In erster Linie sind es genau die Argumente, warum ich persönlich diese seltsamen und gestreiften Hunde so liebe und wirklich sehr schätze!
So wie sie nun mal sind!
Selbst wenn einige dieser Faktoren, Eigenarten und Gegebenheiten dieser Rasse mich in unserem Alltag so manches Mal in die pure Verzweiflung oder den Wahnsinn treiben. Die Haltung eines Bardino gleicht oftmals einer regelrechten Achterbahnfahrt des Lebens, mit vielen Höhen und Tiefen.
Vielleicht sollte ich es (ehrlich betrachtet) eher mit einer Freifahrt in der heimischen Geisterbahn vergleichen?!?

Auf der anderen Seite muss man natürlich klarstellen, dass wenn diese Streifenhörnchen genau auf den richtigen Menschen treffen, der genau einen solchen Charaktere-Hund sucht und zu schätzen weiß, sich gerne mal einer echten Herausforderung / Lebensaufgabe stellen möchte, mit all diesen tierischen Besonderheiten, "Ecken & Kanten" leben und umgehen kann, dürfte dies der Anfang einer ganz besonderen Freundschaft und Beziehung sein!
Zumindest sind das aus meiner persönlichen Sicht die wichtigsten und typischen Dinge, über die ich mit einer Person sprechen würde, die mit dem Wort BARDINO, deren Rasse, Eigenheiten und Besonderheiten nichts anfangen kann! Sich aber genau für einen solchen "schönen" und "gestreiften" Hund (sei es im Tierheim, Vermittlung, Tierschutz oder wo sonst auch immer) interessiert!
Persönlich denke ich immer, wenn sich jeder "VOR" einer Vermittlung, Adoption, Übernahme als End- oder Pflege-Stelle wirklich mal mit dem Wunsch-Hund und vor allem dessen Rasse und typischen Eigenschaften / Eigenheiten auseinandersetzen würde, wäre diese Hunde- und vor allem Bardino-Welt auch schon um ein Vielfaches besser!

Es würde wohl sicherlich auch deutlich weniger "Rückläufer" im Tierschutzbereich, im Tierheim usw. geben, nur weil mal wieder ein Mensch seinen Hund viel zu früh aufgegeben hat, oder sich ganz banal, gnadenlos und "unwissend" für die falsche Hunde-Rasse entschieden hat!
Viel zu oft entscheiden sich Menschen spontan für einen "Hund".
Wissen aber nicht einmal im Ansatz, welcher Verantwortung und Herausforderung sie sich Tag für Tag und an 365 Tagen im Jahr stellen müssen.

Leider wissen diese Menschen nicht im Geringsten, worauf sie sich oftmals wirklich einlassen, bei ihren Entscheidungen zum Wunsch-Hund und zu einer ganz bestimmten Rasse! Anmerken muss man natürlich auch, dass diese Liste und all ihre Fakten / Darstellungen des typischen Bardino erst durch das Sammeln von unzähligen Informationen über viele Jahre möglich war!

Ausgeschöpft aus den eigenen Erfahrungen als Bardino-Halter, aber in erster Linie auch durch die zahlreichen Gespräche mit anderen Bardino-Liebhabern / Haltern und deren Berichte aus ihrem persönlichen Hunde-Alltag. Durch Lesen all ihrer Bardino-Geschichten, durch unzählige Artikel, Tagebücher, Erfahrungen, Abenteuer, Situationen, Begegnungen usw. ihrer Hunde, wie zum Beispiel in diesem Bardino-Forum, oder bei Gesprächen auf "Treffen" und Begegnungen in der freien Wildbahn!
All diese zusammengetragenen Fakten und Informationen entstammen dieser mehr als nur realen (vielleicht sage ich treffender "verrückten") Bardino-Welt!
Das genau sind die echten und realen Geschichten des Lebens, wahre Erfahrungen und verrückte Situationen, die eine eigene Hundehaltung dieser Fellnasen bereichern.
Es ist aber auch ein gewisses Fenster zur Außenwelt,
man ist nicht alleine mit all seinen Problemen und der persönlichen Verzweiflung,
in einer etwas "anderen" Hunde-Welt!

Nicht zu vergessen, all die wundervollen und schönen Momente...

Kapitel 7 - Vermittlung, Adoption, Übernahme des Hundes

Offen eingestanden, ich hatte mich auf dem langen Weg zu meiner persönlichen Fellnase nicht nur intensiv mit der Sucherei befasst und dem Filtern / Durchforsten der entsprechenden Tierschutz-Organisationen oder Vermittlungs-Vereinen,
sondern auch sehr intensiv mit der großen Frage, welcher Hund / Rasse überhaupt zu uns und unserer Lebenssituation passen würde!
Eigentlich sollte es ja ein Herder-Hollandse werden, eventuell auch ein Kangal und ähnliche Rassen/ deren Mixe. Leider wurde ich nicht fündig in diesen Bereichen. Erschwerend kam die Problematik hinzu, dass für uns grundsätzlich kein Hund vom Züchter, kommerzieller Vermehrer oder aus einer Hobby-Zucht (was ein trügerisches Wort) in Frage kam, sondern ausschließlich ein Hund aus dem Tierschutz oder aus der Hundenothilfe! Schließlich findet man inzwischen gerade in diesen Bereichen wirklich fast jede Rasse, Altersklasse usw.!
Also suchte ich irgendwie weiter und wurde irgendwann auf den Bardino aufmerksam gemacht, den ich als Rasse vorher nicht einmal im Ansatz kannte, oder dessen Namen ich jemals gehört habe. Gesagt, getan, mit neuem Wissen und reichlich Informationen über diese Rasse bewaffnet...suchte ich weiter!
Was mich sehr erstaunte, war die Vielzahl von Organisationen, Vereinen und den zahlreichen Internet-Plattformen der "Auslands-Hunde" und deren Vermittlung. Irgendwann waren es in meiner Favoriten-Liste des PC sage und schreibe 283 (!) Internet-Plattformen, die für eine Vermittlung / Adoption in Frage kommen würden und die alle einen Bardino (natürlich auch Mixe oder einfach nur ein gestreiftes "Irgendwas", was natürlich dem neuesten Trend entsprechend als Bardino angeboten und auch so deklariert wurde) in ihrer Vermittlungs-Liste aufführten.
Gefühlte Ewigkeiten später sah ich dann meinen Pablo auf einer Homepage und seine Augen haben mich in ihren Bann gezogen.

Auf den ersten Blick und beim Lesen der Angaben zum Hund war alles schlüssig, glaubwürdig und eigentlich alles so im grünen Bereich, wie man es erwarten würde! Noch schnell ein starkes Pöttchen Kaffee der Sorte "Hallo wach" kochen, ausharren bis es Morgen wird und nichts wie ab ans Telefon.
Die Suche hatte endlich ein Ende!
Ich war auf meiner Odyssee endlich fündig geworden, und nun konnte ehrlich gesagt alles nicht mehr schnell genug gehen, bis meine Fellnase in sein neues Zuhause ausreisen / landen konnte!

Die Kontaktaufnahme und Klärung der anstehenden Adoption mit der zuständigen Organisation verlief schnell und erfolgreich, Termin gemacht und die Vorkontrolle schnell noch überwunden, notwendiger Papierkram erledigt, und es konnte alles seinen richtigen Weg gehen. Die Informationen über den Hund waren ausreichend, ich wurde über alles freundlich aufgeklärt und zusätzlich über den gesundheitlichen Status des Hundes in Kenntnis gesetzt.
Kurz und knapp; die Vermittlungs-Beschreibung:

Der einjährige Bardino war kerngesund, 34 kg schwer (also quasi für diese Rasse Ideal-Gewicht), keine Zipperlein, Krankheiten, Parasiten-Befall oder sonst Auffälliges.
Der "Mittelmeer-Test" verlief negativ. Ansonsten noch die Angabe / Bestätigung, dass er die von mir gewünschte Größe hat, wachsam aber dennoch kein Dauer-Kläffer, ein freundliches Wesen und offene Charaktere mit einer leichten Tendenz zur echten Schmuseschnute und Kuschelhund (Frauchens größter Wunsch).

So weit so gut...

Es sollte allerdings alles anders kommen als gewünscht, vor allem aber anders als im Vorfeld der Adoption seitens der Vermittlerin versprochen, zugesichert und bestätigt wurde...wie sich sehr bald herausstellen sollte!
Was da tatsächlich auf uns zukam, gleicht eher einem Hardcore-Horrorfilm (incl. diverser Oscar-Nominierungen in verschiedenen Bereichen) vom Feinsten!

Der große und lang ersehnte Tag der Abholung auf dem Flughafen war gekommen. Nach einer unerträglichen Warterei (Geduld ist nicht gerade meine größte Tugend) wurde endlich von sehr netten Flug-Paten die Hunde-Box durch den Zoll zu uns geschoben. Kurze Begrüßung der Flug-Paten, ein riesiges DANKESCHÖN von uns und es folgte die Übergabe der Papiere (Heimtierausweis usw.).
Die für die Tierschutz-Organisation entsandte / beauftragte Dame nahm die Flug-Box von den Flug-Paten entgegen, erklärte uns nochmals alles im Detail, hat uns auf das ein oder andere hingewiesen, was wir noch beachten sollten, Adoptions-Vertrag unterschrieben und jetzt konnten wir endlich unseren Wunsch-Hund in Empfang und in Augenschein nehmen. Endlich!!! Die Ernüchterung folgte sogleich schon im ersten Moment, als wir die Flug-Box entsetzt öffneten. Was uns da mit sehr traurigen Augen entgegenblickte, war im wahrsten Sinne des Wortes kein Hund!
Dieses fellige und gestreifte "Etwas" glich eher einem großen Häufchen Elend, um es noch sehr geschönt und charmant zum Ausdruck zu bringen!
Zuerst dachte ich mir noch, na ja...so ein Flug ist ja schließlich für so einen Hund Stress pur und nimmt ihn sicherlich auch körperlich etwas mit?!
Von wegen...

Zahlreiche Versuche und unzählige Leckerlies später (die der Hund verweigerte) den Hund aus der Kiste zu locken, kam mir irgendwie mein Bauchgefühl in die Quere und schlug merkwürdig Alarm! Dass da etwas gewaltig nicht stimmen konnte, war mir irgendwie schon sofort klar. Da der Hund in keinerlei Weise aus seiner Box zu locken oder gar zu bewegen war, suchte ich mein Taschenmesser in der Jacke und fing langsam an, diese Box zu zerlegen. Holla die Waldfee, was da zum Vorschein kam, war alles andere als ein gesunder Hund! Er wirkte nicht nur elendig abgemagert (obwohl er angeblich in seiner Tierschutz-Obhut gut versorgt wurde), sondern hatte extrem unterentwickelte Hinterläufe, wie sich später rausstellte und hatte diesbezüglich leider nie einen Tierarzt gesehen. Er verbrachte wohl fast ausschließlich sein erstes Lebensjahr auf knappen 4 qm Fläche (wie sich bei späterer und erfolgreicher Recherche zeigte), so dass er zwar einigermaßen stehen konnte, aber sich weder normal bewegen, noch richtigen Auslauf hatte!

Hinzu kam ein tatsächliches Gewicht von 17 beängstigenden und unterernährten Kilos.
Selbst die Dame der Übergabe (an der Stelle auch nochmals ein riesiges DANKESCHÖN an Sie) war bei der Übergabe auf dem Flughafen beim Anblick dieses Hundes nicht nur geschockt, sondern bei seinen ersten Gehversuchen in ungewohnter Umgebung mehr als nur gerührt und den Tränen nahe.
Bis zu diesem Zeitpunkt dachte ich immer, ich hätte schon viel auf diesem Planeten gesehen, bis heute aber noch keinen so geschundenen und gequälten Hund!
Dies alles war allerdings erst der Anfang einer fast fünfjährigen Odyssee durch diverse Arztpraxen, Kliniken und leider auch OP-Räumen.
Neben massiven Parasiten-Problemen, schweren Darmerkrankungen kamen zahlreiche Frakturen, wandernde Knochensplitter im Schädelbereich (Verletzungen durch Prügel und Schläge), beidseitige gebrochene Rippenbögen, gebrochene Rute usw., nur um ein paar wenige vorhandene Probleme beim Namen zu benennen.
Tiefer möchte ich jetzt hier auch nicht auf dieses traurige Thema eingehen.
Zumindest lebt dieser Hund heute in einer gesundheitlich vertretbaren Situation und inzwischen in einem guten Allgemeinzustand.
Dies sollte nur als Beispiel dazu dienen und um mal anzuprangern,
wie eine Übernahme / Adoption auch aussehen kann!
Denn ist der Hund erst einmal erfolgreich vermitteln und ausgeflogen,
hört und sieht man oftmals genau von diesen Menschen nichts mehr.
Frei nach dem Motto: "aus den Augen, aus dem Sinn!"
Auch dann nicht, wenn man noch offene Fragen zu diversen Problemen hat,
zahlreiche Ungereimtheiten zur Geschichte des Hundes oder zu angeblichen Tierarztbesuchen in der spanischen Vergangenheit hatte!

Man stellt sich auch irgendwann nicht mehr die Frage, ob dieser Hund jemals einen echten Tierarzt auf dieser verfluchten Insel gesehen hatte, abseits eines stümperhaften Menschen, der für seine misslungene Kastration verantwortlich ist.
Bei einer dieser Gelegenheiten wurde dem Hund auch ein zweiter / erneuter Chip verpasst und seine heutigen Papiere angefertigt.

Inzwischen hat sich herausgestellt, dass wir anhand des ersten Chip die reale Herkunft und damit auch die Vergangenheit des Hundes nachvollziehen und recherchieren konnten. Denn mit der ersten Chip-Nummer war Pablo als reinrassiger Zucht-Rüde in Spanien gelistet. So fanden wir schließlich auch irgendwann seine Züchter und damit auch seine Peiniger, die für viele seiner Verletzungen und die heutigen gesundheitlichen Schäden verantwortlich waren!
An der Stelle sage ich bewusst "waren", denn diese Menschen werden nie wieder einen Hund anfassen, misshandeln oder fast zu Tode quälen!
Vor allem aber werden sie auf dieser verfluchten Insel keine Hunde mehr züchten und vermehren! Auch wenn man selbst wirklich kein gläubiger Mensch ist, es gibt tatsächlich eine Gerechtigkeit und sehr merkwürdige Dinge auf dieser Erde! Vielleicht eine geheimnisvolle Art von höherer Gewalt?!?

Einheimische eines kleinen spanischen Dorfes berichteten davon, dass wenn es Nacht wird auf der Insel, der Nebel vom Meer kommend die Küste entlang zieht und die Dörfer und Straßen in seinem Dunst verschwinden lässt, kann man "seine Schritte hören". Die Schritte einer unbekannten und unheimlichen Gestalt, die in der Nacht an so manchen Türen klopft.
Ob es nun ein Engel war, oder vielleicht der "Heilige Geist"?!?
Man wird es wohl nie wirklich ergründen oder erklären können!
Es wird wohl ein Geheimnis bleiben. Nur eins ist bis heute bekannt, all die offenen Rechnungen einer kleinen geschundenen Hunde-Seele wurden bezahlt...
...in der richtigen Währung und bis auf den letzten Cent!

Zurück zum eigentlichen Thema und was ich hier mit meinen Zeilen zum Ausdruck bringen möchte. Wenn ich heute immer wieder gefragt werde, ob ich nochmals einen Hund aus dem Tierschutz adoptieren würde, kann ich dies auch heute nur mit einem entschlossenen Ja beantworten! Jederzeit würde ich mich immer wieder für genau einen solchen Hund entscheiden, den selben Weg gehen.

Allerdings würde ich bei dem zuständigen Vermittler, Organisation, Verein usw. viel genauer hinsehen, noch tiefer recherchieren und vor allem mit mehr Menschen und entsprechender Erfahrung sprechen, um mir ein wirklich ehrliches Bild abseits aller Versprechungen, diversen Zusagen und realen Sachverhalten zu verschaffen.

An dieser Stelle muss man auch ausdrücklich anmerken, dass es in dieser Tierschutz- und Vermittlungs-Welt sehr gute und vor allem seriöse Vermittler, Organisationen und Vereine gibt!
Diese Menschen opfern ihre persönliche Lebenszeit nicht nur einfach mal so gewissen Hunden, sondern sie tätigen Tag für Tag einen verdammt guten Job / Ehrenamt.
Sie leisten engagiert und unermüdlich unzählige Stunden in diesen Bereichen,
um Leben zu retten und verlorenen Seelen eine letzte Chance auf ein besseres Leben und ein neues Zuhause zu geben!
Genau diesen Menschen zolle ich meinen persönlichen Respekt und empfehle sie sehr gerne weiter an angehende Hunde-Halter.

Insbesondere wenn es um einen "Auslands-Hund" und dessen Vermittlung wie zum Beispiel den Bardino geht, gibt es für mich eine beispielhafte und wirklich verantwortungsbewusste Organisation, die ich immer sehr gerne und ohne Einschränkung empfehle würde: >> **"Tierhilfe-Fuerteventura e.V."** <<
(Stellvertretend für natürlich auch viele andere sehr empfehlenswerte und sehr gute Vermittlungs- und Tierschutz-Organisationen im Hunde-Bereich!)

Bei diesem Verein wird nicht nur ehrlich und seriös beraten und vermittelt, sondern selbst nach einer erfolgreichen Adoption / Übernahme eines Hundes hat man bei Bedarf jederzeit einen vertrauensvollen Ansprechpartner.

Selbst bei eventuell später auftretenden Problemen findet man für einen Rat oder eine Frage immer ein offenes Ohr. Was den Verein und dessen Arbeitsweise angeht, ist nichts dem Zufall überlassen oder wird vielleicht verheimlicht, denn es herrscht eine ehrliche und offene Vereins-Transparenz!

Leider fehlt hier die Zeit, all die anderen guten und empfehlenswerten Organisationen oder Vereine vorzustellen, die auf ähnliche Weise auch einen sehr guten und empfehlenswerten Job und damit eine erstklassige Vermittlung von Hunden Tag für Tag tätigen / gewährleisten.

Ich bitte daher um etwas Verständnis, dass ich als gutes Beispiel für eine sehr gelungene und beispielhafte Tierschutzarbeit nur einen Verein hier etwas als gutes Beispiel hervorgehoben habe.
Also werte Leser und Bardino-Interessierte, Augen auf bei der Auswahl der richtigen Organisation, Verein und Vermittler! Nur so kann eine erfolgreiche und im Nachhinein betrachtete Vermittlung und Adoption eines Hundes für alle Beteiligten zufriedenstellend funktionieren.

Vor allem auch für den Hund, denn wenn die Fellnase zu den falschen Menschen kommt oder die gewünschten Erwartungen nicht einmal im Ansatz erfüllen kann, sind nicht nur zwangsläufig Ärger / Probleme vorprogrammiert, sondern es kommt oftmals zu sogenannten Rückläufern (in Insiderkreisen leider treffend als "Wanderpokale" beschrieben)!

 Damit leider immer wieder zu zahlreichen Hunden, die nach einer zunächst erfolgreich erscheinenden Vermittlung wieder unnötig in Heimen und im Tierschutz landen und immer weiter gereicht werden!
Und das nur, weil mal wieder nicht die richtigen Seelen zueinander gefunden haben. Was meinen Pablo angeht; auch wenn ich vielleicht wirklich die falsche Organisation, Verein und Vermittler in Anspruch genommen habe, würde ich wieder genau den gleichen steinigen Weg gehen!
Der Hund kann schließlich nichts für sein Schicksal, seine Vergangenheit, vor allem aber auch nichts für die genau die Menschen, die für ihn im Tierschutz zuständig, tätig und für seine Vermittlung verantwortlich waren!

Insbesondere aus der Situation heraus, dass ich zuerst meinen Wunsch-Hund gefunden hatte und erst dann mich mit der entsprechenden und für den Hund verantwortlichen Organisation / Verein auseinandersetzen konnte.

Was die Gesundheit und die damit verbundenen Probleme über die letzten Jahre nach der Adoption angeht, spielt dies auch keine gewichtige Rolle, denn auch da kann der Hund als solches absolut nichts dafür!
Persönlich würde ich mich immer wieder ohne Wenn und Aber genau für die gleiche Fellnase entscheiden!

All der Stress, Gedöns, die Probleme mit der Vermittlung, gesundheitliche Katastrophen, die er mitbrachte und die Menschen im Vorfeld teilweise durch Nachlässigkeiten oder medizinische Versäumnisse maßgeblich verursacht haben, spanische Altlasten und seine Vergangenheit spielen da keine Rolle.
Denn er ist nicht einfach nur ein Hund von vielen, sondern mein Hund!
Nicht nur wie gewünscht ein echter Bardino, sondern ein treuer und unbestechlicher Freund an meiner Seite. Vor allem aber mein persönlicher Seelen-Hund,
mit dem ich ein Stück Lebensweg gemeinsam wandern darf!

Vor allem will Pablo eins...LEBEN!

Liebe Leser dieses Buches! Die etwas zart besaiteten Menschen unter euch sollten jetzt einfach mal ein paar Seiten weiter blättern, denn es folgen ein paar Bilder und Anmerkungen von Pablo und seiner Ankunft in seinem neuen Zuhause.

Der angeblich "gesunde" und "gut ernährte" Hund sah zwei Tage nach seiner Ankunft und Vorstellung bei seinem fürsorglichen "Leibarzt" so aus:

Tatsächliche 17 (!) Kilo (anstatt angegebener 34-35 kg) unterernährter Hund, ausgewachsen und fast 2 Jahre alt (nachvollziehbar anhand seines zweiten Chip und nicht "einjährig" wie angegeben!), stark gezeichnet durch seine vielen Verletzungen. Hinzu kamen diverse Brüche (die aufwändig nachbehandelt werden mussten), verschiedene Misshandlungen und Folge-Erkrankungen.

Nicht zuletzt auch bedingt durch eine stümperhafte und mangelnde medizinische Versorgung, ein Tennisball großer Bluterguss und stark infiziertes Narbengewebe als Ergebnis einer völlig misslungenen Kastration, massiver Parasitenbefall usw.,
wo die zuständigen Menschen auf dieser Insel ihrer Verantwortung diesem Hund gegenüber leider nicht ausreichend nachgekommen sind.
Man könnte dies als sehr traurige Realität oder gar vielleicht als "Einzelschicksal" beschreiben, aber für diesen Teil der grausamen Wahrheit "schön zu schreiben", fehlen mir ehrlich gesagt die passenden Worte!
Dass dieses kleine gestreifte Häufchen Elend nicht richtig laufen oder gar von selbst wie ein ganz normaler Hund in ein "Floh-Taxi" hüpfen konnte, ganz "normal" sein Geschäft verrichten sollte, ist auch noch so eine Herausforderung gewesen,
der wir uns stellen mussten. Abseits diverser Operationen und folgende Behandlungen haben wir viele Dinge unseres eigenen Lebens, Lebenssituation, Alltag usw. diesem Hund angepasst und entsprechend verändern müssen.
Die wohnliche Situation wurde geändert, und auch das geliebte Sportwägelchen wurde gegen ein Fahrzeug gewechselt, was man als Behinderten gerecht bezeichnen könnte...

*An der Stelle gebührt auch ein großer Dank an Pablo's "Krankenversicherung"!
Denn ohne deren zuverlässige "Kostenübernahme" / Unterstützung von diversen Operationen, Behandlungen usw. wären wir sicherlich so manches Mal an unsere persönlichen Grenzen geraten!

Bevor ich es vergesse, vielleicht sogar manche Menschen aus seiner persönlichen Vermittlungs-Geschichte dieses Buch lesen sollten oder sich von diesen Personen gerne mal wieder jemand "hinten rum" (persönlich traut sich ja inzwischen niemand mehr, nach diesem Hund und seiner abgeschlossenen Vermittlung zu fragen) und über "Dritte" Personen über den aktuellen Zustand von Pablo zu informieren oder gar zu interessieren?!? Seine Behandlungskosten (neben den ganz normalen Kosten einer Hundehaltung) der letzten fünf Jahre haben längst das Niveau eines richtig schicken und gut ausgestatteten Mittelklassewagen überschritten!

Etwaige "Zweifler" lade ich jederzeit gerne zur Behandlungskosten- und Rechnungs-Einsicht ein! Sollte sich jetzt jemand persönlich angegriffen fühlen (obwohl ich ja bewusst keine Namen ausgesprochen habe), tut mir dies nicht wirklich leid! Entschuldigt bitte meine Laune und meine innere Wut, auch dass ich im Namen meiner Fellnase nicht so nett sein kann bei diesen Zeilen!
Stellt euch einfach der "Wahrheit" und der nüchternen Realität diese Hundes, denn vieles könnte man wirklich verbessern in der Zukunft einer Tierschutz-Welt und dem damit verbundenen Engagement und der tatsächlichen Verantwortung diesen Fellnasen gegenüber. Vor allem aber im Namen der euch anvertrauten und von euch abhängigen Hunde, bei der nächsten oder zukünftigen "Vermittlung"!

Vielleicht stellt die ein oder andere Person sich persönlich einfach mal die einfache Frage, wie man überhaupt das große Wort "Tierschutz" persönlich definieren sollte? Damit auch das eigene (teils fragwürdige) Engagement / Aktivität und die damit unweigerlich verbundene Verantwortung diesen Geschöpfen auf vier Pfoten gegenüber!
Diese Zeilen hier sollen jetzt weder den Leser dieses Buches langweilen, noch steht es in jeglicher Absicht, etwas Mitleid für einen Hund und seine persönliche Geschichte zu beabsichtigen!

Dennoch sollte auch die Wahrheit einer Geschichte nicht zu kurz kommen!
Vielleicht rüttelt es auch manchen Menschen wach, und diese hinterfragen mal ihr eigenes Gewissen, beim nächsten Blick in den Spiegel?!
Dieses Stück traurige Realität soll auch die Schattenseiten aufzeigen und etwas nachdenklich stimmen. Das größere Anliegen, was ich anhand unseres Beispiel ausschließlich bezwecken möchte, ist der direkte Appell an alle Hunde-Halter, sich auch der gesundheitlichen Seite des Hundes genauer zu widmen und sich auch dieser Seite der Verantwortung entsprechend zu stellen!
Vielleicht sollte ich es treffend "Vorsorge" nennen, bevor es irgendwann zu spät sein könnte?!

Daher hier der wichtige Hinweis / Empfehlung an vorhandene oder zukünftige Halter von Hunden! Unser eigenes Beispiel der vielen gesundheitlichen Probleme, die ein Hund durchaus "mitbringen" kann, sollte in erster Linie dazu dienen, generell die Welt der Hunde-Halter etwas wach zu rütteln!
Denkt bitte unbedingt im Vorfeld und bevor ihr euch für eine gestreifte Fellnase entscheidet (egal aus welcher Quelle / Herkunft) immer darüber nach, ob es nicht auch für euch (natürlich hauptsächlich für den Hund selbst) besser wäre,
sich gleich um eine vernünftige Krankenversicherung zu kümmern?!

Es geht hier nicht nur um eine grundlegende Absicherung im "Fall der Fälle", sondern auch in erster Linie darum, nicht irgendwann plötzlich und unerwartet vor unbezahlbaren Behandlungs-Rechnungen zu stehen.
Vor allem dann, wenn das "Leben eines Hundes" maßgeblich von dem persönlichen Budget und den finanziellen Möglichkeiten eines Hunde-Halter abhängig sein sollte!
Die Realität sieht in den heutigen Tierarzt-Praxen leider nicht selten so aus,
dass oftmals Hunde leider bei schweren Erkrankungen / teuren Behandlungen "erlöst" werden müssen, anstatt sie medizinisch vertretbar behandeln zu können!

Die grausame und bittere Realität führt leider auch dazu, dass manche Fellnasen erst gar nicht mehr nach erfolgter Behandlung, Operation, Notversorgung usw. und wenn es um das Bezahlen geht, in der Arzt-Praxis, der Klinik usw. von ihren Haltern abgeholt werden! Nicht selten landen anschließend die Tiere in Heimen und im Tierschutz.
Mal ehrlich; muss das wirklich sein, wenn man dies eigentlich mit einer bezahlbaren Krankenversicherung vermeiden könnte!?
Einen Vergleich der verschiedenen Versicherungen / Versicherungs-Gesellschaften, Policen-Details und auch Test-Informationen über deren Leistungen, Preise, Versicherungs-Unterschiede usw. findet man zu Genüge im WorldWideWeb, genau so auch in diversen Tierzeitschriften, "Test"-Ratgebern und entsprechenden Fachpresse.

Denkt bitte mal ernsthaft darüber nach, denn eure Fellnasen werden es euch mit ihrem "Leben" und ihrer grenzenlosen Treue danken!

Kapitel 8 - Eine Adoption aus der Sicht eines Hundes

"Heute habe ich einen Zweibeiner adoptiert und gerettet!"

Die Tage, Wochen und Monate gingen ins Land.
Längst hatte ich die Hoffnung schon aufgegeben.
Der Tag kam näher, wo ich sterben sollte.
Viele meiner Freunde habe ich "gehen" gesehen, ihre Laute, ihr Winseln und leider auch die vielen unheimlichen Schreie!
Längst kann ich nicht mehr schlafen, ohne an sie ständig denken zu müssen.
Am diesem grauen Tag, als auch ich diesen letzten Weg gehen sollte,
geschah das Wunder!
Eine Zweibeinerin aus dem Tierschutz nahm mich mit, in eine angeblich bessere Welt!
Man flog mich in ein fremdes Land, allerdings auch nur, um mich wieder in ein anderes graues Verlies zu sperren.
Man sagte mir noch, ich muss dort nicht sterben!
Aber mehr auch nicht.
Die Tage vergingen, die Wochen und Monate zogen an mir vorbei...
Eines Morgens, als ich aufwachte vom Klappern der Schlüssel, kam ein Mensch den Flur entlang.
Ich kannte weder den Geruch, noch seinen Gang, als er den Flur an meinem kleinen Verlies vorbei schlenderte.
Plötzlich trafen sich unsere Blicke!
Er schaute mir tief in die Augen und ich schnuffelte sofort seine große Not.
Ich wusste es sofort und mein inneres Gefühl sagte mir, dass ich diesem Zweibeiner helfen musste.

Ich fiepte ein kurzes "Hallo" und wedelte etwas (nicht zu aufdringlich) mit meiner Rute. Aber bloß nicht zu wild, nicht dass er sich noch erschrecken würde.
Als er an meinem vergitterten Verlies stehen blieb, zwinkerte ich ihm vertrauensvoll zu und gab ihm mit meinen Pfoten ein Zeichen.
Ich drückte mich dicht an die Gitter, damit er nicht gleich sehen konnte was mir eben mal wieder passiert ist!
Peinlich für mich; denn ich wollte nicht, dass er die kleine duftende Pyramide in meinem traurigen und grauen Verlies sieht und dies ihn vielleicht abschrecken könnte.
Die Zweibeiner, die hier für unser Wohl verantwortlich sind, haben leider für unsere Bedürfnisse viel zu selten Zeit und wir sind schon froh, wenn sie uns wenigstens hin und wieder mal Gassi führen, regelmäßig füttern und vor allem nicht ganz vergessen.
Als er meinen „Steckbrief" und „Lebenslauf" las, habe ich mehr als nur sehnlichst gewünscht, dass mein Charaktere, all meine Misshandlungen und meine grausame Vergangenheit ihn nicht völlig abschrecken würden?!
Ich wünsche mir doch einfach nur meinen eigenen Menschen, der mich liebt, hin und wieder mal drückt und sich darüber freut, wenn ich an seiner Seite wache!
Dann sah ich plötzlich, wie eine kleine Träne seine Wange herunter lief...
Was hat er nur gerade gelesen, was ihn so traurig macht?
Ich versuchte ihn sofort zu trösten, drückte mich so nah und eng es ging an diese kalten Gitterstäbe, damit er mich berühren konnte.
Eine warme und herzliche Hand berührte mich.
Noch eine Träne auf seiner Wange und ich streckte meine Pfote durch die Gitterstäbe, fiepte in meiner Sprache „alles wird gut mein Mensch"!
Ich hoffte, er würde mich verstehen?!
Sein Blick änderte sich, er stand plötzlich auf und öffnete die Tür!
Sofort sprang ich ihm und seinen offenen Armen entgegen!
Ich wusste sofort, der muss es sein. Drückte mich vorsichtig an ihn, leckte ihm tröstend die Wange.

Auf meine Art versprach ich ihm, ihn treu auf seinem Weg zu begleiten, ihn zu lieben!
Ich flehte ihn an, überlege nicht lange und nimm mich mit.

Gib uns eine gemeinsame Chance!
Auch gab ich mein Versprechen, ihm mein großes Herz zu schenken,
auch dass ich ihn wieder lächeln sehen möchte, wenn wir gemeinsam durch das Leben wandern.
So viele waren schon hier in all der Zeit, gingen vorbei und beachteten mich nicht.
Ich bin gestreift, nicht gerade schön und gezeichnet vom Leben.
So viele Narben, aber dafür habe ich mein Herz am rechten Fleck!
Nur wollte es niemand sehen, wer ich wirklich bin.
Viel zu oft sah ich sie vorüber ziehen, vorbei an all den Verliesen.
So viele auf zwei Beinen, die nicht gerettet werden wollten!
Und nun war er da, der Zweibeiner, auf den ich so lange gewartet habe.
Der Mensch, für den ich wohl geboren wurde und ihn jetzt retten darf?!
Mein "Seelen-Mensch"!

Ich habe heute einen Menschen gerettet!

Vielleicht sogar sein "Leben"...

Kapitel 9 - Die Ankunft im neuen Zuhause

Der erste Stress vom Flughafen, Abholung auf einer Pflegestelle, Tierheim usw. ist endlich vorbei! Auf geht es, im neuen Zuhause und in ein neues Leben.

Bitte denkt daran, dass euer neues Familien-Mitglied nicht nur in einem neuen Zuhause unterwegs ist, sondern für ihn fast alles unbekannt, fremde Gerüche, lauter fremde Menschen, neue Geräusche und nicht zuletzt viele unbekannte Dinge, die ihm Angst machen können / werden! Bei Welpen dauert eine Eingewöhnung in ihrer neuen Umgebung meist nur wenige Tage.

Bei erwachsenen Hunden kann dies durchaus Wochen und manchmal sogar einige Monate dauern, bis sie sich in ihrem neuen Zuhause nicht nur wohl fühlen, sondern auch die Ängste und das Misstrauen gegen alles und jeden langsam abnehmen und verschwinden!
Gerade auch solche Dinge wie Vertrauen kommen nicht von heute auf morgen, dieser Prozess kann durchaus gefühlte Ewigkeiten dauern, bis ein Bardino dies zulässt und auch seinen neuen Menschen gegenüber erbringt!

Unabhängig des Hundealters solltet ihr es auch in den ersten Tagen sehr relaxt sehen, wenn selbst der erwachsene Hund nicht stubenrein ist, erst einmal die ein oder andere Stelle in Haus / Wohnung markiert, überhaupt keine Haltung im Haus / Wohnung kennt und auf viele Dinge sehr merkwürdig reagiert!
Leider ist es so, dass viele dieser Hunde in ihrem bisherigen Alltag absolut nichts kennen gelernt haben. Auch kein direktes Zusammenleben mit Menschen!
Also nicht gleich sauer sein, verzweifeln oder gar den Hund maßregeln, wenn wirklich mal wieder etwas schief oder etwas aus dem Ruder läuft.
Sie wissen es leider nicht besser!

Meist ist es so, dass ihr bisheriger Alltag darin bestand, etwas Fressbares zu finden, auf der Straße zu überleben und einfach nur über die Runden zu kommen.
Andere kommen von Züchtern, aus schlechter Haltung oder direkt aus der Tötungsstation. Teils schwer misshandelt, geschunden, gequält und von ihren Haltern auf grausame Weise entsorgt!
Die wenigsten Streifenhörnchen hatten das große Glück, auf schnellen Wegen und über den Tierschutz ihren Weg in eine bessere Welt zu finden.
Bis zu ihrem endgültigen Ausreisetag am besten zu vergleichen mit einem täglichen Kampf ums nackte Überleben...

An der Stelle kann ich mich nur zu gut erinnern, wie mein kleines Streifenhörnchen für sich die Welt der "Spiegelungen" entdeckte.
Ob sein eigenes Spiegelbild in den Balkontürscheiben ihn massiv angrollte und bedrohte, er sich über den gestreiften Hund in der Fernseher-Matrix mal wieder mächtig aufregte und all die Situationen, wo er sich selbst irgendwo nur spiegelte und sah. Das alles war über einige Wochen echt nicht lustig!
Vor allem in den ersten Tagen all die Scheiben irgendwie abzudecken, jeden Abend den Fernseher aufwändig mit einer Haube abzuhängen, damit es nicht schon wieder zu komischen Situationen kam, nur weil durch die abendliche Wohnungs-Beleuchtung mal wieder auf gewissen Flächen Spiegelungen entstanden. War das ein Stress!
Wie sich später herausstellte, oftmals reagierte er nur so krass (teilweise sehr massiv), um seine neuen Menschen vor diesem gefährlichen Terror-Hund zu schützen, der immer wieder irgendwo und ganz plötzlich in "Pablos neuem Zuhause" auftauchte. Was eine verrückte Nummer!
Aber irgendwie muss ich schon etwas schmunzeln, wie zuverlässig und unbestechlich Pablo seiner neuen Aufgabe des "Sicherheitsbeauftragten" in diesem Haushalt und seiner neuen Familie gegenüber vom ersten Tag an nachgekommen ist!

Der Hund ist bekanntlich ein "Gewohnheitstier"...

Damit wir uns nicht schon am Anfang in die Nesseln setzen und unbewusst zusätzliche Probleme schaffen, dadurch den ersten Ärger regelrecht provozieren, sollte man von Anfang an feste Konstanten schaffen. Das heißt; von vornherein sollte festgelegt werden, wo der Hund in Zukunft schläft, frisst, trinkt!
Festgelegte Punkte im Haushalt, wo ab sofort seine Näpfe und die Floh-Kiste stehen! Bitte kein ständiges Hin und Her mit neuen Standorten, die den Hund immer wieder aufs Neue verunsichern. Besonderes Augenmerk sollte darauf gelegt werden, dass wir von "ruhigen" Zonen des Haushaltes sprechen.
Es sollte unbedingt vermieden werden, Stellen mit ständigen Durchgangs-Verkehr zu wählen, die eher einem familiären Hauptbahnhof zur Rushhour gleichen!
Der typische Bardino bevorzugt gerne ruhige Orte, natürlich am liebsten mit etwas "Übersicht", damit er seine Schäfchen stets bestmöglich im Blick hat und im Bedarfsfall nicht nur "hüten", sondern auch entsprechend schützen kann.
Bevor jetzt unzählige Fragen aufkommen und wieder unnötig um den heißen Brei diskutiert wird, kommen wir lieber gleich auf den Punkt und damit zur wichtigsten aller Fragen. Offen eingestanden, ich stelle mir gerade eure Gesichter vor, wie es euch schon unter euren Fußsohlen brennt...bei der berühmten Frage aller Fragen, oder sprechen wir besser treffend über die "Mutter aller Probleme":
"Wo soll dieses Streifenhörnchen in Zukunft schlafen?"
Doch nicht etwa einsam und alleine in einem stillen Eckchen?
Schon gar nicht alleine in einer riesigen Wohnung / Haus!
Erst recht nicht abseits seines "Rudel" in einer langweiligen und einsamen Flohkiste, in der es obendrein manchmal spukt! Hallo...geht es noch?!
Da bin ich doch gerade erst in einem fremden Land angekommen, soll mich sofort an alles und jeden gewöhnen, Vertrauen fassen und euch sogar noch schützen?!
Und was macht ihr Menschen?
Ihr zieht euch wenn ihr müde seid einfach und ohne Vorankündigung zurück!
Einfach so verschwindet ihr in so eine Dingens, was ihr Schlafzimmer nennt.
Voll mit wärmenden dicken Decken, unzähligen Kissen der Marke Kuschelweich und einer riesigen Kiste, die ihr in eurer Sprache Bett nennt!
Und ich (wird sich nun eure Fellnase fragen)?

Spaß beiseite, auch wenn ich jetzt zum Spielverderber werde!
Abseits davon, ob und wie diese Fellnase nun über dieses Thema denkt und entscheiden würde.
Du bist der Chef und damit auch der Rudel-Führer in eurem Zuhause, nicht der Hund!
Fakt ist dennoch, dass ein Hund in der direkten Nähe zu seinen Menschen ein großes Stück Sicherheit und Vertrautheit erfährt.
Besonders in den ersten Tagen, wo durch "Nähe" am schnellsten eine tiefe Bindung entsteht, sollte man zumindest seinen Schlafplatz in Bereichen einrichten,
wo auch sein Mensch schläft!

Seine Kiste, Korb oder Box einfach in die Nähe des Betts stellen. Ist dies nicht möglich oder hinderlich, eignet sich auch ein Platz in der Nähe (Flur usw.) des Schlafzimmers. Dabei einfach die Tür einen Spalt offen lassen, so dass der Hund seinen Menschen riecht und (schnarchen) hört.
Nicht dass wir uns jetzt noch wohlmöglich völlig falsch verstehen oder in eine falsche Richtung entgleiten!
Selbst wenn es noch so schön wäre, sich ab sofort im Bett von diesem gestreiften zotteligen Kissen mit Stupsnase wärmen zu lassen, der Hund kommt nicht ins Bett!
Ein absolutes Tabu und "No go"...was es zu beachten gilt!

Bevor es jetzt auch noch zu größeren Missverständnissen kommt!
Ich spreche dieses Thema hier nicht an, weil ich der Meinung bin, dass es in ein Hunde-Buch unbedingt hinein gehört!
Sondern einfach aus der Tatsache heraus, dass wir hier nicht von einem normalen Hund sprechen, sondern immer noch von einem gewissen Bardino.
Einem "normalen" Hund beizubringen, dass ein Bett für ihn generell tabu ist,
kann sich durchaus zu einem sehr schwierigen Unterfangen entwickeln.
Vor allem dann, wenn er es mal "ausnahmsweise" und in den Anfangs-Tagen seiner Eingewöhnung im neuen Zuhause durfte.
Aber wenn wir von einem Bardino sprechen, reden wir von einer ganz anderen Nummer und gewaltigen Herausforderung!

Hat sich dieses Streifenhörnchen erst einmal an die Behaglichkeit und grenzenlose Gemütlichkeit einer solch menschlichen Schlaf-Kiste gewöhnt, ist es langfristig betrachtet vorbei mit der Nachtruhe.

Ihr werdet typische Rasse-Eigenschaften dieser Streifenhörnchen wie Sturheit, Selbständigkeit, Unbestechlichkeit, plötzlich auftretende beidseitige Schwerhörigkeit (an anderer Stelle schon beschrieben) und andere Charaktere-Eigenheiten im Bezug auf euer Bett / Schlafzimmer ganz neu definieren!

Hat dieses laut schnarchende Fellmonster (in Fach- und Insider-Kreisen bekennender Langschläfer auch besser als "Schlafzimmer-Terrorist" bekannt) erst einmal für sich entschieden (und das wird er garantiert), wie toll doch so ein gemütliches Schlafplätzchen in der Nähe seines Menschen ist, werdet ihr eine gefühlte Ewigkeit dazu benötigen, um ihm dies wieder sehr mühevoll abzugewöhnen!

Also überlegt euch lieber schon vorab, was ihr zulassen und nicht zulassen möchtet. Bevor es mal wieder an der Schlafzimmertüre kratzt und poltert, oder ihr mal wieder von einer Stupsnase aus euren tiefsten Träumen geweckt werdet!

Es klingelt plötzlich an der Haustüre...Verwandte, Freunde, Besuch und andere fremde Menschen wollen ins Haus / Wohnung / neues Revier...

Bitte den Hund in den ersten Tagen in seiner neuen Welt / Revier nicht gnadenlos überfordern! Gerade die von Neugierde über das neue Familien-Mitglied angetriebenen Menschen sollte man zunächst höflich abwimmeln!

Bitte kein übertriebenes "Heidedei" und stressiges "oh ist der niedlich" Gedöns in den ersten Tagen nach der Ankunft und in der Eingewöhnungs-Phase des Hundes. Grundsätzlich sollte man einem Hund immer erst etwas Zeit zur Eingewöhnung geben, bevor man ihn mit noch mehr fremden Dingen und insbesondere neuen Personen konfrontiert. Es wird auch später noch für Personen außerhalb der eigenen Familie (direkte Bezugspersonen des Hundes) mehr als genug Gelegenheit geben, die Fellnase entsprechend vorzustellen und kennen zu lernen.

Der Hund wird es euch danken!

Denn eine schnellere Eingewöhnung ist ebenfalls gegeben, wenn der Hund nicht ständig mit neuen Reizen und permanenten Veränderungen überfordert wird.
Mal ganz unter uns!
Wenn ich in eine fremde und neue Gegend umgezogen wäre, es ständig an der Haustüre klingeln würde, jeder der Meinung ist, mich unbedingt unaufgefordert vollquatschen zu müssen, mich dabei noch ständig anfassen möchte usw., wäre ich sehr schnell kurz vor einem mittelprächtigen bis schweren Filmriss und würde wohl nicht nur mein Gegenüber "angrollen"!

Abholung des Hundes am Flughafen / Abholung von einer Pflegestelle

Leider wird immer wieder vergessen, darauf ausreichend hinzuweisen oder zu informieren, was es bei Übergaben / Übernahmen des Hundes zu beachten gibt!
Egal wo ihr euren Wunsch-Hund abholen solltet, denkt bitte unbedingt daran:

> - Eine Leine und ein "variables" Halsband (besser wäre natürlich ein Hunde-"Geschirr") mitzunehmen!
>   Leider passiert es sehr häufig, dass selbst bei einer Übergabe die nervösen und ohnehin schon gestressten Hunde gerne mal plötzlich und unerwartet ausbüxen, wenn sie nicht sofort bei der Übergabe oder Entnahme aus der Hunde-Box ausreichend "gesichert" werden!
>
> - Eine Portion "Leckerlies" vereinfachen ungemein das erste "Kennenlernen" und baut die erste Brücke zu einer ersten Annäherung ungemein auf.
>
> - Nehmt bitte ausreichend Wasser und ein geeignetes Trinkgefäß / Schälchen mit zur Übernahme / Übergabe des Hundes!
>   Gerade wenn ein Hund einen längeren Flug / Reise hinter sich hat, ist neben Stress wohl "Durst" eins seiner größten Probleme.

- Eine ordentliche Portion Papiertaschentücher sollte man auch unbedingt dabei haben. Denn zum einen findet man nicht gerade an jeder Ecke des Flughafen "Reinigungspapier", wenn der Hund sich plötzlich "lösen und erleichtern" möchte und es zu peinlichen Situationen kommen kann! Zum anderen ist nicht davon auszugehen, dass der Hund nach einem längeren Flug wirklich trocken und sauber ankommt. Zusätzlich kann es nichts schaden, ein paar Kotbeutelchen immer dabei zu haben.

- Bei der Übergabe der Formalitäten (EU "Heimtier-Ausweis", Übernahme-Vertrag / Adoptions-Papiere usw.) solltet ihr mal einen genauen Blick in die Papiere (insbesondere den EU "Heimtier-Ausweis") des Hundes werfen, ob alle Angaben zum Hund überein stimmen?! Natürlich auch, ob alle Angaben von "Impfungen", der Chip-Nummer usw. vorhanden und entsprechend eingetragen / dokumentiert sind. Vertrauen ist gut, Kontrolle ist bekanntlich immer besser! Dies erspart mit Sicherheit den ein oder anderen nachträglichen Ärger, wenn etwas nicht stimmen sollte!

Kapitel 10 - Von Düften und blinden Passagieren

Der Duft der freien Welt...

Kaum ist der Wunsch-Hund bei uns angekommen, macht sich unweigerlich ein gewisser Duft breit. Man könnte es natürlich auch schmeichelhaft ein neues Trend-Parfüm nennen.
Erhältlich in den Duft-Nuancen "Tierischer Frühling", "Deo-Radikal"...oder jetzt ganz neu im Handel erhältlich in den Richtungen "Bardino Nº 5" oder "Acqua di Bardina".

Mal im Ernst, was ein Geruch der uns aus der Flug-Box entgegenweht.
Eigentlich kein Wunder! Bei all dem Stress, den der Hund am Reisetag aushalten muss, bei all den vielen Stunden unterwegs keine Gassi-Runde, kein Stückchen Rasen oder Bäumchen auf dem Flugplatz oder im Frachtraum des Flugzeuges.
Wie soll das ein Hund aushalten?!
Auch der Umstand, dass man dem Hund auf seine Reise eine Decke aus der alten Heimat fürsorglich in die Box gelegt hat, damit er wenigstens ein paar "vertraute Gerüche" als Reise-Begleitung ins Ungewisse zu seiner Beruhigung dabei hat.
Holla die Waldfee...was soll da an dieser inzwischen mit Kot und Urin durchfluteten Decke noch wirklich "vertraut" sein, nach all den Stunden seiner Reise?!
Abgesehen davon gibt es meist beim näheren Betrachten noch als Zugabe einige "Blinde Passagiere" und was weiß ich noch alles.

Fakt ist doch, diese wundervolle sehr feuchte Designer-Decke mit modernem "Spritzputz-Muster" in den neuesten spanischen Trend-Farben "Diarrhö-Umbra" bis hin zu "Urina-Yellow" möchte doch niemand freiwillig mitnehmen?!
Vor allem ist man einfach nur froh, den Hund endlich aus diesem verunreinigten und kontaminierten Verschlag in seiner misslichen Lage zu befreien!

Zu Hause endlich angekommen, hat man irgendwie einfach nur noch das dringende Bedürfnis und Gefühl (alleine schon vom merkwürdigen "Duft" gelenkt),
den Hund schnellst möglich zu baden und von den Fäkalien usw. zu befreien.
Halt! Stopp!
Nicht so schnell und nicht noch mehr Stress an diesem Tag für diesen Hund!

Bitte wartet mit seinem ersten Bad (das wird er sicher noch nicht aus seiner Vergangenheit kennen) noch ein paar Tage, bis er sich etwas eingewöhnt hat, letztendlich auch ihr nicht mehr ganz so fremd für ihn seid.
Ein paar Tage warten, davon geht unsere Welt nicht wirklich gleich unter.
Es sei denn, wir sprechen jetzt von meinem kleinen und duftenden Streifenhörnchen.
Pablo war auch viele Tage nach seiner Ankunft nicht der Auffassung, unbedingt selbst oder gar freiwillig zu baden! Egal ob wir nun von einem großen Planschbecken sprechen, einer Badewanne, Dusche und was es noch so alles an menschlichen Raffinessen gibt...

Irgendwann war der Tag gekommen, wo eine ordentliche Grundreinigung der felligen und gestreiften Außenhülle dieses inzwischen struppigen Alien der Hunde-Welt unausweichlich war. Die heimische Badeanstalt war nach wie vor für ihn und aus seiner Sicht absolut tabu, die Gartendusche nicht akzeptabel.
Was tun, es musste mehr als dringend eine Lösung her!?
Lange reden kurzer Sinn; Telefonbuch aufgeklappt und nach einem Hunde-Salon gesucht...und sogar schnell gefunden. Sogleich einen Termin gemacht, ab ins Floh-Taxi und hin. Zuerst dachte ich noch, das wird gleich sicherlich so eine filmreife Hollywood-Hardcore-Nummer der Sorte "No way out" oder "Last man standing"?
Von wegen!

Verstehe mal einer diesen verrückten Hund?!

Vielleicht war es einfach nur ein sehr großer Glücksfall, aber dieser "Houte-Couture" der Hunde-Locken-Welt in seinem rosa Tütü-Schürzchen hatte sowas von einem genialen Händchen für dieses Streifenmonster und in seinem Umgang mit Hunden! Eine knappe Stunde später hatte dieser Hund nicht nur eine andere Fellfarbe, sondern duftete wie ein frischer Lavendelstrauß im Sommerwind!
Wie sagte der noch dieser begnadete Chef der Hunde-Shampoo-Flaschen:

"Dein Hund ist wohl ein echter Genießer!"

"Der Kleine konnte nicht genug bekommen von unserer Planscherei!"

"Ich konnte nicht aufhören, denn er hat beim Föhnen vor Begeisterung nicht mehr aufgehört mit seiner Rute um Zugabe zu wedeln!"

Egal, zumindest ist er jetzt endlich mal richtig "porentief" sauber!

Übrigens sieht man hier auf dem Bild die Bardino typischen (doppelten) Afterkrallen.

Futter und gewisse gesundheitliche Probleme in der Eingewöhnungs-Zeit...

Kaum in neuen Zuhause angekommen, plagen uns auch sofort Durchfall, Magen- und Darm-Erkrankungen! Dies kann viele Gründe haben:

- Zu viel Stress in den letzten Tagen, Flug, Ausreise, Ankunft, neue Umgebung
- Futter-Unverträglichkeit im neuen Zuhause
- Klima-Umstellung
- Parasitenbefall usw.

Am einfachsten ist es, sich schon im Vorfeld zu erkundigen (sofern möglich), welche Futter-Sorte unsere Fellnase täglich bekommen hat. In der Regel war es sicherlich ein Trockenfutter! Sollte man die Sorte in Erfahrung bringen können, würde ich zumindest in den ersten Tagen und Wochen bei diesem Futter bleiben, um den Hund neben all dem ganzen Stress und Rummel um ihn herum nicht auch noch in diesem Bereich (Magen / Darm) zusätzlich zu belasten. Ist dies nicht möglich, halt ein anderes hochwertiges Trockenfutter (möglichst "kalt gepresst") verwenden.
Eine Bitte und was viele anfangs leider immer wirklich absolut falsch verstehen! Bitte nicht den Hund sofort anfangen zu "Barfen" oder sofort auf eine ganz andere Futter-Variante umstellen! Das ist er garantiert nicht gewohnt!
Eine Futter-Umstellung sollte grundsätzlich immer langsam und einschleichend erfolgen, damit sich der Hund auch entsprechend auf das neue Futter umstellen und auf dessen Verwertung optimal einstellen kann! Welches Futter, Futter-Sorte und damit die "richtige" Fütterungs-Variante direkt anzusprechen oder gar nur eine bestimmte Variante zu empfehlen, gleicht pauschal betrachtet immer eher einer reinen "Philosophie-Frage" und der persönlichen Ansicht einer guten Ernährung!

Was jetzt allerdings richtig oder falsch an der Futter-Variante ist, wird uns letztendlich der Hund vorgeben! Auch wenn der Mensch immer der persönlichen Meinung ist, seine Meinung, persönliche Überzeugung und Ernährungseinstellung natürlich irgendwie dem Hundchen aufzuzwingen, ist immer die wirklich optimale und ausschließlich beste Ernährung, die der Hund sehr gut verträgt und verwerten kann!

Dabei spielt es absolut keine Rolle, ob wir nun von Nassfutter, Trockenfutter oder "Barfen" sprechen.

Hochwertig muss das Futter sein, den Hund und seine notwendigen Bedürfnisse mit Vitaminen, Mineralstoffe, Proteinen usw. versorgen und seinen täglichen Bedarf abdecken! Nicht mehr, aber auch nicht weniger!
Worauf man allerdings neben der hochwertigen Futter-Qualität sehr achten sollte, sind all die netten Katastrophen der Hundefutter-Industrie, wie zum Beispiel: "Streckstoffe", Zusatzstoffe, Zucker, Lockstoffe und andere Chemie!
Alles reines Teufelszeug, was in keinen gesunden Hund hineingehört!

Die meisten Hersteller (bis auf wenige löbliche Ausnahmen) strecken ihr Futter zum größten Teil mit Mais, Getreide, Soja & Co. (anstatt gut verträglicher und verwertbarer Reis, Kartoffeln usw.), was nun wirklich in keinen gesunden Hund hineingehört, leider dadurch häufig gewisse Magen / Darm-Probleme vorprogrammiert sind.

Selbst häufig auftretende Futtermittel-Allergien oder nicht seltene Unverträglichkeits-Probleme gegen das verabreichte Futter finden darin oftmals ihre eigentlichen Ursachen. Noch häufiger sind allerdings Parasiten (Filarien, Giardien usw.) die Ursache für viele Probleme seit der Anreise des Hundes, womit er sich kurz vor seiner Ausreise noch infiziert oder sich etwas eingefangen haben könnte.

Daher sollte ein "Auslands-Hund" (wie Tierheim-Hunde auch!) möglichst zeitnah nach seiner Einreise ins neue Zuhause seinem zukünftigen "Leibarzt" vorgestellt, gründlich untersucht und natürlich gegebenenfalls nochmals "entwurmt" werden!

Kapitel 11 - Onkel Doktor / Panik und Kontrolle

Vorsorge, Kontrolle und medizinische Verantwortung...

Hat sich unser Bardino erst einmal in seiner neuen Welt etwas eingewöhnt, sollte auch der erste Arzt-Besuch nicht auf die lange Bank geschoben werden!
Zum einen um mal den ganzen Hund gründlich untersuchen zu lassen, zum anderen mal all seine Impfungen, eventuellen Parasitenbefall usw. prüfen und gegebenenfalls behandeln zu lassen.
An dieser Stelle auch nochmals das Stichwort "Mittelmeer-Test" und seine Erforderlichkeit.
Aus der Tatsache heraus, dass zwar vor der Ausreise des Bardinos durch eine seriöse und verantwortungsbewusste Vermittlung ein üblicher "Schnell-Test" durchgeführt wurde, ist jetzt der Zeitpunkt gekommen, einen gründlichen großen "Mittelmeer-Test" durch zu führen! Vertrauen ist gut, aber eine gründliche medizinische Kontrolle ist besser. Dieser große Test sollte grundsätzlich nach Ablauf eines halben Jahres nochmals unbedingt wiederholt werden!
Wann der richtige Zeitpunkt und worauf unbedingt speziell bei Welpen oder bei einem erwachsenen Hund zu achten ist, würde jetzt hier den Rahmen leider fachlich sprengen, richtig zu informieren und auch aufzuklären!
An dieser Stelle weise ich gerne auf das Bardino-Forum und seine entsprechenden Themen-Rubriken hin. Dort findet ihr reichliche Informationen zu diesem sehr wichtigen Thema.
Abseits davon weise ich auch immer wieder sehr gerne auf entsprechende Informationen und Aufklärung über Mittelmeerkrankheiten hin.
Diverse Testverfahren, Erklärung verschiedener Krankheiten, Infektionen, Krankheitsformen usw. und deren Behandlung findet ihr auf der Homepage:
"Parasitus EX e.V." (www.parasitosen.de).

Auf dieser Homepage hat man sogar die Möglichkeit, eine entsprechende und wirklich aufklärende Info-Broschüre (Titel: "Traumhund aus dem Süden") als Datei zu lesen oder halt herunter zu laden, die wirklich mal jeder Hunde-Halter unbedingt gelesen haben sollte!
Denkt bitte daran, dass dieses irreführende Wort "Mittelmeerkrankheiten" nur ein Sammelbegriff für bestimmte Krankheiten / Infektionen darstellt!
Dies hat relativ wenig mit dem Ursprungsland unserer Hunde als solches zu tun.

Die Kastration, das leidige Endlos-Thema von Tierschutz-Hunden...

Eigentlich wollte ich ja in diesem Buch nicht auf dieses immer noch umstrittene Thema eingehen, nur ist es inzwischen leider so, dass viele Hunde-Halter ihrer bestehenden Vereinbarung (nach der Hunde-Übernahme) aus dem Tierschutz, den Organisationen und Vereinen nicht nachkommen!
Ob wir nun von rechtlichen Grundlagen sprechen, Übernahme-Verträgen, ob dies nun medizinisch vertretbar, erlaubt oder verboten ist, steht nicht wirklich zur Debatte!

Es geht hier ausschließlich darum, nicht noch mehr Hunde unnötig in diese Welt und damit auf diesen Planeten zu setzen!
Einer echten Verantwortung im Sinne des Tierschutzes.
Unter uns; solange weltweit so viele Hunde in Tötungsstationen, Heimen, Pflegestellen usw. auf ihre Chance und ein neues Leben warten, sollte dieses leidige Thema wirklich nicht immer wieder zur Diskussion stehen, oder immer wieder aufs Neue in Frage gestellt werden! Eine Kastration (wie im Tierschutz und den Übernahme- / Adoptions-Verträgen gefordert) zum richtigen (gesundheitlich vertretbaren) Zeitpunkt für die Fellnase, ist und bleibt die einzige tatsächliche Möglichkeit, eine weitere (ungewollte) Massen-Vermehrung von Hunden zu verhindern! Vor allem aber sprechen wir jetzt nicht noch davon, wie viele Bardinos (ganze Würfe, Welpen bis hin zum erwachsenen Hund) auch aktuell in Internet-"Verkaufs"-Plattformen zum Verkauf angeboten werden! Damit leider auch nur zu rein kommerziellen Interessen mancher Menschen gnadenlos missbraucht werden!

Selbst in diesem Bardino-Forum kommt es (wie wohl auch an anderer Stelle diverser Internet-Seiten, Hunde-Foren, diversen Hobby-Portalen usw.) immer häufiger vor (was mich persönlich immer wütender macht), dass fragwürdige Menschen auf uns Bardino-Halter (Forum-Mitglieder) zukommen, weil sie ihr persönliches Anliegen und Interesse einer "Hobby-Zucht" (alleine wenn ich dieses verfluchte Wort schon höre) vorantreiben möchten, leider auch nur ihre "Vermehrungs-Absichten" im Focus sehen. Damit entsprechend immer wieder ihre Frage / Suche / Begehren nach einem geeigneten Zucht-Partner, eines Deck-Rüden oder einem zukünftigen "Mutter"-Tier (für ihr mehr als nur fragwürdiges) "liebevolles Hobby".
Was soll der Quatsch?!
Gibt es denn nicht schon genug Hunde auf dieser Welt?
Daher hier an dieser Stelle nochmals der wichtige Appell an alle Bardino- und Hunde-Halter diverser Rassen, dies verantwortungsbewusst einzuhalten und entsprechend zu berücksichtigen! Danke, im Namen des Tierschutzes und all den Fellnasen, die noch auf ihre faire Chance einer Vermittlung und ein neues Zuhause auf dieser Welt warten!

Persönlich freue ich mich um so mehr, wenn ich nicht (schon wieder) von irgendeinem fragwürdigen "Hobby-Züchter" mit seinem komischen Anliegen der Hunde-Vermehrung belästigt / genötigt werde! Oder gar wieder einmal irgendwo in dieser Hunde-Welt eine kommerzielle Annonce lesen muss:
"Süße Bardino-Welpen aus Hobby-Zucht in liebevolle Hände günstig abzugeben"...

Solche Anliegen und Schattenseiten dieser kommerziellen Hunde-Welt könnte man auch treffend mit der Hunde-Sprache beantworten:
"Grrrrrrrrrrrrr"..."PFUI!"..."AUS!"

Vor- und Nach-Kontrollen durch den Tierschutz

Gerne auch als echtes "Panik-Thema" unter angehenden Bardino-Haltern zu bezeichnen! Warum eigentlich?
Natürlich ist es aus Sicht des Tierschutzes und aus der Verantwortung heraus dem Hund gegenüber notwendig, die angehenden Halter eines Streifenhörnchen mal etwas genauer unter die Lupe zu nehmen!
Aber warum verfallen die meisten Menschen gleich in eine mittelprächtige Panik bis schwere Weltuntergangs-Krise, nur weil sich wegen der bevorstehenden Adoption ein Tierschützer, Vermittler, Verein, Organisation für das Wohlbefinden, Unterbringung, Haltung und damit die weitere Zukunft der zu vermittelnden Fellnase interessieren und verantwortungsvoll absichern möchten?!
Es geht doch hier absolut nicht darum, auf zwischenmenschlicher Basis irgendwelche tierische Diskussionen zu führen, schon gar nicht zwischenmenschliche Entscheidungen zu treffen! Sondern im Sinne der Hunde ein vertretbares und wirklich tolles Zuhause aus der Verantwortung ihnen gegenüber zu finden.
Immer nur unter dem Aspekt heraus, dass die Fellnase es in Zukunft einfach nur richtig "gut" haben soll, in seinem neuen Zuhause, seiner neuen Familie / Rudel und in seinem neuen Leben.
Nicht mehr, aber auch nicht wirklich weniger!
Da leider den Verantwortlichen / Vermittlern der betreffenden Fellnasen gegenüber viel zu oft "falsche Angaben", leere Versprechungen, fragwürdige Zusagen gemacht werden, ist es um so wichtiger, all diese Angaben auf ihren Wahrheitsgehalt zu prüfen!
Wenn ich dann mal wieder selbst (ich bin ja selbst öfters mal für und im Namen des Tierschutzes und damit im Auftrag der Hunde unterwegs) immer wieder solche Argumente höre wie:
"Ich lasse doch niemand Fremden in mein Haus!"
Besser noch so ein häufiges Argument wie:
"Ich möchte absolut nicht, dass ein Fremder nur wegen einer lächerlichen Hunde-Adoption durch meine Zimmer latscht; vielleicht auch noch in meine Schränke oder Kühlschrank schauen möchte!"

Holla die Waldfee; geht es noch?!?
Was erzählt man eigentlich all diesen Menschen?
Welche Panik und unnötiger Gedöns wird dabei immer wieder neu geschürt?!
Nochmal; es geht hier ausschließlich um den Hund und seinen zukünftigen Lebensraum! Man will lediglich eine gute Hunde-Haltung gewährleisten, der Verantwortung dem Hund gegenüber nachkommen, einfach nur wissen, wie und wo der Hund zukünftig leben soll / wird!
Wen interessiert da ernsthaft die Unterhosenfarbe von Opa Knut, der im gleichen Haus auf seiner familiären Pflegestelle (oder sage ich besser offen und ehrlich im Familien internen Rentner-Guantánamo) sein Dasein fristet?!
Mit Sicherheit interessiert es den Tierschutz auch nicht, ob nun Tante Eusebia in ihrer Schnabeltasse Kräutertee oder ein ordentliches Likörchen der Sorte "Rachenputzer extra stark" bevorzugt?! Wie kommen angehende Hunde-Halter nur auf solche Gedanken oder all diese merkwürdigen Infos über das Thema Vorkontrollen?

Bestimmt mal wieder nur Mutmaßungen von Unwissenden in diversen Gerüchte-Küchen? Allerdings kann ich jetzt bei Vorkontrollen die ernsthafte Frage nach den "Finanzen" nicht entkräftigen!
Hierbei geht es nicht wirklich darum, einen Konto-Auszug zu prüfen oder das Mütterchen wegen ihrer Schwarzgeld-Konten zu überführen!
Ob Papi noch Unterhalt für sieben weitere Kinder zahlen muss, ob er die Freundin neben seiner Ehefrau komplett unterhalten muss, vielleicht die Leasing-Raten seines neuen "Midlife-Cruises"-Cabrio das Familien-Budget übersteigen, interessieren da ebenfalls nicht die Frau oder Herrn der Tierschutz-Vorkontrolle.
Ach ja, bevor ich es vergesse!
Die nicht versteuerten Gehälter und die offenen Sozialabgaben von der neuen (natürlich schwarz beschäftigten) Super-Nanny, die für die Rundum-Bespaßung der kleinen zweibeinigen Terror-Gestalten zuständig ist, die Umbaukosten der "stillen Treppe" und die vielen offenen Rechnungen all der Kinder-Psychologen, die eine diagnostizierte "schwere Kindheit" behandeln müssen, sind da ebenfalls nicht von Interesse!

Es interessieren lediglich, ob die neuen / angehenden Halter wirklich den Hund finanziell versorgen können?!
Damit sind die generell alle Haltungs-Kosten und nicht zuletzt die eventuellen Arzt-Rechnungen gemeint. Das war es dann aber auch schon!

Von wirklich großem Interesse sind die Dinge, die ausschließlich den Hund selbst betreffen. Es sind ganz normale Fragen wie beispielsweise nach einer vielleicht schon vorhandenen Erfahrung mit bestimmten Hunde-Rassen, allgemeine Fragen zur Hunde-Haltung, ob ein Garten vorhanden ist und der Hund genügend Auslauf bekommt, leben Kinder im Haushalt, werden zusätzlich andere Tiere gehalten?!
Alles ganz normale Fragen. Aber sicherlich kein Grund zur Panik!

Bei der "Nach-Kontrolle" (die in der Regel einige Monate später erfolgt) der erfolgreichen Vermittlung des Hundes wird nochmals geprüft, ob es dem Hund tatsächlich gut geht und er sich in seinem neuen Zuhause wohl fühlt.
Natürlich erkundigt man sich bei dieser Gelegenheit auch danach, wie sich inzwischen das Streifenhörnchen in seiner neuen Familie und seinem Umfeld eingelebt hat.
Zum guten Schluss wird noch geprüft, ob die Vereinbarungen der Vermittlung, Adoption und Übernahme eingehalten werden.

Ende gut, alles gut!

Alle Tierschutz-Hürden sind jetzt endlich genommen, die notwendige Bürokratie ist endlich erledigt.
Jetzt kann er losgehen, der verrückte Alltag mit diesen wundervollen Hunden...

Kapitel 12 - Pflege & Gesundheit

Grundsätzlich ist der Bardino ein wirklich pflegeleichter und gesunder Hund!
Dennoch gibt es ein paar Dinge und Besonderheiten zu beachten,
auf die man vor einer Haltung / Anschaffung eines Bardino hinweisen sollte.

"Doppelte Afterkrallen"...

Was seine direkte Pflege angeht, gibt es allerdings eine gewisse Besonderheit, die sich "doppelte Afterkrallen" nennt und in der Hunde-Welt eher selten zu finden ist.
Diese doppelten Krallen an den oberen Hinterläufen (wie schon an anderer Stelle im Buch beschrieben) sind für einen Bardino als typisches Merkmal zu betrachten und auch bei der spanischen Zuchtvorgabe so als Rasse-Merkmal ausdrücklich gefordert!
Da diese Krallen in der heutigen Zeit und in der modernen Hundehaltung keine Anforderungen oder Zweck mehr erfüllen, bedarf es natürlich an besonderer Pflege.
Weil sich diese Krallen im heutigen Lebensraum der Hunde nicht mehr ganz von selbst oder auf natürliche Weise ausreichend "abnutzen", müssen diese sehr regelmäßig geschnitten werden! Je nach "Krallenfarbe" ist ein "Kürzen" der Afterkrallen kein wirklich einfaches Unterfangen (bei dunklen Krallen sieht man keinen Aderverlauf in der Kralle und damit nicht, wie weit man überhaupt schneiden kann).
Schneidet man also diese Krallen einen Millimeter zu kurz, neigen diese durchaus zu starken Blutungen! Um diese leidige Notwendigkeit der Krallenkürzung zu vereinfachen, sollte man dies einfach vom Tierarzt machen lassen!
Zumal der Tierarzt die Möglichkeit hat, bei einer auftretenden Blutung die Schnittstelle einfach und schnell zu "veröden" und damit die Blutung zu stoppen.
Leider ist es so, dass trotz Verbot immer viele Tierärzte empfehlen, diese Krallen einfach komplett und pauschaliert operativ zu entfernen.

Egal ob geltende Tierschutzgesetze und ein striktes Verbot einer Entfernung, sollte man dies mehr als nur aus gesundheitlichen Gründen mehr als nur gründlich überlegen und in Frage stellen! Sofern sich der Hund in seinem Alltag nirgends mit den Krallen verletzt oder ständig irgendwo "hängen bleibt", ist absolut kein medizinischer Grund einer Entfernung gegeben! Beachten sollte man unbedingt auch, dass eine wirklich unnötige und nicht medizinisch notwendige und begründete Entfernung zu sehr großen und sehr schlecht heilenden Wunden an den Hinterläufen führt!
Diese Wundprobleme beeinträchtigen einige Monate nicht nur den Hund stark in seiner natürlichen Bewegung, sondern die Wundstelle heilt sehr langsam (alleine schon durch die Bewegung des Hundes) und kann sich immer wieder schwer infizieren und stark entzünden! Da empfiehlt es sich grundsätzlich, einfach diese Krallen alle 4-6 Wochen mal etwas kürzen zu lassen und gut ist.
Mal ganz unter uns, was soll eigentlich auch dieser ganze moderne Quatsch heutzutage mit all diesen unnötigen Operationen, Schönheitswahn und mehr als nur fragwürdigen medizinischen Eingriffen?!
Vor allem dann, wenn es sogar ohne medizinische und ausreichende Begründung absolut verboten und untersagt ist!

Das gestreifte Fell...

Eigentlich sehr pflegeleicht!
Bei einem typischen und reinrassigen Bardino (egal ob in der Ursprungs-Variante oder aus der modernen Zucht-Linie) ist das gestreifte Gewand sehr witterungsbeständig und als wirklich Wetter resistent zu bezeichnen!
Bevor ein echter Bardino mal wirklich "nass bis auf die Knochen" ist, bedarf es schon an deutlich größeren Wassermengen!
Die Haut selbst als solches neigt sehr stark dazu zu "talken", was natürlich wiederum einen sehr guten Wetterschutz bietet und den Hund entsprechend schützt.
Der typische Bardino verfügt auch über eine sehr dichte "Unterwolle"!

Was allerdings nicht wirklich verwundert, bei einem solchen "Natur-Burschen" und anhand der Witterungsverhältnisse in seinem ursprünglichen Lebensraum.
Denn schließlich scheint auf seiner spanischen Insel bekanntlich nicht nur ganzjährig die Sonne (abseits des Irrglauben mancher Touristen), sondern die Winterzeit, Herbst- und Frühjahrs-Monate können durchaus sehr hart, extrem stürmisch, kalt und nass ausfallen! Das Fell hat sich wohl im Laufe der Jahrzehnte so manchem Unwetterchen angepasst, da der typische Bardino in seiner eigentlichen Heimat in der Regel immer "draußen" gehalten wird! Was leider dazu führt, dass der "gepflegte" Bardino in unseren heimischen Gefilden öfters mal gekämmt werden muss und auch die Unterwolle immer wieder mal etwas durch "auskämmen" entfernt werden sollte.
Der Bardino neigt leider anhand seiner heutigen Fellstruktur (besonders bei der modernen Zucht-Linie) häufig dazu, dass er deutlich mehr "haart" als so manch andere Hunde-Rasse und dieses Streifenfell daher eine gewisse Pflege benötigt!
Komischerweise haaren all die verschiedenen "Mixe" in der Bardinowelt deutlich weniger und ihr Fell weist eher selten eine sehr dicht "Unterwolle" auf!
Dies macht natürlich eine Fellpflege deutlich einfacher und sie haaren sehr wenig. Allerdings führt dieses "kürzere" Streifengewand und Fell (auch wegen der mangelnden Unterwolle) zwangsläufig dazu, dass ein Bardino-Mix deutlich schneller "auskühlt" oder gar schon mal "unterkühlt", wenn es in unseren Breitengraden zu einem frostreichen und sehr kalten / nassen Winter kommt. Dies gilt es natürlich der Gesundheit zuliebe immer etwas zu beachten, bei unseren winterlichen Aktivitäten, verregneten Gassi-Runden und an all den Schlechtwetter-Tagen.

Die "Analdrüsen"...

Ein wirklich leidiges Thema in Bardino Halter-Kreisen!
Im direkten Vergleich zwischen einem echten / reinrassigen Bardino und der Vielzahl an "Mixen" ist es als sehr auffällig zu betrachten, dass ein typischer Bardino im Gegensatz zu den Mixen nicht selten an einer "Analdrüsen-Verstopfung" leidet!

Woran dies jetzt genau liegt, welche Ursachen dafür verantwortlich sind oder ob dies gar ein "Zuchtproblem" darstellt, weiß niemand so genau, und es gibt auch keine medizinisch begründete Grundlage oder fachlichen Nachweis für diese Besonderheit! Auch ist keine chronische Krankheit verantwortlich oder ein entsprechender Gendefekt nachgewiesen.

Fakt ist allerdings (anhand zahlreicher Berichte von Bardino-Haltern und deren Erfahrungen), dass man dieses häufig auftretende "Leiden" durchaus mit der heutigen Ernährung des Hundes in direkte Verbindung stellen kann und wie der Hund in erster Linie sein tägliches Futter "verwertet".

Welche Futter-Variante nun tatsächlich die bessere, sinnvoll oder halt richtig ist, um dieses Problem zu verringern oder gar zu vermeiden, sei mal dahin gestellt! Denn jeder einzelne Hund verträgt die ein oder andere Futter-Variante besser oder deutlich schlechter!

Es gibt leider keine pauschale Fütterungs-Empfehlung, denn es gibt bei der optimalen Fütterung des einzelnen Hundes viel zu viele Faktoren, die es zu berücksichtigen gilt. Einen guten und vertretbaren Mittelweg zu finden, dass ein Analdrüsen-Problem grundsätzlich vermieden werden kann, neben gleichzeitig erwünschter Fellstruktur, optimale Gesundheit- und Vital-Werte, sehr gute Futterverwertung (dabei möglichst kein Durchfall im direkten Bezug bedingt durch die verwendete Futter-Variante), ist gar nicht mal so einfach in unserem Fütterungs-Alltag.

Die vielen Erfahrungen diverser Bardino-Halter sind bei diesem Thema so unterschiedlich, dass man wirklich keinen ultimativen Tipp abgeben kann!

Mir persönlich ist es auch inzwischen egal, denn mir persönlich sind all die Faktoren wie ausgewogene und gut verwertbare Ernährung am wichtigsten für die Gesundheit meiner Fellnase. Auf Deutsch; solange der Hund insgesamt betrachtet wirklich gesund ist, all seine medizinischen Werte stimmen, sein Fell / Haut keine Probleme machen, keine Allergien ihn plagen und in erster Linie seine Futterverwertung (und damit auch die normale "Kotung") stimmt, gehe ich halt von Zeit zu Zeit (wenn es mal wieder nötig ist) und bei Bedarf zum Tierarzt und lasse die Analdrüsen kontrollieren und entsprechend entleeren! Praktischerweise geht dies mit dem Kürzen der Afterkrallen in einem Vorgang / Arztbesuch!

Kapitel 13 - Der Hunde-Spielplatz

Kommen wir endlich mal zu einem (fast) ganz normalen Thema aus dem Bardino-Alltag! Genug gehütet und bewacht, kein Postbote zum Erschrecken in der Nähe, niemand den man ordentlich an "grollen" könnte, kein komischer Nachbar in seinem Garten...der im Blickwinkel des gestreiften Revier-Wärter behalten werden muss. Zeit zum "SPIELEN"!

Jetzt befinden wir uns an der Stelle, wo wir wirklich darüber rätseln dürfen, womit überhaupt ein Bardino gerne spielt oder welche Spielsachen er tatsächlich bevorzugen würde?! Welche "Bespaßung" ist für einen typischen Bardino überhaupt empfehlenswert? Eins vorab; bei diesem Thema pauschale Aussagen zu treffen und allgemeine Empfehlungen abzugeben, ist leider im Fall des typischen Bardino nicht möglich! Und wenn, könnte ich lediglich behaupten, dass die absolute Lieblings-Beschäftigung neben "hüten", bewachen (möglichst in einer sehr gemütlichen und erhöhten "Lage mit entsprechender Übersicht") und "kontrollieren" eines echten Bardino darin besteht, sich der einhergehenden Augenpflege zu widmen und möglichst sechzehn Stunden am Tag zu schlafen. Okay; sportlich sind echte Bardinos schon! In gewisser Weise sollte man jetzt seine bevorzugte Extrem-Sportart nun wirklich nicht unterschätzen! Schließlich trainiert er Tag für Tag eisern und sehr hart an der notwendigen Perfektion der verschiedenen Disziplinen.
Auch wenn diese Sportart in unseren Breitengraden und in Kreisen von Hunde-Haltern immer noch etwas unbekannt ist, werde ich sie euch jetzt mal etwas genauer und vor allem näher vorstellen. In Kreisen der vierbeinigen Spitzen-Sportler und der Leistungs-Streifenhörnchen auch besser bekannt als moderner "Floh-Kisten Siebenkampf"!

Zunächst erkläre ich mal diese Sportart im Detail, natürlich von welcher Anforderung und sportlichen Extreme wir hier überhaupt sprechen.

Für die angehenden und zukünftigen Bardino-Halter unter euch müsste man noch anmerken, dass es natürlich ein sehr langer und anstrengender Weg durch die verschiedenen Leistungsklassen bedeutet, bis ihr eure gut trainierte und erstklassig konditionierte Fellnase zur eigentlichen Oberliga aufsteigen kann! Dies bedeutet auch ein tägliches und sehr hartes Training, erfordert starkes Durchhaltevermögen und nicht zuletzt größtmögliche Disziplin in eurem Sportler-Alltag!

Los geht es!

Der moderne "Floh-Kisten-Siebenkampf":

> Bei dieser Form eines sportlichen "Mehrkampfes" handelt es sich um fünf Einzelwettkämpfe, die in verschiedenen Disziplinen ausgetragen werden. Deren Ergebnisse werden nach einer Punktetabelle umgerechnet, die sich am jeweiligen Weltrekord orientiert!
> Der gültige Weltrekord in jeder Einzeldisziplin wird jeweils mit rund 1200 Punkten angesetzt. Sieger ist der Sportler mit der höchsten Punktesumme aus allen sieben Teildisziplinen. Diese Siebenkämpfe werden von den Sportlern in verschiedenen Altersgruppen wie Jugend, Junioren und Erwachsene mit gleichen Disziplinen und Reihenfolge durchgeführt. Natürlich werden die Wertungen in den sieben Einzel-Disziplinen nach verschiedenem Geschlecht nochmals unterteilt!

Die sieben Einzeldisziplinen erfordern eine sehr große Vielseitigkeit und Ausdauer der Sportler. Deshalb wird der moderne "Floh-Kisten-Siebenkampf" auch in Kreisen der Bardino-Halter die Königsdisziplin der Hunde-Sportarten genannt!

Die sieben Einzeldisziplinen bestehen aus:

- Disziplin 1 > "Dauer-Schlafing"

- Disziplin 2 > "Extrem-Schnarching"

- Disziplin 3 > "Staffel-Pupsing"

- Disziplin 4 > "Laut-Trauming"

- Disziplin 5 > "Kisten-Wending"

- Disziplin 6 > "Decken-Zuppeling"

- Disziplin 7 > "Abschluss-Kür"

Die wichtigste Grundvoraussetzung dieser extremen Hunde-Sportart ist natürlich neben all den Trainings-Einheiten und der richtigen Konditionierung des Streifenhörnchen selbst, ein klar festgelegter Schlafplatz als Trainings- und des anerkannten Wettkampf-Bereiches!

Die Anforderung der "Kiste" selbst muss natürlich für diese Sportart ausreichend geeignet sein und bedarf der empfohlenen Mindest-Maße des internationalen Wettkampf-Verbandes von geforderten 100 x 80 cm!
Die moderne, optimale und geeignete Sport-Kiste sollte zusätzlich über sogenannte "verstärkte Außenflanken" verfügen, um den Sportler in Ausübung seines Sportes gesundheitlich zu schützen und den Körper entsprechend stabilisieren zu können.

Sind diese wichtigen Faktoren gegeben, steht (fast) nichts mehr der Ausübung der einzelnen Disziplinen entgegen!
Natürlich muss der vierbeinige Spitzensportler einem ausreichenden "Aufwärm-Training" unterzogen werden, um nicht seine Gesundheit zu beeinträchtigen!

Hierzu empfiehlt sich zunächst einmal den gesamten Nackenbereich des Hundes durch entsprechendes "Kraulen" ordentlich zu lockern.
Anschließend eine ausreichende Portion an Lockerungs- und Gelenk-Übungen, die Wirbel massieren, etwas "Stretching" und wir sind zu allem bereit!

Ach ja, bevor ich es noch vergesse!
Natürlich sollte stets frisches und natürlich wohl temperiertes Wasser in ausreichender Menge der Fellnase / dem Spitzensportler zur Verfügung stehen!
Schließlich geht die Gesundheit des Hundes immer vor und setzt die wichtigste Priorität bei der Ausübung von Sportarten jeglicher Art.

Auf geht es! Die Sport- und Trainings-Stunde kann beginnen...

Disziplin 1 > "Dauer-Schlafing"

Der typische Bardino besticht nicht nur in seiner inneren Ruhe und Souveränität, sondern nutzt jede erdenkliche Möglichkeit zum Entspannen und Schlafen!
Anders ausgedrückt, der Bardino verschläft locker mal zwei Drittel seines 24-Stunden Tages! Man könnte ihn als sehr ruhigen und ausgeglichenen Hund in seinem Alltag beschreiben. Hektik und Stress sind für ihn eher ein echtes Fremdwort.
Unnötige Aktionen, ausgedehnte Jogging-Runden, stundenlang neben einem Fahrrad zu laufen oder andere sportliche Bewegungen gehören nicht gerade zu seinen größten Hobbys. Wenn er nicht gerade seinen typischen "Aufgaben" wie hüten, bewachen, Frauchen kontrollieren usw. nachkommen muss, ist der Bardino ein wahrer Meister des absoluten "Nichtstun"!

Disziplin 2 > "Extrem-Schnarching"

Hat der Bardino sich endlich mal tief seufzend in seine Kiste begeben, dauert es wenige lächerliche Minütchen, bis er schmatzend in einen tiefen Dauerschlaf verfällt!
Eigentlich könnte man es auch treffender als ein Streifenhörnchen-Koma bezeichnen.
Hat dieses Koma eingesetzt, vergehen in der Regel noch 4-5 Minuten,
bis dieses Streifen-Monster beginnt zu schnarchen.
Ich will euch an dieser Stelle sofort die Hoffnung nehmen, dass dies nur von kurzer Dauer sein wird, bis wieder eine behagliche und angenehme Ruhe im Raum einkehrt!
Ganz im Gegenteil, dem in der ersten Phase seines Tiefschlafes sprechen wir fachlich nur vom "ein schnarchen". Es wird auch nicht sehr lange auf sich warten lassen,
bis der Bardino in die nächste Schnarch-Stufe übergehen wird.
Der sogenannten Tiefschlaf-Endschnarchphase! In diesem Bereich läuft dieses Streifen-Monster zur regelrechten Höchstform auf.

Wenn jemand von euch jetzt tatsächlich glauben oder behaupten sollte, ihr seid so etwas schon gewöhnt, wirklich hart im Nehmen oder euer Partner raubt euch schon mit seinem Schnarchen seit Jahren den Schlaf, dann werdet ihr dieses Thema wohl neu bewerten müssen!

Ein Bardino setzt da nicht nur ganz besondere Akzente, sondern er setzt neue Maßstäbe.

Da bebt nicht nur die Floh-Kiste!

Nein, da wackeln wirklich die Wände, als würde ein mittelschweres Erdbeben euer Zuhause aufsuchen. Eure Gewöhnungs-Phase wird auch etwas andauern, bis ihr wieder selbst schlafen könnt und euch an diese Geräusch-Kulisse gewöhnt haben werdet. Als Extra-Tipp würde ich in der Anfangszeit einen Schlummertrunk empfehlen, natürlich zusätzlich die guten und bewährten Ohrstopfen der Marke "Superdicht"!

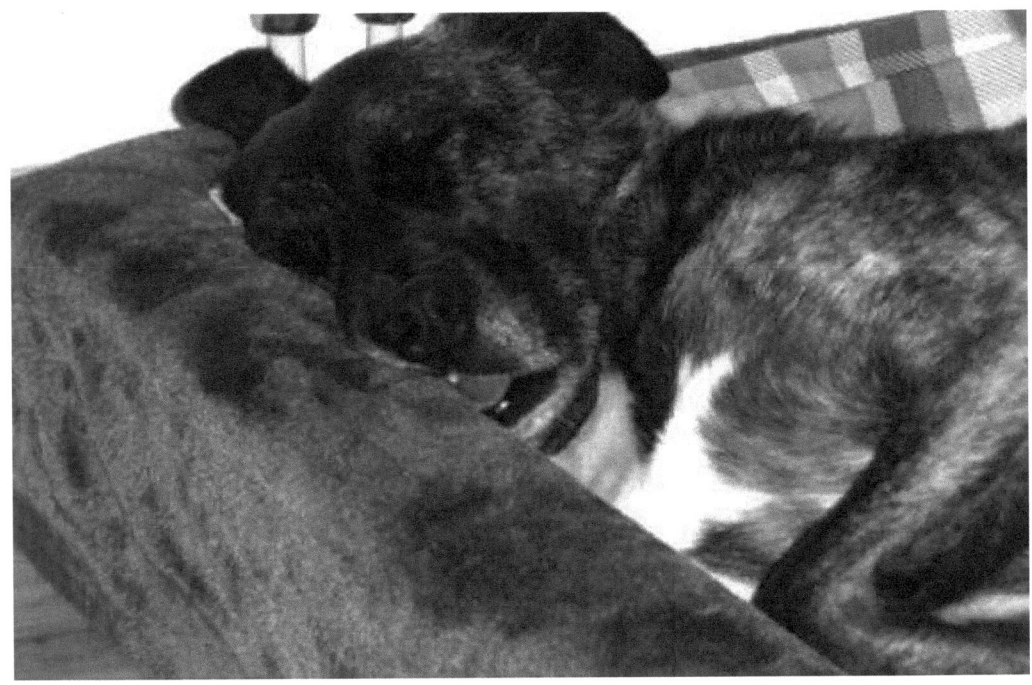

Disziplin 3 > "Staffel-Pupsing"

Da auch dieser Hund nicht einfach nur ein normales Entspannungs-Schläfchen hält, sondern gerade auch nach leckeren Mahlzeiten ein "Verdauung"-Schläfchen, solltet ihr euch schon mal an merkwürdige Nebengeräusche und fragwürdige Gerüche der Schlaf-Phasen gewöhnen!
Der typische Bardino "pupst" nicht heimlich oder leise.
Nein, das wäre pures Wunsch-Denken! Man könnte es treffender als einen "Nebel des Grauens" bezeichnen, der langsam aber stetig untermalt von einem Geräusch einer Art Kisten-Brandung über die Außen-Klippen der Kisten-Dünen zieht.
Wenn diese Gattung Streifentier nicht schon einen Namen hätte, würde ich jetzt hier von einem gestreiften "Pups-Bären" schreiben, anstatt von einem Bardino!
Dies würde durchaus passender sein, bei dieser komischen Art von Streifen-Tier.

Disziplin 4 > "Laut-Trauming"

Ein Bardino träumt laut und viel. Anders ausgedrückt; in seiner Schlaf-Kiste ist richtig was los, sobald er die Augen geschlossen hat!
Neben all dem Schnarchen, Schmatzen, Blubbern usw. kommen jetzt plötzlich auftretende Zuckungen der Läufe und Augenlider hinzu, und die Rute fängt öfters mal an gegen die Außenwände der Kiste zu klopfen.
Da ich dies in dieser ausgeprägten Art und Form von meinen bisherigen Hunden nicht gewohnt war, erschreckte ich mich natürlich anfangs immer wieder darüber!
Manchmal dachte ich sogar, ich müsse es mal untersuchen lassen und nicht selten grübelte ich über Krankheits-Symptome einer beginnenden Epilepsie nach.
Als Pablos Leibarzt die beweisenden Filmaufnahmen sah, musste er erst einmal herzhaft lachen, untersuchte zwar Pablo auf meinen Verdacht und meinen Sorgen hin gründlich, gab aber sogleich Entwarnung und lachte nochmals herzhaft, dass ich mir nur mal wieder (zum Glück) unnötige Sorgen über diese sehr lebhaften "Träume" meiner Fellnase gemacht habe.

Disziplin 5 > "Kisten-Wending"

Diese Streifenhörnchen fallen bei entsprechender Müdigkeit nicht gleich um in ihren Kisten und schlafen auch nicht so ganz bewegungslos sofort ein.
Es gibt Tage, da wird sich erst einmal ausgiebig von rechts nach links geworfen, sich tausend Mal aufs Neue gedreht, gewälzt und anatomisch äußerst bedenklich verbogen, bis dieser Körper endlich mal zur Ruhe kommt.
Auf der anderen Seite und vor allem medizinisch betrachtet habe ich mich schon oftmals gefragt, ob wir diese verwöhnten (ja ich gebe es offen zu!) Streifenhörnchen nicht zu sehr verwöhnen?!
Immer wieder denke ich darüber nach, ob eine einfache Decke in seiner Rückzugs-Zone nicht auch ausreichend gewesen wäre, als der Kauf eines super gesunden "anatomisch" geformten Hunde-Bett?!
Hinzu kommt der banale Umstand, dass dieser Hund förmlich ausflippt, wenn in seiner geliebten Schlaf-Kiste noch irgendwo unter ihm ein eingeschlepptes Steinchen oder Krümelchen von der letzten Gassi-Runde liegt!
Was dann hier los ist in der heimischen "Beschwerde-Abteilung" für genervte Streifenhörnchen, kann ich hier mit passenden Worten nicht beschreiben.
Im direkten Vergleich würde ich allerdings diese berühmte "Prinzessin auf der Erbse" eher belächeln wegen ihrer (im wahrsten Sinne des Wortes) "kleinen" Probleme!

Neu-Deutsch würde ich wohl zu ihr sagen:
"Chantalle, nerve mich nicht so und heule bitte leiser!"

Komisch ist nur an dieser Geschichte, dass wenn Pablo im Garten unterwegs ist, ihn mal wieder und ganz plötzlich eine mittelschwere Müdigkeit überkommt (als quasi permanent), fällt er sofort untermalt von einem dezenten "Plumps" in eine stabile Seitenlage. Er schläft an Ort und Stelle sofort ein!
Merkwürdigerweise und zu unserem Leidwesen schnarcht er draußen im Gegensatz zu drinnen nicht einmal im Ansatz!
Verstehe mal jemand diesen verrückten gestreiften Hund und seine äußerst merkwürdigen Schlaf-Gewohnheiten...

Disziplin 6 > "Decken-Zuppeling"

Hat sich der Bardino erst einmal richtig hingelegt in seiner Kiste, lässt eine gewisse Unruhe auch nicht lange auf sich warten!
Egal welche Decke man als Kisten-Überzug ausgewählt hat, es ist immer entweder die falsche, oder sie liegt nicht wie gewünscht!
Da wird gnadenlos daran "gezuppelt", die Lage korrigiert und auch optimiert.
Da sage mal jemand, ein Bardino sei genügsam und anpassungsfähig.
Liegt diese Decke dann irgendwann mal endlich richtig, stört garantiert wieder irgendeine Falte diese "Prinzessin auf der Erbse"!
Ein sehr schwieriges Unterfangen und eine echte Herausforderung an das heimische "Service-Personal" (in Dienstleistungs-Kreisen auch "Hunde-Halter" genannt) oder an den für den Bardino zuständigen Mitarbeiter der "Haus-Keeping"-Abteilung.

Disziplin 7 > "Abschluss-Kür"

Sind alle Voraussetzungen für einen Bardino typischen Tiefschlaf erfüllt, kann diese Fellnase auch endlich zufrieden und von einem tiefen Seufzer begleitet die Augen schließen. Für den zweibeinigen Betrachter dieser Kiste beginnt jetzt natürlich der angenehme und heitere Teil des Tages.
Auch wenn ich ja nicht den Hund als solches zur täglichen "Abend-Unterhaltung" zähle, ist seine Schlaf-Phase und die damit verbundenen "Schlaf-Stellungen" streckenweise deutlich unterhaltsamer als das aktuelle Fernseh-Programm!
Egal ob wir nun von der "stabilen Seitenlage" sprechen, einer anatomisch äußerst bedenklichen "Rückenlage" oder den Kopf unter der Decke versteckt und untermalt von einem gedämpften Schnarchen begleitet. Es ist eh schon sehr lustig anzusehen und wirklich sowas unterhaltsam, wie sich dabei die Decke wölbt und wieder senkt, ein plötzlicher "Pups" die Stille unterbricht und die Rute dazu einen Takt an der Außenklippe der Kiste-Brandung schlägt. Als wäre mein kleines Streifenhörnchen rudernd auf einer Galeere unterwegs, in eine bessere Hunde-Welt!

Über die "Haltungs-Noten" möge nun die Wettkampf-Jury entscheiden...

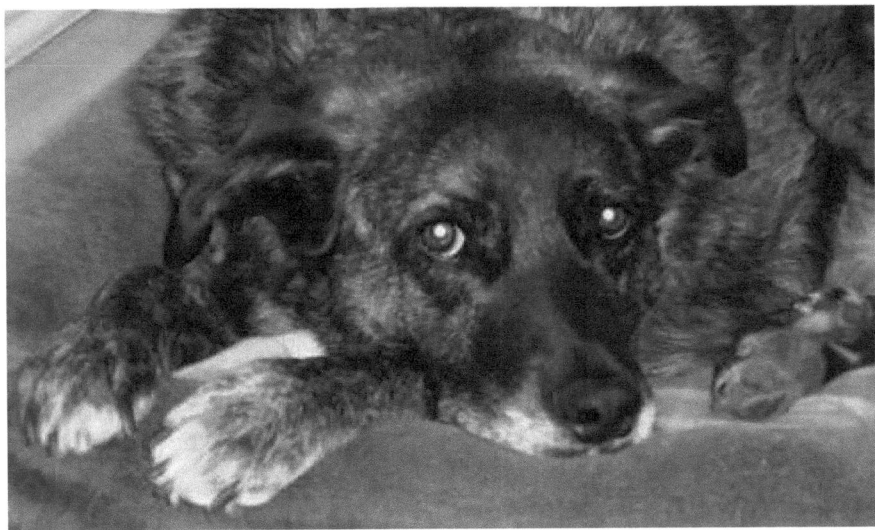

Endlich wieder aus dem Tiefschlaf erwacht...

...könnte man natürlich mal ernsthaft über andere Beschäftigungs- / Bespaßungs-Varianten für diesen kleinen Streifen-Strolch und Kisten-Terroristen nachdenken!
Aber was würde als Spielzeug wirklich in Frage kommen?
Was wäre tatsächlich zur Beschäftigung dieses Hundes wirklich geeignet?
Vor allem aber lastet es den Bardino ausreichend vom Anspruch her wirklich aus?
Ein sehr schwieriges Unterfangen...Fragen über Fragen!
Denn der typische Bardino "spielt nicht"! Für diese Art von komischer Zeitverschwendung hat er neben seinen ganz normalen und wichtigen Alltagsaufgaben, seinen Hüte-Aufträgen und den vielen Kontroll-Rundgängen in seinem Zuhause, Garten und Revier schlicht weg keine Zeit.
Hinzu kommt natürlich noch sein Zeit raubender Neben-Job, denn als Leibwächter und Sicherheitsbeauftragter dieses verrückten Rudels muss er ständig sein chaotisches Herrle und sein Frauchen im Auge behalten und auch zuverlässig bewachen!
Um der Kernfrage einer geeigneten Beschäftigung des Bardino mal auf den Grund zu gehen, vielleicht auch endlich mal Antworten auf die offen Fragen zu finden, gehen wir also in den nächsten "Futtertopf-Discounter".
Vielleicht werden wir da ja fündig und sogar beraten?!
Gesagt...getan! Aber mit welchem Ergebnis?

Los geht es mit unserer Reise in die endlosen Tiefen der Flure einer Spielwaren-Abteilung für Hunde. Vorbei an merkwürdigen Frisbee-Scheiben für angehende vierbeinige Beach-Boys. Vorbei an verdächtig komisch quietschenden Plastikschweinchen, verschieden großen und diversen Wurf- und Beiß-Ringen, fragwürdige Brett- und Such-Spiele für Vierbeiner.
Trotz einer sehr Verkauf orientierten Beratung haben wir leider nichts Passendes für unser Streifenhörnchen gefunden. Auch haben wir schnell und eindrucksvoll feststellen dürfen, dass unser Streifentier alles andere als ein Bällchen-Junkie ist!
Da der typische Tennisball für diese Zwecke (insbesondere gesundheitlich!) für Hunde nicht geeignet ist, dachte ich mir noch ganz unbedarft, probierst du es gleich mal mit einem großen richtigen Fußball!

Nicht weil ich der Meinung bin, dass sich unser Hund unbedingt als angehender Star oder Profi für eine Fußball-National-Mannschaft eignen würde, sondern alleine aus der Tatsache heraus, dass dieser Ball etwas unbedenklicher wäre als die kleinen Ball-Versionen! Von wegen...denkt man(n) aber auch nur!

Nicht lange gefackelt, Spieler eingeteilt und ihre Positionen im Garten festgelegt..."Einwurf"...und los ging das Spiel (oder spreche ich jetzt passender von dem massiven Terror-Anschlag und einer möglichen und ernsthaften "Bedrohung Frauchen gegenüber"?!).
Vielleicht bestand der Grundfehler dieser Hunde-Beschäftigung auch nur darin, dass Herrle als Stürmer eingeteilt war, Frauchen im Tor stand und unser Streifenhörnchen die Aufgabe des linken "Außenverteidiger" übernommen hatte?!
Nun ja, zurück ins Stadion und der ersten Halbzeit unserer Garten-Liga...
Anpfiff...sofort stürmte Herrle mit dem Ball Richtung gegnerisches Tor vor...Schuss...und der gestreifte "Außenverteidiger" stürzte sich sofort mit gefletschten Zähnen und in einer Art ultraschnellen "Lichtgeschwindigkeit" auf diesen Ball zu! Stoppte diesen sofort mit einem gekonnt angesetzten Hechtsprung und untermauert von einem eindringlichen Grollen...bohrte so tief er konnte seine Reißzähne in das runde Leder!
Es folgte unter dem Gelächter der gegnerischen Fans in der benachbarten Garten-Südkurve der unausweichliche Spiel-Abbruch und Schluss-Pfiff...
...zumal der zum Spiel notwendige Ball nicht mehr spielbar war und noch mit einem sehr verdächtigen und geräuschvollen "Pffffffffffft" sich langsam aber sicher eindrucksvoll vom Spiel verabschiedete!

Was war wirklich passiert?!?
Die Lösung erklärte sich uns ein paar Tage später, als ein Hunde-"Kong" (mit Leckerlies gefüllt) auf dem Balkon ganz zufällig und unbewusst Richtung Frauchen rollte! Auch wenn diese Art Spielzeug (trotz leckerer Füllung) unseren Hund (neben anderen Spielzeugen auch) nicht im Geringsten animieren oder gar nur im Ansatz interessieren würde, war jetzt "Schluss mit lustig"!

Lange Reden kurzer Sinn.
Alle Gegenstände (auch Spinnen usw. die sich auf dem Balkon bewegen), die sich plötzlich auf Pablos Frauchen zubewegen, sind eine klar definierte Bedrohung und Gefahr und werden gnadenlos gestellt und sofort erlegt!
Nach einer gewissen Versuchs-Reihe mit verschiedenen Gegenständen die wir Richtung Frauchen kullern oder rollen ließen, wurden unser Verdacht und unsere Erkenntnisse bestätigt!

Es geht bei seinem massiven Verhalten in solchen Situationen überhaupt nicht um das Spielen, sondern dient ausnahmslos dem Schutz von Frauchen!
Ist Frauchen nicht in der Nähe, kann man mit Bällen jeglicher Größe tun und lassen was man möchte, Pablo interessiert es nicht im Geringsten.
Also konnten wir auch das Ball-Thema abschließen und weiter nach anderen Beschäftigungs-Alternativen suchen.

Eine Zwischenbilanz nach etwa einem vollen Jahr an diversen Versuchen, immer wieder anderes Spielzeug, viele weitere Experimente, ihn zum Spielen aufzufordern, brachte Pablo im besten Fall dazu, dass er wenigstens hin und wieder mal ordentlich gähnte, bevor er sich zur Augenpflege auf den Rasen legte.
Bei dieser Gelegenheit stellten wir allerdings immer wieder fest, wie intelligent diese Hunde sind! Pablo ist scheinbar eher der rein wissenschaftliche Hunde-Typ,
denn er ist in der Lage, dem Gras beim Wachsen zuhören zu können!

Vorher noch schnell die Ohren ordentlich geputzt und gereinigt...

...und es kann losgehen, mit diesen wissenschaftlichen Gras-Untersuchungen!

Ach ja, bevor ich es vergesse! Pablo ist auch ein gewisser Abenteuer Typ.
Unsere letzte Garten-Expedition endete in einer echten Großwild-Jagd!
Als wir uns durch den endlosen und dichten Dschungel unserer Kräuterbeete langsam
Richtung Nutzgarten-Bereich durchschlugen, wurde Herrle plötzlich von einem
riesigen Monster einer Riesenschlange angegriffen!
In einheimischen Fachkreisen besser bekannt als "Gemeine Eifelanische Garten-Boa"
bekannt, kam dieses Mörder-Vieh plötzlich und unerwartet auf uns zu.
Was ein Glück, dass ich meinen kleinen gestreiften Leibwächter dabei hatte,
der sofort reagierte. Großer Bardino typischer "Warn-Groller" (der Sorte "Stirb
langsam" 4.0), gewaltiger Hechtsprung, Kiefer aufgeklappt und zack, Schlange erledigt!

Wie sich anschließend rausstellte, macht so eine Großwild-Jagd im heimischen Garten
den Hund richtig müde, fordert ihn ordentlich und lastet scheinbar auch den Hund
körperlich ausreichend aus!

Zeit für eine wohl verdiente Ruhe-Pause!

Fazit dieser Garten-Safari:

- Der Hund ist absolut ausgelastet und richtig müde!

- Die Riesen-Schlange / Bedrohung wurde nachhaltig und erfolgreich bekämpft!

- Das Herrle konnte unbeschadet und knapp aus dieser gefährlichen Situation gerettet werden!

Ach ja...es gibt leider auch schlechte und höchst dramatische Nachrichten!
Montag muss Herrle wohl in den Baumarkt, um Frauchen eine neue Wasser- und Garten-"Boa" zu besorgen!
Denn sonst gibt es richtig Mecker in der Blumenbeet-Abteilung unseres Frauchen!
Die Schlange im Garten erlag ihren schweren und zahlreichen Verletzungen.
Entsprechend eingeleitete Wiederbelebungsversuche blieben leider zwecklos...
Sodale, Spaß beiseite und genug rum geblödelt!

Kommen wir wieder zu den ernsthaften Beschäftigungen eines typischen Bardino.
Pauschal betrachtet gibt es leider keinen ultimativen Tipp der richtigen und ausreichenden Auslastung!

Es gibt sehr viele geeignete Varianten, über die wir nun sprechen könnten,
nur führt kein Weg daran vorbei, das ein oder andere einfach mal selbst mit seiner Fellnase auszuprobieren!
Manche Bardinos haben eine unglaublich gute Nase, arbeiten sehr gerne in der Natur und sind auch durchaus für gewisse "Such"-Spiele sehr zu begeistern.

Ob man nun eine eigene "Socke" im Wald versteckt und sie suchen lässt, oder gleich mal einen Termin zu einem Probe-Training im "Mantrailing" vereinbart, vielleicht mal in eine Rettungshunde-Staffel reinschnuppert und einen Versuch startet, man merkt sehr schnell, was dem Hund Spaß machen könnte und was ihn wirklich fordert. Allerdings sollte man keine Wunder erwarten, denn ein echter Bardino ist eher für sehr gemütliche Dinge zu begeistern und ist auch absolut kein "Ausdauer-Sportler"!

Bei Bardino-"Mixen" sieht die Geschichte und der Anspruch einer geeigneten Beschäftigung schon wieder ganz anders aus. Aus der Tatsache heraus, dass bei Mixen ganz andere Faktoren der verschiedenen Rasse-Einflüsse und die speziellen Eigenschaften anderer Hunde-Rassen durchaus eine große Rolle spielen können, beeinflusst dies auch auf direktem Wege die sportlichen Charaktere des Hundes, ebenso die körperlichen Ansprüche.
Anders ausgedrückt; mit einem typischen Bardino würde ich persönlich (wenn ich von meiner Fellnase ausgehe) niemals auf den Hunde-Sportplatz gehen!
Keine Hunde-Sportart kann ich tatsächlich und pauschal als ideal bezeichnen, wo bei der Ausübung plötzliche und abrupte Bewegungen zu sehr auf die gesundheitliche Anatomie, Gelenke, Wirbelsäule usw. schlagen und damit den Hund gesundheitlich und langfristig betrachtet schädigen können!
An dieser Stelle denke ich nur zu oft (leider) an manche Hunde-Geschichten, wo Hunde-Halter (von Bardinos) in ihrem persönlichen Urkunden-Wahn und ihren menschlichen Leistungs-Ansprüchen an ihren Hund es mehr als nur gewaltig auf dem Hundeplatz und bei Hunde-Sportarten übertrieben haben.

Dabei sind sie gnadenlos über ihre Ziele hinausgeschossen, und die betroffenen Hunde bezahlten dies unweigerlich mit ihrer Gesundheit! Es folgten größere Hüftprobleme und leider auch Operationen. Leider sind das keine Einzelfälle!
Mal ehrlich, den Hund ausreichend zu beschäftigen und zu bespaßen ist das eine, aber ihn sportlich dabei ruinieren, seine Gesundheit dabei massiv zu gefährden und bewusst in Mitleidenschaft zu ziehen, nur um ein angestrebtes Leistungsziel (aus Sicht des Halters) zu erreichen, kann es dann aber auch nicht wirklich sein!

Was "Spielsachen" jeglicher Art als solches angeht, sollte man unbedingt immer darauf achten, dass sie "Farbecht", Wasserfest und "Kaufest" sind.
Es dürfen keine Teile / Stücke zerbröseln und anschließend vom Hund verschluckt werden. Auch sollten sie grundsätzlich frei von schädlicher Chemie oder diversen Giftstoffen sein!
Ob der Hund mit den von uns ausgesuchten Spielsachen tatsächlich auch spielt und sich beschäftigen lässt, ist eine andere Sache, und es führt halt kein Weg daran vorbei, es einfach vor dem Kauf auszuprobieren.

Für Such-Spiele (auch apportieren) sind natürlich in erster Linie robuste und Biss-feste Futterbeutel geeignet. Wasserfest sind fast alle Beutel diverser Hersteller.
Ob sie nun das Interesse des Hundes (trotz leckerem Inhalt) wecken und ihn begeistern lassen, liegt am Hund selbst.
Wenn ich da unseren Pablo als Beispiel nehme, hält die Begeisterung und Animation in Form eines Futterbeutels nur bedingte Zeit und wenige Augenblicke!
Nach 2-3 Aktionen verliert er die Lust so nach dem Motto "genug, es reicht!"
Wirft oder versteckt man den Beutel nochmals, setzt er sich mit einem typischen "Gähner" hin und wartet auf den Sonnenuntergang.
Könnte er sprechen, würde er wohl sagen:
"Du Depp! Wenn du schon den Beutel bescheuert durch die Gegend wirfst,
dann gehe ihn auch gefälligst selbst wieder suchen und einsammeln!"
Da nutzen auch die besten Lieblings-Leckerlies absolut nichts, ihn nur annähernd einen einzigen Zentimeter von der Stelle zu bewegen!
Er ist und bleibt kein zu begeisternder "Spiele-Hund" oder Spielzeug-Junkie!

Wie wir immer wieder feststellen konnten, ist Pablo durch und durch ein echter "Hüte-Hund". Begegnet man unterwegs einer Schafherde, Rinderherde (mag er noch viel lieber) usw., bekommt er glänzende Augen und läuft zur Höchstform auf.
Sind mal wieder keine "Herden" zur Hand, die er hüten könnte und sein Interesse wecken, tun es zur Not auch ein paar umher irrende "Wanderer"-Herden in den Wäldern, Wiesen und Auen!

Allerdings werden diese zuerst einmal ordentlich angegrollt, damit sie Herrle oder Frauchen nicht auf ihren komischen Zusatz-Beinen (Wanderstöcken) zu nahe kommen! Fuchteln diese komischen Vertreter von der Gattung der zweibeinigen Wander-"Ochsen", Nordic-Walking-"Esel" auch noch merkwürdig und komisch nach dem Weg fragend wild mit ihren Stöckchen-Beinen in der Gegend rum, dann ist sprichwörtlich "Holland in Not".

Selbst für eine Abwechslung bei der modernen Hunde-Beschäftigung ist hier in der ländlichen Eifel zum Glück immer gesorgt!
Vor allem im Herbst wird es für das Streifenhörnchen sehr interessant und abwechslungsreich in den heimischen Wäldern, denn zu dieser Jahreszeit ziehen ganze Herden von Wichtelmännchen und komischen Kobolden durch die Wälder und das Unterholz, die man richtig schön erschrecken und stellen kann!
Was ein Spaß für das Streifenhörnchen!
Was die anderen Vertreter der Artenvielfalt angeht, wie Jogger, Radler oder Mountain-Biker, die plötzlich und unerwartet unsere Wege kreuzen,
sind diese nicht von näherem Interesse!

Da es sich eh in diesen Fällen um sogenannte "Flucht-Viecher" handelt, bedarf es keiner größeren Aktionen oder anstrengenden und völlig unnötigen Bewegungen seitens des Hundes. Ein leichter Bardino typischer "Groller" der Warnstufe 1 reicht schon vollkommen aus, um diese ausreichend aufzuschrecken und zu einer schnellen Flucht zu animieren, nachhaltig aufzufordern.

Was geeignete Hunde-Spielzeuge angeht, die selbst unserer Fellnase gefallen und ihn ausnahmsweise wirklich richtig animieren und vor allem Spaß machen,
könnten wir jetzt über Natur belassene Öko-Spielzeuge sprechen.
Keine Ahnung, ob es nun daran liegt, dass unser Pablo eher ein Öko-Hund ist, oder vielleicht ein verspielter "Purist"?!?

Er liebt zum Spielen "unbehandeltes" und "biologisch kontrolliertes Holz" in seiner Ursprungsform. Wir sprechen jetzt aber nicht von solchen Animations-Versionen, dieses Holz oder sogenannte Stöckchen wild durch die Gegend zu werfen, die der Hund dann bringen soll.
Nein, das wäre unserem Streifenhörnchen wieder einmal viel zu dumm und entspricht auch in keinerlei Weise seinem persönlichen Geschmack!
Pablo bevorzugt nur ganz bestimmte Holz-Arten, die er auch selbst gerne aussucht, durch die Gegend schleppt und um sie anschließend genüsslich zu "schreddern".
Warum unser Hund als ein echt ökologisch denkender und ehrenamtlicher "Forst-Mitarbeiter" zu bezeichnen ist, kann sehr einfach erklärt werden.

Tatsache ist, er trennt sogar nach modernen Gesichtspunkten und unter dem Aspekt "Umweltschutz" nach getaner Arbeit anschließend seinen "Rest-Müll"!
Auf Deutsch; die kleinen Schredder-Abfälle und kleine bis mittelgroße Äste werden ordentlich und sauber verbuddelt.
Größere Baum-Stücke oder sogenannte Stämme werden sorgfältig und unter Einsatz der ganzen Körperkraft regelrecht auf die Rad- und Wander-Wege drapiert und passend zurecht gelegt.

In Hunde-Fachkreisen und in der ökologischen Forstwirtschaft werden solche holzigen Gebilde auf den Rad- und Wander-Wegen auch "Rad-Fallen" genannt.
Unwissenden stellt sich natürlich sofort die Frage, was "Rad-Fallen" überhaupt sind und vor allem, wozu sie dienen und welchen Nutzen sie erfüllen?!
Die richtige Antwort lässt sich für Hunde-Halter mit einer gewissen Natur-Erfahrung wahrscheinlich leicht erahnen.
Den Unwissenden unter euch werde ich es mal versuchen, fachlich und dennoch einfach zu erklären.
Also; eine "Rad-Falle" ist so zu erklären, dass man einfach und banal mit diesen Fallen sogenannte und in freier Natur immer wieder auftretende Herden von "Rennrad-Terroristen" einfängt!

Wir sprechen dabei im Detail von einer Art Freizeitsport-Parasiten der Gattung "Rasende Hornochsen", die auf ihren lautlosen Leichtlaufreifen und bunten Rennrädchen meist plötzlich und völlig unerwartet von hinten rasend mit völlig überzogener Geschwindigkeit auf die ahnungslose (bis dahin noch verträumt durch die Gegend schlurfende) Fellnase und seine Menschen zugeradelt kommen.
Dies stellt nicht nur für Leib und Leben eine größere Gefahr dar, sonders es zieht nicht selten dramatische Unfälle hinter sich her!

Und jetzt sprechen wir nicht einmal im Ansatz von Herrles Blutdruck,
der in unglaubliche "Höhen" steigt…oder gar von Frauchens zuckenden Finger,
der schon langsam Richtung Auslöser des "Tier-Abwehrspray" in der Tasche wandert!
Diese gefährlichen und plötzlichen "Attacken" und Überfälle werden in der Regel noch zusätzlich im Risiko-Bereich ausgeprägt, in dem natürlich nicht von einem solchen Freizeit-Terroristen warnend so eine moderne Erfindung namens "Fahrrad-Klingel" genutzt wird! Es erfolgt natürlich auch kein banaler Warn-Ruf usw.,
um auf sich aufmerksam zu machen und vielleicht sogar um Schlimmeres oder gar einen schweren Unfall zu verhindern.

In der Skala der heutigen Hunde-Risiken und allgemeinen Rücksichtslosigkeit der modernen Gesellschaft gelten inzwischen leider nur noch absolute Rücksichtslosigkeit, Ellbogen-Politik und manch einer verwechselt leider nur viel zu oft einen öffentlichen "Rad & Wander(er)-Weg" mit einer Autobahn ohne jegliche Art von Tempo-Limit!

 Da versteht es sich doch fast ganz von selbst, dass sich ein intelligenter und vierbeiniger Forst-Mitarbeiter gewissenhaft dieser Aufgabe / Herausforderung stellt!
Sich natürlich sehr gewissenhaft vertretbaren und ökologischen Lösungen dieses Problems widmet, um natürlich auch seinen persönlichen Beitrag zur "Gefahren-Bekämpfung" in der freien Natur zu leisten!

Ehrenamtlicher Forst-Mitarbeiter Pablo bei dem fachgerechten Aufbau einer Falle.

Für unsere Fellnase nicht nur eine gewisse Herausforderung, sondern ein echter "Freizeit-Spaß"! Dies fordert nicht nur den "ganzen Hund",
sondern neben dem Körper auch entsprechend die "Kopf-Arbeit" und den Geist. Anschließend steht natürlich (nach getaner Arbeit) dem ehrenamtlichen Forst-Mitarbeiter (anhand seiner tariflichen Arbeitszeit-Regelungen) ein kleines Mittags-Schläfchen zu!

Die Beschäftigung dieses Streifenhörnchen innerhalb seiner eigenen vier Wände sieht natürlich sehr entspannt und relaxt aus. Pablo bevorzugt "Indoor" eher wenig Bewegung, aber bevorzugt viel "Kopfarbeit".
Für mich der persönliche Anspruch, mit der Beschäftigung gleichzeitig nützliche Dinge zu verbinden!
So kam es beispielsweise an Regentagen dazu, dass wir Pablo wie gewohnt immer im Flur ordentlich abtrocknen. Seine Pfoten hält er auf Ansage entsprechend hoch und lässt sie von uns reinigen / abtrocknen.
Irgendwann kam mir die Idee, wenn das Fell einigermaßen abgerubbelt ist, kann er sich auch die Pfoten eigentlich "selbst" abtrocknen.
Dazu nehme ich das Handtuch, wickele 1-2 Leckerlies gut versteckt hinein und lege das Handtuch einfach auf den Boden.
Es folgt die Ansage "such" und er fängt sofort damit an, mit den Pfoten das Handtuch zu durchsuchen und versucht irgendwie die Leckerlies frei zu legen.
Dabei werden die Pfoten wunderbar sauber und trocken.
Im nächsten Schritt folgte die Konditionierung "bring das Handtuch" und als Belohnung gab es noch ein Extra-Leckerlie.
Als letzten Schritt trainierten wir "hol das Handtuch" (sie hängen an einem stabilen Ring-Halter an der Innenhaustüre).
Heute sieht die Geschichte so aus, dass Pablo sich an Schlechtwetter-Tagen seine Pfoten selbst abtrocknet, noch ein paar Suchspielchen zwischendurch und zum Abschluss bringt er sein Handtuch zurück.
Um Abwechslung in die Sache hinein zu bekommen (es gibt ja auch mal Schönwetter-Tage), haben wir auch andere Alltags-Gegenstände trainiert.
Inzwischen bringt er auf einen entsprechenden Zuruf seine Floh-Kisten-Decke zur Waschmaschine, schiebt seine Näpfe auf seinen gewohnten Fressplatz wenn wir mit Hausputz fertig sind.
Er rollt Teppiche wieder aus, die wir zum Putzen weggerollt hatten und viele andere Dinge. Allerdings muss ich auch dazu sagen, dass wir grundsätzlich nur "sinnvolle" Dinge trainieren!

Aber absolut keine Zirkus-Nümmerchen, die auch garantiert keinen Zweck oder tieferen Sinn ergeben!
Unser Streifenhörnchen kann sich ruhig auf gewisse Weise am Haushalts-Alltag als Beschäftigung beteiligen, aber einen Zirkus-Hund, der auf Ansagen fragwürdige oder sinnfreie Dinge ausführen soll, so etwas gibt es bei uns aus Prinzip nicht!
Ähnlich trainieren wir auch immer wieder bestimmte Dinge, die sich dann zum Beispiel bei Tierarzt-Besuchen als sehr sinnvoll erweisen können.

Ob ausgestreckte Pfoten, sich ordentlich räkeln und strecken, auf den Rücken legen und in dieser Stellung eine gewisse Zeit ausharren, sich auf Ansage auf die rechte oder linke Seite drehen.
All das macht bei diversen Behandlungen in der Arzt-Praxis viel Sinn.
Das Training wiederum bereitet dem Hund sehr viel Spaß, und es hat letztendlich einen hohen Nutzwert.
Wer jetzt solche Dinge und Beschäftigungs-Varianten belächeln sollte, kann sich ja mal selbst die ernsthafte Frage stellen, wie schwer es doch sein kann, einem Hund,
der nicht still hält, mal die Ohren zu reinigen oder öfters mal behandeln zu müssen?!
Selbst die Tatsache, einem Hund den Unterschied zwischen "rechts" und "links" beizubringen, hat gewisse Vorteile!
Gerade als bekennender "Flex"- oder "Schlepp"-Leinen" Gassi-Geher wird man dies schnell zu schätzen wissen, wenn der eigene Hund sich mal wieder ordentlich um den Baum in die eigene Leine verwickelt hat.
Ein paar Ansagen von "anders rum" (damit trainieren wir die richtige Richtung um den Baum herum), "rechts" oder "links" und schon hat sich der Hund von selbst befreit.
Da ein solches Training nicht nur Sinn machen kann, ist das eine.

Aber dass der Hund bei einem solchen Training ordentliche und anstrengende Kopf-Arbeit leisten muss, um zum gewünschten Erfolg (auch Leckerlie genannt) zu gelangen, ist die andere Seite. Wie ihr seht, kann es sehr viele Varianten geben, um einen Hund richtig und ausreichend zu beschäftigen, auslasten und zu bespaßen.

Oftmals sind es gerade die einfachen und sogar sinnvollen Dinge, die selbst dem Hund gefallen und ihn fordern. Und das alles ohne fragwürdiges, giftiges oder gar gnadenlos überteuertes Hunde-"Spielzeug"!
Vielleich dann doch lieber noch über den "Plan B" nachgedacht?
Unserem gestreiften "Hüte-Hund" die richtige und passende Aufgabe ausgesucht, die vor allem seinen typischen Rasse-Eigenschaften entspricht und gerecht wird?!
Kein Problem!
Die Grundvoraussetzung für die Umsetzung des Plans ist lediglich die notwendige eigene Garten-Fläche und ein entsprechend gesicherter Zaun.
Im nächsten Schritt bedenken wir sorgfältig, welcher tatsächliche Typ Bardino unser gestreifter Freund ist und welchen besonderen Ansprüchen / Anforderungen wir ihm gegenüber gerecht werden müssen.
Lange Reden kurzer Sinn; hier stelle ich euch mal ein paar bewährte und Alltag taugliche Varianten einer optimalen Bardino-Beschäftigung vor.

Variante 1:
Wir schaffen uns eine größere Herde von durchgeknallten und heißblütigen Meerschweinchen an. Diese im Garten ordentlich zu hüten, bedarf es unserem Streifenhörnchen an größerer Geduld und entsprechender Kopfarbeit.
Vor allem aber bedarf es nicht an einem sehr großen Garten, der leider vielen Bardino-Haltern nicht zur Verfügung steht.
Meerschweinchen erfüllen aber auch den ungemeinen Vorteil, dass ein wirklich "Ruhe liebender" Bardino nicht zu hektischen Reaktionen genötigt wird,
nicht ständig einer gefährlichen Überanstrengung ausgeliefert ist und er seiner Aufgabe in einer bevorzugten stabilen Seitenlage entspannt und gemütlich nachkommen kann.

Variante 2:
Bei dieser Variante bedarf es einem etwas sportlicheren Hundes!
Wir besorgen uns ein größere Anzahl von "Lauf-Enten".
Zum einen hat es den großen Vorteil für den Hobby-Gärtner unter euch, dass diese Enten den Garten von den lästigen und schleimigen Schnecken befreien.
Zum anderen sind diese Enten verdammt schnell und auch richtig wehrhafte Gesellen mit einem gewissen Charaktere, die den ganzen Bardino fordern!
Sie sind sehr aktiv, durchaus launig, schnappen gerne mal nach ihrem Gegenüber und stellen eine ganz besondere Herausforderung an den Hund. Wenn es denen langweilig wird, fordern sie den Hund ganz von selbst auf, mehr als nur etwas aktiv zu werden!

Variante 3:
Hält man nicht nur einen Hund, sollte die richtige Herausforderung an das Rudel entsprechend angepasst werden!
Wir sprechen jetzt von der Anschaffung eines ganzen Rudel von Hochland-Rindern.
Man sollte allerdings schon sehr darauf achten, dass sie einer ursprünglichen Rasse entstammen; also keine domestizierten Gras- und Wiesen-Langweiler!
Bei der Auswahl geeigneter "Bullen" sollte man schon etwas darauf achten,
dass sie auf jeden Fall eine gewisse Wildheit vorweisen können, damit der wahre Meister unter den Bardinos nicht noch gnadenlos unterfordert wird!
Optimieren kann man die Herausforderung noch deutlich, wenn ein richtig beeindruckender "Bulle" neben einem entsprechenden Temperament, Sturheit und Kampfwille zusätzlich schon eine gewisse Hunde-Erfahrung mit sich bringt und nicht gleich beim ersten "Groller" des Bardinos in seinem Widerstand einknickt!

Variante 4:
Wer von euch jetzt einen richtig hyperaktiven und anspruchsvollen Bardino / mehrere Bardinos an seiner Seite hat, sollte natürlich die Messlatte der zu hütenden Geschöpfe und Widersacher richtig hoch anlegen!

Besonders geeignet (allerdings nicht so ganz ungefährlich) wäre in diesem Fall ein kleines Rudel echter und allzeit Kampf bereiter "Andalusischer Ziegenböcke" (möglichst nicht kastriert!).

Bei der direkten Auswahl sollte man unbedingt darauf achten, dass sie noch möglichst ursprünglich in ihrer Art sind und niemals freiwillig den Rückzug wegen einem Hundchen antreten würden!

Am besten ohne jegliche Scheu, noch keine Erfahrungen mit Hunden und Menschen haben, besonders bockig sind und natürlich eine gewisse Wildheit besitzen.

Der Garten-Spaß und eine sehr aktive Beschäftigung ist Programm und absolut garantiert! Allerdings sollte man selbst bei der Haltung solcher echten Terror-Ziegen kein penibler Hobby-Gärtner sein!

Darüber hinaus nicht ständig in den "heiligen Beeten" nach dem Rechten schauen, oder einen großen Wert / Anspruch auf einen extrem gepflegten Rasen in Golfplatz-Qualität legen.

Variante 5:
Für den in die Jahre gekommenen und etwas älteren Bardino sollte natürlich der Anspruch einer idealen "Hüte"-Beschäftigung in diesem Bereich seinem Alter angepasst werden!

Wir sprechen nun also im Detail von einer "Alters gerechten" Bespaßung.

Vom Anspruch her dieser Rentner-Bardinos hat sich positiv erwiesen, dass für diese Zwecke die sogenannte "getupfte Landschildkröte" besonders geeignet ist.

Zum einen steht sie (sofern aus deutscher Züchtung stammend) nicht unter Artenschutz, zum anderen ist sie in ihrer Haltung sehr genügsam.

Hinzu kommt die Tatsache, dass sie sehr robust ist und echte "Nehmer-Qualitäten" besitzt. Falls unser älterer Bardino mal plötzlich im Garten schwächelt und aus Versehen auf die Schildkröte fällt, passiert so schnell auch nichts.
Verwechselt der inzwischen schlecht sehende ältere Bardino diese Schildkröte mit einem Kau-Knochen, ist auch dies nicht tragisch zu bewerten,
denn diese Schildkröten sind bekanntlich sehr gut gepanzert!
Für den älteren Bardino selbst betrachtet stellen sie im Gegensatz zu Rindern & Co. keine echte Bedrohung dar.
Alleine schon aus der Tatsache heraus, dass diese Panzer-Tierchen nicht gerade zu Übersprungs-Reaktionen neigen, gar plötzlich und unerwartet auf gemeine und heimtückische Weise den Hund anfallen.
Auch attackieren sie den Hund nicht überraschend aus einem Hinterhalt und es bleiben dem (inzwischen nicht mehr ganz so agilen) Hund genügend aktiver Spielraum und zeitlicher Vorsprung, seine Reaktionen und Aktivitäten zu planen und ohne unnötigen Stress durchzuführen.

Natürlich gibt es sicherlich noch viele andere oder bessere Varianten der idealen Beschäftigung im Garten?!
Allerdings fehlen mir jetzt persönlich die entsprechenden Erfahrungswerte oder praktische Empfehlungen anderer Bardino-Halter.

Achtung! Es folgt ein sehr wichtiger Hinweis, bevor ihr nun hoch motiviert loszieht zur Beschaffung entsprechend geeigneter Tiere für euren Hüte-Hund!
Achtet bitte unbedingt darauf, bei der richtigen Auswahl der in Frage kommenden "Hüte-Tiere", die euch nun interessieren, dass ihr auf Tier-Arten, die einen "Jagd-Trieb" eures Bardino fördern und ausprägen könnten absolut verzichtet!

Damit sind Haustiere gemeint, die in ähnlicher Art oder Verwandtschaft in Wald, Feld und Flur vorkommen, wie zum Beispiel Schweine, Hasen, Kaninchen & Co.
Auf diese Tier-Arten solltet ihr in euer Garten-Beschäftigung des Bardino wirklich verzichten, nicht dass euer Bardino plötzlich und unerwartet in der freien Natur einem neu konditionierten / ausgelösten Jagd-Trieb folgt und eine entsprechend ungewollte Aktivität in diese Richtung entwickelt! Wer jetzt tatsächlich der Meinung sein sollte, dass der Autor dieses Buches komplett verrückt geworden ist, dem kann ich nur sagen, dass all diese Tipps, Anregungen und Beschäftigungs-Varianten durchaus ernst gemeint sind! Ich darf an dieser Stelle nochmals und eindringlich daran erinnern, dass wir hier im Detail von der idealen Beschäftigung eines "Hüte"-Hundes sprechen!
Hättet ihr einen ganz normalen Ball-Junkie oder langweiligen und anspruchslosen Hund an eurer Seite, könntet ihr auch weiterhin ganz einfach irgendwelche Dinge und Gegenstände durch den Garten werfen, die eure Fellnase dann auf Kommando apportieren soll / kann!
Unter uns; ich kann mir zwar vorstellen, dass einen ganz normaler und anspruchsloser Schwanzwedler eine Schildkröte erfolgreich im Garten apportiert!
Aber bei einem ausgewachsenen und wehrhaften Hochland-Bullen oder ein etwas sturer andalusischen Terror-Ziegen-Bock hört selbst für den "normalen" Hund nun spätestens wirklich der Spaß auf!
Das sind Aufgaben und Herausforderungen für den echten Spezialisten.
Also die richtige Arbeit und Beschäftigung für den gestandenen Bardino!
Wir sind jetzt an dem Punkt angekommen, wo ihr selbst aktiv werden müsst in der Entscheidung über die richtige und optimale Beschäftigungs-Variante eures Hundes!
Es gibt sicherlich noch viele andere Varianten und Sportarten als Beschäftigung für euer Streifenhörnchen und seine individuellen Wünsche / Herausforderungen?!
Vergesst bitte niemals bei der Auswahl der richtigen und optimalen Beschäftigung, dass der typische Bardino ein "Hüte"-Hund ist, seine sportliche Ausdauer gewisse Grenzen kennt und er kein vierbeiniger Spitzensportler der Hunde-Welt ist!
Ich wünsche euch nun natürlich "gutes Gelingen" und viel Spaß bei der Auswahl der richtigen Beschäftigung für euer Streifenhörnchen!

Kapitel 14 - Pure Verzweiflung / Hunde-Flüsterer & Pfoten-Versteher

Die ersten Hürden sind geschafft! "Sitz", "Platz" & Co. funktionieren in Perfektion, an der Leine läuft der Streifen-Hund auch schon ganz nett.
Wenn da nicht immer die vielen anderen Problemchen wären!
Sagen wir mal so, man hat sich vieles einfacher vorgestellt und ehrlich gesagt niemals gedacht, dass genau dieser Hund einen nicht gerade selten in den absoluten Wahnsinn treiben würde. Das sind die berühmten Tage in Bardino Halter-Kreisen, wo man aus dem Fell dieses kleinen und gestreiften Monster am liebsten eine Fellmütze für den nächsten Winter stricken würde. Oder vielleicht doch lieber gleich das ganze Fell an die Wand ins Wohnzimmer aufhängen.
Pure Verzweiflung überkommen uns immer wieder und öfter in unserem verrückten Alltag mit unserem Streifenhörnchen...und guter Rat ist manchmal (oder gar oftmals) mehr als nur sehr teuer (im wahrsten Sinne des Wortes). Man ist mit seinem eigenen Latein mehr als nur am Ende und sucht nach einem ultimativen Rat.

Was tun?
Natürlich nichts wie hin, in die nächste Hundeschule, zum spezialisierten Trainer, Hunde-Flüsterer und Pfoten-Versteher!
Nicht dass wir uns jetzt grundsätzlich falsch verstehen, es gibt wirklich ein paar Menschen auf unserem Planeten, die in diesen Bereichen wirklich wissen, was sie tun und über geeignete, vorbildliche Kenntnisse und sehr gute Erfahrungen verfügen!
Dennoch sieht die bittere Realität der Hunde-Welt so aus, dass die paar wenigen und wirklich empfehlenswerten Menschen sehr schwer zu finden sind.
Vor allem dann, wenn sie echte Erfahrung mit richtigen Hunden haben sollen.

Mal ganz unter uns und ohne durch die Blume zu sprechen!
Heutzutage kann und darf sich doch jeder wirklich unwissende "Hinz & Kunz" Hunde-Trainer nennen, eine entsprechende Schule eröffnen,
fragwürdige Kurse und eine Vielzahl von Seminaren anbieten!
Ob wir aber jetzt wirklich von geeigneten Hunde-Menschen sprechen, die ein goldenes Händchen für echte Probleme haben, tatsächlich die nötige Ausstrahlung besitzen und über das geforderte Fachwissen, spezifische Rasse-Kenntnisse und in erster Linie über eine ausreichende Erfahrung usw. verfügen?! Das ist wohl real betrachtet eher mit einem fragwürdigen Glücksspiel zu vergleichen. Viel zu oft geraten ahnungslose Hunde-Halter mit ihrer Fellnase und all ihren Problemen an die gnadenlos falsche Adresse! Wir glauben viel zu leichtfertig gewisse Versprechungen, viel zu häufig den tollen Überschriften mancher Werbe-Flyer der angeblich ach so tollen Hunde-Schule und den Menschen, die sie betreiben.
Ich möchte an dieser Stelle auch nicht weiter auf den Unmut, die Enttäuschungen usw. vieler Hunde-Halter eingehen, die persönlich viel zu viel Lebens-Zeit und Nerven in solche Trainings-Stunden, Seminare, Welpen-Kurse und was weiß ich noch alles investiert und vergeudet haben.
Man hat mal wieder Unsummen dafür auf den Tisch gelegt, immer wieder neue und zahlreiche Hundeplätze, Schulen usw. ausprobiert und besucht.
Zum guten Schluss hat man allerdings (wie schon so oft) nichts anderes als Enttäuschung erlebt, noch mehr offene Fragen beschäftigen uns, und es bleibt mal wieder nichts anderes übrig, als mit der eigenen Fellnase (mit den immer noch bestehenden Problemen) den Rückzug und die Heimreise anzutreten.
Grundsätzlich anzumerken und bevor wir uns jetzt aufmachen zu einer langen und sehr steinigen Reise der Problem-Lösungen, Erfahrungen anderer Bardino-Halter und einem akzeptablen Alltag mit einem echten und vor allem etwas "anderen" Hund der Sorte Hardcore-Streifenhörnchen:

"Die Lösung der Probleme liegt absolut nicht darin, diese gestreiften Hunde zu brechen oder mit Härte zu erziehen!"

Auch wenn dies immer wieder und viel zu oft von einer teuer bezahlten "Super-Nanny des Hunde-Platzes / Hunde-Schule" behauptet wird!
Hört bitte auf, euch ständig und immer wieder von irgendwelchen Menschen einreden zu lassen, dass eure Hunde wohl als Ursache ihrer persönlichen Probleme eine "schwere Kindheit" hatten, viel zu viel Zeit in der alles entscheidenden Phase unter einer "stillen Treppe" verbracht hatten, gnadenlos traumatisiert und viel zu wenig sozialisiert sind! Egal was sonst noch alles behauptet wird?!

Unnötige Härte, Gewalt & Co., fragwürdige "Hilfs-Mittel" usw., die auf manchen Hunde-Plätzen (obwohl einige dieser Hilfs-Mittel und deren Anwendung hierzulande sogar verboten sind!) eingesetzt werden, lösen diese Dinge absolut keine Probleme! Ganz im Gegenteil, denn dieser Schuss kann gewaltig bei einem Bardino nach hinten losgehen. Sogar unter Umständen ganz neue Baustellen des Alltag provozieren, auslösen und die durchaus schon vorhandenen Probleme zusätzlich verstärken.

Das große Herz und das grenzenlose Vertrauen eines echten Bardino erobert man nicht über Einschüchterung, laute Worte, Härte oder gar mit roher Gewalt!

Dabei sprechen wir noch nicht einmal im Ansatz von seinem grenzenlosen Vertrauen uns gegenüber, das es zu erobern und mühevoll zu erarbeiten gilt.

Nüchtern und wirklich ehrlich betrachtet läuft doch in der heutigen und modernen Hunde-Haltung etwas gewaltig aus dem Ruder!

Auch die Kernfrage, was ist wirklich sinnvoll und wie weit soll der moderne Hunde-Halter eigentlich noch entmündigt werden?!

Kaum ist der neue Hund (egal ob Welpe oder ein gut "gebrauchter" Vertreter seiner vierbeinigen Gattung) in seinem Zuhause angekommen, werden schon die ersten Stimmen laut und verlangen nach einer Hunde-Schule, einem Trainer, einem sogenannten Hunde-Flüsterer oder Pfoten-Versteher! Was soll das eigentlich?!

Ist in der heutigen Hunde-Welt und modernen Gesellschaft denn niemand mehr in der Lage, seinen eigenen Hund zu erziehen, Probleme zu bewältigen und sich selbst den täglichen Herausforderungen zu stellen?

Sieht die Realität denn wirklich so aus, dass ein moderner Hunde-Halter abseits der Anschaffung des Hundes und der täglichen Napf-Füllung alles andere "fremden" Menschen überlassen soll oder gar muss?

Oder sprechen wir eher von einer gewissen Bequemlichkeit, Unfähigkeit und der eigenen Faulheit, sich selbst Dingen des Hunde-Alltag zu stellen?

Sorry, aber da kommt auch gleich die ehrlich gemeinte Frage nach eigenen Erwartungen auf und warum man sich überhaupt einen Hund angeschafft hat?!

Oder gehört es inzwischen einfach nur zum "guten Ton" und dem eigenen Ansehen in der Gesellschaft, unbedingt mit seinem Hund in die Schule, den Hunde-Platz usw. zu gehen? Anders ausgedrückt; wenn man mal wieder nicht weiß, welchem Zweck im Auto so ein komisches oder blinkendes Knöpfchen dient, schaut man doch auch zuerst mal in die "Betriebsanleitung" des Autos, bevor man in die Werkstatt fährt und teures Geld für eine banale Erklärung zahlt!

Geht man wegen diesem ominösen Knöpfchen gleich in einen Automobil-Club?

Oder geht es wohlmöglich nur noch um gewisse Themen-"Likes" der eigenen Fragen und Antworten auf Kommunikations-Plattformen mit anderen Menschen, weil man vielleicht selbst mit seinem eigenen Hund nicht in der Lage ist, zu kommunizieren?!

Ist es denn inzwischen tatsächlich so schwer geworden, sich mal selbst um gewisse Dinge, Probleme und Herausforderungen zu kümmern und damit auch die Verantwortung des eigenen Alltag zu übernehmen!
Diese wichtigen Fragen sollte sich wirklich jeder verantwortungsbewusste Hunde-Halter einmal selbst stellen und vor Augen führen.
Vor allem aber bevor man jetzt mal wieder sofort losrennt, um (teils sehr fragwürdige) Lösungen zu "erkaufen" oder sich Mund gerecht servieren zu lassen.
Dass dabei eine gewisse Enttäuschung mehr als nur vorprogrammiert sein kann, ist doch eigentlich schon selbsterklärend und ein nicht seltenes Resultat dieser Art von vergeblichen Bemühungen.

Die Ärmel hoch gekrempelt und auf geht es!

Stellen wir uns mal selbst den vielen Herausforderungen der modernen Hunde-Welt, der heutigen Hundehaltung und der vierbeinigen und zweibeinigen "Gesellschaft" mit all ihren Problemen! Bitte erwartet jetzt aber keine pauschale "Ideal-Lösung" für eure Probleme von mir! Einen einfachen und einzigen Weg zum Ziel gibt es nicht!
Auch deswegen nicht, weil jeder Hund auf seine Art einzigartig ist,
ein lebendiges Wesen mit einem eigenen und ganz persönlichen Charaktere.
In diesem Kapitel möchte ich lediglich über Möglichkeiten sprechen und diese aufzeigen, die vielleicht vieles auf eurem persönlichen Weg mit eurer Fellnase an der Seite verbessern oder vereinfachen können.
Wir sprechen hier auch nicht von gewissen Standards der modernen Hunde-Erziehung und erst recht nicht vom "Heiligen Gral" der Hunde-Welt!
Sondern von gesammelten Erfahrungen, Berichten, Tipps und Anregungen von zahlreichen Bardino-Haltern.
Auch über ein gewissen Fazit aus vielen und endlosen Gesprächen / Diskussionen zu dieser Problematik des gestreiften Hunde-Alltag und möglichen Lösungen.

Also, fangen wir an...

Am Anfang sollte man sich doch tatsächlich mal etwas genauer mit dem Thema "Hüte-Hunde" auseinandersetzen. Denn den wenigsten Menschen ist tatsächlich bewusst, von welcher Art von Hunden man dabei spricht, welche typische Eigenschaften diese Hunde so mit sich bringen und welche Anforderungen sie an ihren Halter stellen.
Hört sich jetzt vielleicht etwas komisch an, aber es stellt sich doch immer wieder die Frage, wie kommt der Mensch zum Hund?!
Wie viele Menschen entscheiden sich an dieser Stelle für einen Bardino?
Nur weil er so ein gewisses "Etwas" hat? Oder sind es die Streifen gewesen?
Vielleicht ja auch diese einzigartigen und faszinierenden Bernstein-Augen, die uns von diesem Hund überzeugten und in ihren Bann gezogen haben?
Allerdings würde ich behaupten, dass die wenigsten Hunde-Halter sich genau für diesen Hund entschieden haben, weil sie auf der Suche von ganz bestimmten Rasse-Eigenschaften waren!
Besonders all die Eigenschaften, die nur in ihrer Ausprägung bei "Hüte"-Hunden zu finden sind! Hat man seine Wunsch-Rasse erst einmal richtig und ausreichend erkundet, ist sich sicher, den richtigen Hund / Rasse gefunden zu haben, befinden wir uns auf dem Weg in die nächste Phase.
Spätestens jetzt kommen wir auch an den Punkt, wo schon die ersten Stimmen lauter werden, man müsse sich direkt um einen passenden Trainer oder die entsprechende Hunde-Schule kümmern! Warum eigentlich?!
Sind wir Hunde-Halter denn inzwischen so unfähig und faul geworden, unsere Fellnase immer nur von anderen erziehen, sozialisieren und konditionieren lassen zu müssen?!? Immer wieder und fast ausschließlich wird der Eindruck erweckt, dass es scheinbar in der heutigen Hunde-Welt und Halter-Gesellschaft ohne diese Instanzen nicht mehr möglich zu sein scheint, seinen Hund selbst ganz normal zu erziehen, zu trainieren, den Alltag zu meistern und den Hund verantwortungsvoll zu halten.
Vor allem aber sollte sich jeder einmal die begründete Frage stellen, wie gut denn tatsächlich das "Gegenüber" ist bei der Erfüllung dieser Anforderungen an den Hund?!
Dass ein vertrauenswürdiger Trainer / Hundeschule durchaus eine sehr hilfreiche und "unterstützende" Instanz darstellen kann, steht wirklich außer Frage!

Sich aber von vorneherein einzig und alleine auf sie zu verlassen, nur um selbst einen Hund halten und in die richtige Bahn lenken zu können, ist nicht nur ein fataler Fehler, sondern in vielen Bereichen absolut unnötig!

Warum sich nicht selbst (am besten schon vor der Entscheidung zum Hund) mal mit der richtigen Literatur auseinandersetzen, selbst gewisse Kenntnisse erwerben und diese anschließend erfolgreich umsetzen!
Oder glaubt etwa wirklich jemand, dass all diese Vertreter der Hundeplatz-Welt und Erziehungs-Szene mit diesem Wissen, Hunde-Kenntnissen und all ihrer Sachlichkeit auf diese Welt gekommen sind! Auch all diese Leutchen der Hunde-Welt fingen irgendwann mal ganz unten und von vorne an!
Selbst wenn immer noch und immer wieder Menschen dieser Szene etwas anderes behaupten! Es gibt keine Standard-Lösungen!
Wie vieles im Leben ist alles nur reine Auslegungssache der Fakten. Natürlich steht immer die Frage offen im Raum, was nun richtig und was nun falsch ist.
Meist ist es eine Art eigener Empfindung, überhaupt den richtigen Weg zu sehen oder den Weg einzuschlagen, den man persönlich am besten vertreten kann!
Es spielt bei der persönlichen Auswahl des Weges absolut keine Rolle, ob man nun selbst Methoden des amerikanischen "Hard-Liner" der Hunde-Welt bevorzugt, sich vielleicht lieber von einem unserer zahlreichen TV & Quoten Hunde-Erziehern beeindrucken lässt.

Wichtig ist immer nur die ganz banale Tatsache, dass die angestrebte und bevorzugte Methode / Erziehungs-Variante von ihrer Art her zu mir selbst passt und zu den Bedürfnissen / Mankos meines eigenen Hundes!
All diese bekannten Trainer dieser Hunde-Welt haben nur eins wirklich gemeinsam. Sie arbeiten alle mit Hunden! Nicht mehr, aber auch nicht weniger.
Es spielt auch keine Rolle, da jetzt ins Detail zu gehen oder einen dieser Menschen zu bevorzugen oder gar zu verteufeln.

Es ist und bleibt reine Ansichtssache, ob man nun eine Variante gut oder vielleicht schlecht findet. Von jedem Einzelnen kann man durchaus etwas lernen, vielleicht auch nur das, was man selbst nicht umsetzen möchte und überhaupt nicht in seinem Erziehungs-Anspruch vertreten kann. Daher würde ich gerne grundsätzlich neutral bleiben und immer wieder als wichtigen und einen der ersten Schritte empfehlen, ein wirklich gutes Buch zu lesen. Ein Buch (es dürfen natürlich auch mehrere Bücher sein, nach dem Motto "viel hilft viel") wo das Hauptanliegen darin besteht, "die Sprache der Hunde zu erlernen"! Dann versteht man nicht nur seinen eigenen Hund deutlich besser, sondern auch seine "Zeichen", Signale und Stimmungen!

Dies ist nicht nur ein sehr guter Anfang, sondern mehr als nur ein sehr großer Schritt in die richtige Richtung der Hunde-Erziehung und ein gutes Stück "Etappe" auf einem gemeinsamen Weg zum Erfolg!
Ein ganz bestimmtes Buch möchte ich da nicht empfehlen, denn in diesem Bereich gibt es nicht nur eine sehr große Auswahl an geeigneter Literatur, sondern auch hierbei gehen die Meinungen oftmals auseinander, wer nun als Fach-Autor zu mir selbst passt und meinem persönlichen Anspruch wirklich gerecht wird.
Hat man erst einmal das Grundschema verstanden (im wahrsten Sinne des Wortes), wie so ein Hund wirklich "tickt", lässt er sich auch einfacher zu handhaben, zu trainieren und damit besser zu erziehen!
Bewaffnet mit diesem Grundwissen kann man in die nächste Phase übergehen, sprich sein eigenes Wissen mit weiterführender Literatur vertiefen, ausbauen und umsetzen. Genau jetzt kommen wir an den Punkt, wo tatsächlich andere Personen "helfend" und unterstützend ins Spiel kommen können / sollten und durchaus eine sehr wichtige Rolle spielen.
Grundsätzlich sollten dies Hunde-Halter mit einer gewissen Erfahrung sein, es darf natürlich auch gerne der Trainer "des Vertrauens" vom Hundeplatz usw. sein!
Übrigens, wenn wir von "echten" und erfahrenen Trainern sprechen, denke ich immer an all die vielen engagierten Trainer dieser Hunde-Welt, die sich ehrenamtlich und auf einer Hunde-Vereins-Ebene bewegen!

Aber ganz sicher keine Menschen und Möchtegern-Erzieher, Trainingsplatz-Clowns & Co., die sich selbst irgendwann mal aus kommerziellen Gründen dazu quasi selbst "ernannt" haben, um damit ihr Geld zu verdienen oder zu vermehren!

Die eigenen Erfahrungen in den letzten Jahren haben immer wieder gezeigt, dass komischerweise die wirklich guten, vertrauenswürdigen, kompetenten und erfahrenen "Trainer" genau in diesen Bereichen zu (suchen) finden sind!
Ein echter Trainer sieht in dieser Aufgabe eine persönliche Herausforderung!
Neben seiner persönlichen Erfahrung und seinem Engagement investiert er nicht nur gerne sein Wissen in andere Hunde, sondern hat auch richtig Spaß an seiner Arbeit!
Ehrlich gesagt ist dies auch eine ganz andere Grundvoraussetzung, einen Hund zu trainieren, als wenn jemand diesen Job ausübt, weil er mal wieder unter gewaltigem Umsatz-Druck steht! An dieser Stelle möchte ich natürlich niemanden gegen seinen Willen davon überzeugen, unbedingt einem Verein beizutreten!
Dennoch hat es den klaren Vorteil, dass man nicht nur viele Gleichgesinnte (vielleicht sogar mit ähnlichen Problemen) trifft, sondern neben direkter Hilfe, guten Tipps usw. in einem Atemzug eine Vielzahl nette Hunde-Menschen kennen lernt.
Mal ganz nebenbei angemerkt; auf einer Vereins-Ebene wird man auch nicht als aktives Vereins-Mitglied immer wieder aufs Neue für jede Lernstunde, Trainer-Stündchen, Welpen-Gruppe, Erziehungs-Training usw. gnadenlos zur Kasse gebeten, wie es leider in den kommerziellen Hunde-Schulen der Fall ist.
Vor allem aber ohne Stress, Zeit-Limit & Co. für Hund und Halter.
Nicht dass jetzt ein falscher Eindruck entsteht!
Es geht hier nicht darum, alle Hunde-Schulen in einen Sack zu werfen oder an den Pranger zu stellen! Es gibt sie, die sehr guten "Schulen".
Aber sie zu finden und genau die Schule / Kurs in Anspruch zu nehmen die zu mir und dem Hund passt, ist wohl eine andere Geschichte und schwieriges Unterfangen.
Abseits davon ist Verein nicht gleich Verein!
Da sieht die Realität schon mal so aus, dass man sich erst so einige Vereine anschauen und "schnuppern" muss, bis man endlich den richtigen gefunden hat.

Ihr werdet euch jetzt natürlich fragen, was ich euch überhaupt erklären will?!?
Es geht auch nicht nur darum, überhaupt geeignete Hilfe zu finden!
Sondern einfach mal öfters Dinge zu hinterfragen, bevor man aktiv wird und mit seinem Hund und all den bestehenden Problemen richtig durchstarten möchte...
...und vielleicht aus der Not heraus und purer Verzweiflung den erstbesten "Kurs" einfach irgendwo auf die Schnelle bucht!

In erster Linie geht es genau darum, nicht "alleine" diesen steinigen Weg mit seiner Fellnase zu gehen! Denn gerade in Gruppen und mit anderen Hunde-Haltern zusammen lassen sich Probleme oftmals deutlich einfacher lösen und besser trainieren! "Einfacher" insbesondere auch deswegen, weil man nicht nur immer jemanden in seiner Nähe hat!
Sondern ein anderer Hunde-Halter als reiner "Betrachter" / Beobachter eher mal einen gravierenden Trainings-Fehler sieht / bemerkt, als man es selbst objektiv und neutral jemals könnte. Man kann sich ja schlecht ständig selbst beobachten und erkennt die eigenen Fehler nicht unbedingt selbst. Bekanntlich sehen vier Augen mehr als zwei...

Mir wird sich auch nie erschließen, warum man gerade mit einem Welpen immer in die "Welpen-Gruppe" soll?!? Es heißt immer so schön, wenn man anderen zuhört oder ihre Empfehlungen überall liest, der Hund kann nur so ausreichend "sozialisiert" werden! Was ein Unfug und ausgesprochener Blödsinn!
Dass Hunde für ihr 1x1 in die Schule müssen, heißt noch lange nicht, dass sie unentwegt kostenpflichtige "Kurse" usw. belegen müssen. Im Bereich der "Sozialisierung" bedarf es natürlich an einem regelmäßigen Kontakt zu anderen Schnuffel-Nasen!
Dies heißt aber nicht zwangsläufig und ohne Alternativen, dass wir unserer Fellnase (gegen immer wieder neue Gebühren / neue Kurs- und Seminar-Kosten) nun zuerst von einer in die nächten "Welpen-Gruppe" stecken müssen, anschließend über längere Zeiträume / Monate in diverse Gruppen-Seminare anmelden und durchstehen, Aufbau-Kurse, Fortgeschrittenen-Kurs usw. investieren?!

Damit auch irgendwann aus meiner Fellnase vielleicht ein ganz toller Ruten-Wedler wird! Aber erwartet keine Wunder, nur weil ihr mal wieder für eine Dienstleistung bezahlt habt. Auch die Tatsache, dass euer Hund bei fremden Menschen vielleicht sogar besser "funktioniert", als anschließend mit dem "Erlernten" bei euch im Alltag, sollte nicht dazu animieren, gleich den nächsten Kurs zu buchen!
Denn das eigentliche Problem ist meist nicht der Hund, sondern das andere Ende der Leine auf zwei Beinen! Fakt ist, solange ihr euch nicht selbst trainiert und konditioniert, wird sich so schnell auch bei eurem Hund nichts ändern!
Egal wie oft ihr in die teils sehr fragwürdigen "Stündchen" geht und Zeit investiert. Wir Menschen gehen doch auch nicht jeden Abend in die Disco, zahlen teure Eintrittspreise, um in Menschenmassen "sozialisiert" zu werden, oder uns gar von irgendwelchen bezahlten Animations-Clowns, Verhaltens-Psychologen usw. Tag für Tag auf den "richtigen Weg" hinweisen und über Kurse ständig "einnorden" zu lassen!
Ehrlich gesagt wundert es mich schon längst nicht mehr, dass selbst so mancher Mensch langsam aber sicher in der heutigen Zeit zum echten Waden- oder Angst-Beißer mutiert, nur weil scheinbar die "Sozialisierung" an der entscheidenden Stelle des Lebens gnadenlos versagt hat!
Warum soll es da bei Hunden so viel anders sein?
Ernsthaft gefragt und ganz unter uns werte Leser und (jetzige oder angehende) Hunde-Halter! Wir werden doch von der Gesellschaft von vorneherein regelrecht entmündigt und unsere persönlichen Fähigkeiten im Bezug auf den Hund, seine Erziehung, Konditionierung usw. grundsätzlich und überall pauschal in Frage gestellt! Abgesehen davon wird uns von morgens bis abends erklärt, dass wir abseits und ohne ganz bestimmte Formen an "buchbaren" Möglichkeiten unfähig sind, unseren eigenen Hund in die richtigen Bahnen zu lenken und dessen Probleme selbst und nachhaltig zu lösen! Was soll das eigentlich?
Nochmal zurück zum Anfangs-Tipp des "guten Buches" und diversen anderen Empfehlungen. Wir haben uns inzwischen mit entsprechender Literatur ausreichend eingedeckt, diese gelesen und verstanden und beginnen selbst langsam aber sicher unseren Hund, seine "Sprache" und seine Ausdrucksweise (Körperhaltung usw.) zu verstehen.

Im nächsten Schritt suchen wir uns in unserem persönlichen Umfeld den ein oder anderen Hunde-Halter, um gemeinsam in der kleinen Gruppe gezielt zu trainieren! Diese kleine Gruppen-Dynamik hat den großen Vorteil, dass wir nicht nur gemeinsam Fehler eher erkennen, sondern auch diese in kleinen Gruppen (abseits überlaufener und viel zu großer Gruppen einer typischen Hunde-Schule) deutlich besser und gezielter lösen können.

Dies kann man im Alltag sehr gut mit abgesprochenen "Gassi-Runden" vereinbaren und terminieren. Alleine schon diese "ungezwungene" Atmosphäre in der vertrauten Umgebung schafft eine sehr gute Ausgangs-Situation für ein gezieltes Training und erfolgreiches Arbeiten mit der eigenen Fellnase! Dies bedeutet durchaus weniger Stress, da der Hund nicht ständig aufs Neue mit einer großen Masse von anderen Hunden und ihren zahlreichen Haltern unnötig gestresst und genervt wird.

Natürlich kommt bei dieser Gelegenheit auch die eigentliche "Sozialisierung" und damit der Umgang mit anderen Fellnasen nicht zu kurz!

Als nächstes fangen wir langsam damit an, den Hund nicht nur immer weiter zu trainieren und seine Probleme (natürlich auch die Probleme / Fehlverhalten des Halters) zu lösen, sondern verbinden die inzwischen erlernten Eigenschaften mit Beschäftigung und Auslastung.

Der Hund wird relativ schnell all die Dinge, die man von ihm verlangt,
auch gerne mit Spaß und Beschäftigung verbinden.
Anders ausgedrückt...nach der Arbeit folgt das Vergnügen!
Das heißt jetzt aber nicht, dass wir jeden noch so kleinen Erfolg damit belohnen,
in dem wir unsere Fellnase pausenlos mit diverse Leckerlies abstopfen und belohnen!

Eine "Belohnung" kann auch reine "Beschäftigung" des Hundes sein.
Ein einfaches "Such-Spiel", Apportieren von Gegenständen, ein paar "Extra-Runden" mit anderen Fellnasen auf der Wiese drehen und "freies Toben", bis hin zu einem Lob in Form von "Berührungen" (zu diesem großen Wort komme ich später noch zurück). Wie weit ihr nun in eurem Alltag geht und kommt, liegt einzig und alleine bei euch selbst!

Erfolg und Niederlage liegen sehr dicht beieinander und ihr entscheidet, wo eure persönliche Grenze ist.

Vergesst dabei bitte nie, dass der "Lern-Prozess" eines Hundes ein "Leben lang" andauert und er euch immer wieder aufs Neue auf die Probe stellen wird!
Er wird auch immer wieder einmal in ein altes Problem / Muster zurückfallen!
Genau so wird er auch immer wieder Dinge und eure Erwartungen in Frage stellen!
Nur nicht verzweifeln, denn der Erfolg steht immer im Einklang mit investierter Zeit und verdammt viel Geduld. Anders ausgedrückt und sehr passend zu einem typischen Bardino: "Der Weg ist das Ziel!"

Viele Probleme werdet ihr erst über die Monate und Jahre lösen können, manche leider niemals! Vergesst bitte niemals; eure Fellnase ist ein lebendiges Wesen mit einem eigenen Charaktere, einer sehr ausgeprägten Persönlichkeit und einer angeborenen Selbständigkeit. Ihr werdet einen typischen Bardino niemals brechen, sondern erntet für euer persönliches Fehlverhalten stark mangelndes Vertrauen, seine grenzenlose Sturheit und im schlimmsten Fall neue Probleme.
Den Wunsch nach einem tollen und funktionierenden "Optimal"-Hund werde ich euch nicht nehmen! Denn es liegt nur bei euch selbst, welchen Weg ihr gemeinsam gehen werdet! Welcher Weg nun für euch gemeinsam der richtige oder gar der falsche sein wird, wird euch eure Fellnase zuverlässig und unbeirrbar auf seine einzigartige Art von "Ehrlichkeit" zeigen.
Ob ihr nun etwas tatsächlich und gravierend falsch gemacht habt, werdet ihr schnell selbst erkennen, und die richtige Lösung wird immer eine gewisse Herausforderung sein. Heißt aber zwangsläufig nicht, dass andere Personen (zum Beispiel ein Trainer oder eine Hundeschule) dies besser könnte! In all den Jahren, wo ich persönlich meine Erfahrungen sammeln durfte (auch als Hunde-Trainer), mich immer wieder mit anderen Bardino-Haltern über Probleme und deren Lösungen (deren persönliche Erfahrungen) unterhalten habe. Wir stellten immer wieder gemeinsam fest, dass selbst die (angeblichen) Hunde-Profis nicht unfehlbar sind und schon an so manchem Bardino sprichwörtlich mehr als nur gnadenlos gescheitert sind.

Trotz oftmals langjähriger und intensiver Hunde-Erfahrung mit den verschiedensten Hunde-Rassen! An der Stelle könnte man auch ehrlich und aus Erfahrung sagen, meinen eigenen Hund kann ich auch selbst "versauen"!
Leider vertrauen heutzutage viele Hunde-Halter in ihrer Verzweiflung und einer möglichst schnellen Problem-Lösung (oder ist es nur Bequemlichkeit?!) viel zu oft, zu schnell und zu häufig "fremden" Personen.
Was spricht denn dagegen, sich selbst ein gewisses Wissen anzueignen, dies stetig zu verbessern und über die Jahre zu optimieren?!
Von all diesen sogenannten "Profis", kommerzielle Hunde-Flüsterer und Hunde-Versteher ist schließlich niemand "Allwissend" auf die Welt gekommen!
Ob da mein eigener Hund jemals einer solchen "fremden" Person ausreichend vertrauen würde, um eine Arbeits-Grundlage zur erfolgreichen Lösung all der vorhandenen Probleme, Erziehungs-Defizite usw. zu bilden, ist wohl eine ganz andere Geschichte! Vielleicht gleicht dies eher dem reinen "Wunschdenken" der heutigen und modernen Halter- und Hunde-Gesellschaft?!

Geht immer mit gutem Beispiel voran!
Einen typischen Bardino "einfach zu händeln", ist oftmals ein sehr schwieriges Unterfangen und mehr als nur eine gewisse Herausforderung!
Auch immer wieder dieses dumme und unüberlegte Argument vieler Hundehalter: "Mein Hund ist immer und überall zu 100% abrufbar!"
Es wird immer wieder Situationen geben, wo ein Bardino dies mehr als nur in Frage stellen wird.
Alles andere entspricht eher einem größeren Irrglaube der Bardino-Welt und stellt eine sehr vermessene und mutige Aussage eines Hunde-Halter dar.
Egal was andere Menschen immer glauben oder behaupten, ihr seid für euren Hund selbst verantwortlich und steht damit auch immer in der persönlichen und natürlich auch rechtlichen Verantwortung euch selbst und vor allem anderen gegenüber!
Fakt ist, diese gestreiften Hunde brauchen uns Menschen in ihrem natürlichen Lebensraum nicht!

Sie sind es über viele Generationen dieser Rasse gewohnt, ihre Entscheidungen immer selbst zu treffen und diese auch durchzusetzen!
Der typische Bardino ist ein sehr eigenständiges und selbständiges Wesen, an dessen Leben und Alltag wir Menschen lediglich teilnehmen dürfen, nicht mehr aber auch nicht weniger.
Nach all den unzähligen Alltags-Berichten, Erzählungen und Beschreibungen von Situationen vieler Bardino-Halter ist eins wirklich unbestritten!
Ein Bardino ist immer wieder für eine Überraschung gut. Vor allem dann, wenn wir Menschen glauben, alle Probleme und Erziehungs-Aufgaben gelöst zu haben.
Genau aus diesen Gründen würde ich einen Bardino nur dann "frei" laufen lassen und die Leine lösen, wenn wirklich "freie Sicht" besteht, niemand uns auf der gemütlichen Gassirunde plötzlich und unerwartet begegnen kann, kein ausreichender Spielraum für eine schnelle Reaktion unsererseits zur Verfügung besteht.
Wie schon an anderer Stelle beschrieben, reagiert ein Bardino oftmals zuerst gar nicht, dann aber plötzlich und sehr massiv.
Hinzu kommt die Tatsache seines grenzenlosen Mutes und Entschlossenheit, um sein Rudel und damit seine Menschen unbedingt schützen zu wollen!
Was durchaus zu ungeahnten, sehr grenzwertigen oder schwierigen Situationen und Begegnungen führen kann.
Dies sollte man immer im täglichen Alltag und insbesondere "unterwegs" mehr als nur berücksichtigen und dieses Streifenhörnchen "in seiner Welt" und seiner persönlichen Wahrnehmung / Reaktion / Handlung niemals unterschätzen.
Mir liegt es persönlich wirklich absolut fern, einen Bardino als "unberechenbar" oder gar als gefährlich in seinem Wesen zu bezeichnen!
Dennoch liest und hört man immer wieder gewisse Berichte von anderen Bardino-Haltern, dass sich ein Bardino plötzlich und sehr unerwartet "wandelt" und ungeahnt reagieren kann! So kommt es immer wieder zu grenzwertigen Situationen, dass beispielsweise ein Bardino selbst nach Jahren in seinem Zuhause, wo er Katzen durchaus sehr mochte, diese Samtpfoten mehr als nur gewohnt ist und dennoch in seinem Alltag plötzlich seine Meinung auf krasse Weise verändern kann!

Vielleicht ganz banal deswegen, dass er zwar normalerweise ein eher ruhiges und ausgeglichenes Gemüt an den Tag legt, aber irgendwann die Katze einfach den Bogen gnadenlos überspannt hat, oder ihn einfach mal wieder zu sehr geärgert und viel zu oft genervt hat?! Dann kommt der gefürchtete Tag, wo der eigentlich harmlose und Nerven starke Bardino das Problem lösen und nachhaltig klären wird.

Ein echter und typischer Bardino kann nicht nur sehr nachtragend sein, sondern er "vergisst nie"!

Diese Eigenheit sollte man im Alltag nie vergessen und stets aus purer Vorsicht und Verantwortung anderen Lebewesen gegenüber berücksichtigen.
Vor allem aber, bevor die Samtpfote diese plötzliche Veränderung in ihrem Lebensraum mit ihrem eigenen Leben bezahlt!

Erst kürzlich kam es zum Zwischenfall bei einer anderen Bardina-Halterin, wo von heute auf morgen die Stimmung kippte und die Situation vollkommen eskalierte!
In diesem Zuhause leben mehrere Hunde und zahlreiche Katzen in einer sehr liebevollen Umgebung und in einem wirklich tollen und gemeinsamen Lebensraum.
Es kam der Tag, wo die Bardina (die tierische Rudel-Chefin) aus ihrer Sanftmütigkeit erwachte und von heute auf morgen plötzlich massiv auf die Katzen los ging.
Leider auch in einer Tragweite, dass diese Stimmung / Änderung sich auf alle anderen Hunde negativ in ihrem Gruppen- und Rudel-Verhalten auswirkte.
Man könnte offen ausgesprochen von einem echten und wahren Alptraum berichten, und ich beneide niemanden um genau diese Situation.
Da ist "guter Rat" teuer und eine schnelle Lösung des Problems alles andere als in Sicht oder in greifbarer Nähe! Man könnte (muss) zwar die Tiere sofort räumlich voneinander trennen, aber eine langfristige Lösung stellt dies sicherlich nicht dar, um einer gewissen Gefahr vorzubeugen oder gar Zwischenfälle und schwerwiegende Beißereien zu vermeiden oder in Zukunft entsprechend zu verhindern.
Die Frage stellt sich natürlich auch, wie kann man diese Situation zeitnah klären und ein solches Problem überhaupt lösen?!

Leider vielleicht auch die traurige Tatsache, dass in letzter Instanz nur ein Weg übrig bleiben könnte, die Bardina letztendlich wegzugeben, um größere und massivere Probleme in Zukunft zu vermeiden?!
Tiefer möchte ich jetzt allerdings hier im Buch in diese krasse Geschichte nicht eintauchen oder ins Detail gehen, denn solche Fälle sind schon gerade schlimm genug.

Dennoch möchte ich sie als Alltags-Beispiel dafür aufführen, einen Bardino niemals in seiner Art, in seinem angeborenen Charaktere und in seinem Wesen zu unterschätzen!
Und glaubt mir, diese Geschichte und damit Alltagsveränderung ist in Halter-Kreisen von Streifenhörnchen (leider) absolut kein Einzelfall.
Mir persönlich fällt es schwer, immer nur alles "schön zu reden" (zu schreiben) und zu verharmlosen, denn auch das sind wahre Alltags-Geschichten der Bardino-Haltung!
Genau aus diesen Gründen sind die Argumente (auch Fragen des zukünftigen Halter) im Vermittlungs-Bereich des Hundes aus dem Tierschutz immer mit großer Vorsicht zu genießen, ob nun ein Bardino wirklich Katzen verträglich ist oder halt nicht!
Vermittlern und Tierschutz-Organisationen kann und darf man in keinster Weise einen Vorwurf machen!
Auch nicht was ihre Hunde-"Beschreibungen" oder Mutmaßungen angeht!
Zum einen zeigen Hunde im wahrsten Sinne des Wortes erst nach einigen Monaten oder Jahren ihr wahres Gesicht, andere wiederum erst nach langer Eingewöhnungszeit und Orientierungsphase in ihrem neuen Zuhause!

Einen Hund schon nach ein paar wenigen Wochen im Tierschutz oder in seiner neuen Obhut richtig zu beschreiben und seine Wesenszüge 100% richtig zu definieren, seine Zukunft und Veränderungen richtig und treffend vorauszusehen, gleicht wohl eher einem Blick in die berühmte "Glaskugel" auf einem Kirmes- oder Rummelplatz und ist als reines "Wunschdenken" zu betrachten.
Mal ganz nebenbei und unter uns!
Andere Lebewesen in dieser verrückten Welt wie zum Beispiel die Menschen selbst, verändern sich auch ständig und mit zunehmendem Alter!
Warum sollte es dann bei Hunden wirklich so viel anders sein?!

Erwähnt werden muss an dieser Stelle auch, dass es wirklich bei dieser Problematik keine Rolle spielt, ob wir nun von einem Welpen sprechen oder einem schon etwas älteren Hund! Denn es gibt tatsächlich die Fälle (Berichte von Bardino-Haltern), wo sich ein Welpe selbst nach vielen Monaten und Wachstums-Phase der Rubrik "Friede, Freude, Eierkuchen" plötzlich und unerwartet in seinen Wesenszügen deutlich verändern kann!

Eine ganz andere Problematik / Beispiel einer sehr schwierigen Alltags-Situation aus dem Leben der Bardino- und Halter-Welt...
Eine mir sehr nahe stehende und befreundete Bardino-Halterin berichtete erst kürzlich, dass sich ihre beiden Streifenhörnchen gerade in ihrem Alltag sehr verändert haben. Plötzlich ist alles "anders"!
Sie geht inzwischen wieder arbeiten, hatte sich vorher, seit der besagte Welpe im Hause war, um diesen Hund im Prinzip rund um die Uhr gekümmert.
Die andere "in die Jahre" gekommene Bardino war seit ihrer Übernahme immer in erster Linie "Herrles" Hund.
Der Welpe wuchs heran und es zeigten sich auch gewisse Probleme.
Dennoch war dieses Streifenhörnchen extrem Personen bezogen, auf Fraule stark fixiert und schützte Frauchen ohne Wenn und Aber und rund um die Uhr.
Durch die familiäre Änderung im Alltag, dass Frauchen nun arbeiten geht und Herrle sich bedingt durch Selbständigkeit und seinem Arbeitsplatz "Zuhause" sich verstärkt und immer mehr um die Hunde kümmert, hat sich das Verhalten der inzwischen sechsjährigen Hündin extrem verändert!
Nun wird plötzlich Herrle rund um die Uhr bewacht, "gehütet" und in jeder Hinsicht geschützt! Frauchen wird zwar immer noch als festes "Rudel-Mitglied" toleriert und entsprechend akzeptiert, aber sobald (es wurde mehrmals aus Neugierde auf das Verhalten und die Reaktion der Hündin getestet) Frauchen ihren Mann mal etwas lauter angeht oder gar mit fuchtelnden Armen (vermeintlich) bedroht, ergreift die Hündin (die sie vorher einfach nur liebte und schützte im direkten Personenbezug) sofort Partei und schützt nun bedingungslos ihr Herrle!

Auf Deutsch; wenn sie sich zwischen den beiden Bezugspersonen aktuell entscheiden muss, zählt nicht die Vergangenheit, sondern sie steht zu 100% auf Herrles Seite!
Eine krasse und neue Situation und eine sehr extreme Veränderung zu den direkten Bezugspersonen, die man im Vorfeld vielleicht sehr unterschätzt hatte.
Zumal ein Bardino seine Schutz- und Hüte-Aufgaben sehr ernst nimmt,
nicht verhandelt und unbestechlich agiert!
Außenstehend betrachtet kommt da wohl in nächster Zeit sehr viel Arbeit, erneutes Training und eine gewaltige Portion Geduld auf die Halter zu, um diese Situation deutlich zu verbessern und zu entschärfen.
Verstehe mal jemand diese verrückten Streifenhörnchen und ihre Besonderheiten?!
Der eine Hund ist schwieriger in unserem Alltag zu meistern, der andere einfacher...
...dennoch haben all diese gestreiften Hunde eins gemeinsam!

Es sind und bleiben mit all ihren "Ecken & Kanten", Wesenszügen, Charaktere, Eigenheiten wie die Besonderheiten die tollsten, wundervollsten und liebenswertesten Geschöpfe dieser Hunde-Welt!

Alles in allem aber auch eine wirklich etwas "andere" Geschichte der Hundehaltung und natürlich eine gewisse Herausforderung an jeden gestandenen Hundehalter!

Kapitel 15 - Der gestreifte Wächter & Hüter

Wenn es Nacht wird in der Eifel...da ist nichts mit Ruhe in "Waltons-Mountains" oder so Sprüchen wie "gute Nacht John-Boy"!

Da sitzt man "ahnungslos" in der Dämmerung auf dem Balkon, genießt den abendlichen Sommerwind, eine kühle "Gerstensaft-Kaltschale" und lauscht dem "zirpen" der Zikaden.
Okay...okay...auch dem "SCHNARCHEN" eines Bardinos und denkt nicht einmal im Traum daran, welche "Gefahren" in so einem Garten überall lauern können oder gar mal wieder irgendwelche Garten-Monster "Frauchen" bedrohen?!

Part 1 : "Angriff der Killerspinnen"...oder besser "Spiderman lässt grüßen"!
Da pirscht sich doch so ein Ekelding von (nicht gerade kleiner) "Wolfsspinne" in der Dämmerung auf leisen Füßen auf dem Balkon an Frauchen an und unser Großwild-Jäger Pablo schießt förmlich wie eine Rakete aus dem vermeintlichen Tiefschlaf heraus, um sein Frauchen zu schützen...Hechtsprung und Zack!
Das war es dann wohl mit dem Spinnenleben.

Part 2 : "Raschelnder Schilf"!
Kaum wieder Ruhe in Balkonien eingekehrt, raschelt es bedrohlich im 4 Meter entfernten Garten-Schilf (Balkon-Eingrenzung)...Alarmstufe rot...
..."Frauchen schon wieder in Gefahr?!?"
Nase in den Wind...leichter Groller"...Hechtsprung ins grüne Unbekannte!
Film ab...Ton läuft...und "Action"!
Holla die Waldfee; ich dachte schon, dass diese Fellnase nun zu später Stunde den ganzen Garten sanieren und aufräumen möchte!

Alles nur, weil scheinbar eine kleine Feldmaus sich aus dem Schilf wagte und wohl ein paar Brotkrümel von unserem Balkon aufsammeln wollte.
Dabei kam sie wohl Frauchen etwas zu nahe?!
Schon krass, dass diese Bardinos eine Art verstärktes "Nacht"-Verhalten zeigen!
Als ob man bei einsetzender Dunkelheit einen "Schalter umlegt" in den Sicherheits-Modus und plötzlich einen ganz anderen Hund an seiner Seite hat?!
Da ist man doch wirklich sehr erstaunt, was für einen tollen Hund man da an seiner Seite hat, wenn es um die heimische Sicherheit und die Sicherung / Überwachung seines Revier und seines "Rudel" geht.

Am Tag darauf, wenn die "Helligkeit" wieder einsetzt in "Pablo-Mountains",
ist alles wieder so, als wäre nie etwas gewesen.
Da frage ich mich schon so langsam, was würde alles passieren, wenn da plötzlich irgendwelche "Aliens" oder "grüne Männchen" des Nächtens im benachbarten Korn- oder Maisfeld landen würden?
Und da sprechen wir jetzt noch nicht einmal vom eigenen Garten, wenn sich da jemand heimlich einschleichen würde!
Nach der ein oder anderen Hunde-Rasse, die ich schon in der Vergangenheit an meiner Seite hatte, bin ich mir heute mehr als nur sicher, dass ein Bardino eine ganz andere Liga eines "Wach-Hundes" im direkten Vergleich zu anderen Rassen darstellt.
Allerdings auch eine ganz andere Herausforderung an seinen Halter / Halterin!

Sprechen wir mal über typische Anzeichen eines Hundes, wenn es zu bestimmten Situationen und gewissen Bedrohungen kommt.
Der "normale" Hund reagiert neben nervösem Gebell in erster Linie mit körperlichen Anzeichen. Ob nun die Ohren angelegt werden, die entsprechende Ruten-Stellung bis hin zum "Kamm" / Bürste im Nacken, wo in bestimmten Situationen regelrecht warnend (sprichwörtlich) "die Haare zu Berge stehen"!
Beim typischen Bardino oftmals eine absolute Fehlanzeige!
Dieses doch sehr merkwürdige Verhalten eines Bardino ist kein Einzelfall,
und viele andere Bardino-Halter bestätigen dies immer wieder sehr eindrucksvoll.

In der einen Minute wirkt der Bardino noch absolut tiefenentspannt, in der nächsten Minute (wenn es die Situation erfordert) "explodiert" er förmlich und läuft im Bruchteil von Sekunden zur absoluten Höchstform auf!
Und genau das oftmals ohne jegliche "Anzeichen" von Rute- / Ohren-Stellung oder einem entsprechenden "Kamm" / Bürste.
In gewisser Weise eine echte Herausforderung an den Bardino-Halter,
der halt von anderen Hunden typische "Anzeichen" oder Warnungen gewohnt ist,
bevor eine weitere Reaktion eines Hundes erfolgt.
Dies macht den Alltag und einige Situationen (insbesondere bei "Begegnungen") mit diesen Streifenhörnchen nicht gerade einfacher.
Das sind Eigenschaften, die ich gerne als "Unberechenbar" bezeichne, im direkten Bezug auf einen Bardino! Wenn ich dieses Verhalten im direkten Bezug mit anderen "Hüte"-Hund-Rassen vergleiche, stellt der Bardino da auch eher die Ausnahme dar.
Lediglich ein Kangal weist in seinem Alltag gewisse und ähnliche Parallelen auf.
Auch er "explodiert" (ein wirklich passendes Wort!) förmlich von jetzt auf gleich und völlig unerwartet ohne gewisse "Anzeichen", wie es andere Hunde-Rassen durch bestimmte optische Signale vorher "anzeigen" würden.
Abseits von typischen "Hüte-Hund" Attributen verschiedener Hunde-Rassen versuche ich jetzt mal anhand von zahlreichen Berichten, Erfahrungen und Alltags-Beschreibungen vieler Bardino-Halter folgend mal zusammenzufassen, was noch so alles als "typisch" für einen Bardino und sein sehr spezielles Verhalten zu bezeichnen und zu betrachten wäre / ist.

Der typische Bardino und gewisse Verhaltens-Muster:

- Sein "Gegenüber" beobachtet und fixiert er stets ausdauernd, sehr gründlich, extrem aufmerksam und absolut lückenlos.
  In der Regel so lange, bis sein Halter die entsprechende Situation entschärft oder geklärt hat.

- Tagsüber zeigt der typische Bardino ein anderes Verhalten, als wenn die Dunkelheit einsetzt und es Abend wird!
  Bei Dunkelheit ist der Bardino noch eine gewaltige Spur wachsamer in seinem Lebensraum, in seinem direkten Umfeld und auch unterwegs (zum Beispiel bei abendlichen Gassi-Runden).
  Seine Bereitschaft zu "schützen" ist nicht nur stärker ausgeprägt, sondern er reagiert schon durchaus massiv und vehement bei den kleinsten Anlässen. Etwaige Bedrohungen und Gefahren begegnet er sofort und ohne lange zu überlegen! Diese Tatsache ist durchaus auch für den erfahrenen Hunde-Halter mit gewisser Vorsicht zu genießen und man sollte jederzeit auf solche Situationen vorbereitet sein.

- Wenn es die räumliche Situation (egal ob "Indoor" in seinem Zuhause oder "Outdoor" und "Unterwegs") erlaubt, bevorzugt er für seine "Alarmbereitschaft" immer eine "Anhöhe" oder zumindest eine erhöhte Beobachtungs-Position.

- Hat er keinen größeren persönlichen Spielraum für sich oder lässt die Situation keinen selbständigen Handlungsraum zu (zum Beispiel auf einer Gassi-Runde, wo er an der "längeren" Leine ist), hält er immer einen ganz bestimmten Abstand zu seinem "Gegenüber" ein!
  Allerdings ohne sich jemals zu weit von seinem Halter zu entfernen und auch nicht ohne diesen aus seinem direkten Blickfeld zu verlieren!

- Kann sich der Bardino frei bewegen (also nicht angeleint), neigt er immer dazu, sein Gegenüber regelrecht zu "umzingeln".
  Dabei ändert er auch ständig seinen Standort, ohne die notwendige Nähe zu seinem "Rudel" zu verlassen.

- "Anfassen" lässt sich ein Bardino von "Fremden" weder gerne, noch bereitwillig oder gar freiwillig! Komischerweise meist nur dann, wenn sein Halter eine "Freigabe" erteilt oder ihn regelrecht zu einer "Nähe" (jetzt sprechen wir nicht einmal im Ansatz über eine "Berührung"!) eines "Fremden" gegenüber überredet oder animiert.

- Der typische Bardino zeigt zu allem und jedem "Fremden" (egal ob Personen oder Gegenstände) gegenüber ein sehr extrem großes Misstrauen.

- Sofortiges "Vertrauen" gibt es bei diesen gestreiften Hunden nicht!
  Dies muss sehr mühevoll und über oftmals einen meist längeren Zeitraum erarbeitet werden.

- Der Bardino reagiert (wenn er denn seine persönliche Entscheidung erst einmal getroffen hat) sehr massiv, extrem Ziel orientiert und in der Regel sehr "nachhaltig". Er lässt keine Zweifel offen im Raum stehen und setzt klare Akzente!

- In den vorher beschriebenen Situationen / Bereichen ändert auch das "beste Leckerlie der Welt" nichts an seinem Verhalten.
  Der Bardino ist in der Regel absolut unbestechlich!
  Insbesondere dann, wenn ein "Fremder" sich mit etwas in der Hand rumwedelnd dem Streifenhörnchen nähert und mal wieder genau dieser Mensch der Meinung ist, er kenne sich mit "allen" Hunden aus, und auch dieses Streifenhörnchen käme freiwillig zu ihm. Ehrlich gesagt eine immer wiederkehrende Situation bei Begegnungen, die für den Bardino-Halter eine echte Lach-Nummer mit einem gewissen Unterhaltungswert darstellt, wenn er mal wieder in das enttäuschte Gesicht seines "Gegenüber" nach unzähligen gescheiterten Lock-Versuchen schaut!

- Auf "laute Töne" (Ansagen / Kommandos) reagiert der Bardino oftmals nur mit einer Mischung aus plötzlich auftretender Taubheit, sehr sensibel und mit seiner typischen Sturheit.

- Ein echter Bardino ist durchaus als sensibel zu bezeichnen. Allerdings als Hund absolut unschlagbar darin, sehr "nachtragend" zu sein!
  Für mich persönlich die größte Lachnummer und Fehleinschätzung der Hunde-"Fachwelt", wenn mal wieder jemand von diesen Hunde-Fachleutchen behauptet, sowas gibt es nicht und Hunde hätten nur ein "Kurzzeit-Gedächtnis"! Oder sollte ich jetzt beschwichtigend einfach nur sagen, dass es solchen Fachleuten scheinbar an der nötigen Erfahrung und an Kenntnissen im Umgang mit diesen Streifenhörnchen mangelt?!

- Bei verschiedenen Gelegenheiten / Situationen bellt ein Bardino sogar wie ein ganz "normaler" Hund. Sprechen wir aber von Gefahren, Bedrohungen und begegnen einer Art von Aggression unseres "Gegenüber", verzichtet der Bardino auf das übliche Gebell eines Hundes! Er warnt auf seine typische Art durch ein sehr dunkles und durchaus Angst einflößendes und imposantes "Grollen"! In Insider-Kreisen gerne so beschrieben:
  "Es zieht ein starkes Gewitter auf!"

- Auch wenn ein Bardino eine gewisse "Härte" und unbeirrbare Entschlossenheit in seinen aktiven Handlungen besitzt, er kann nicht so beschrieben werden, dass er zu sogenannten "Übersprungs-Reaktionen" und einem "nach vorne gehen" neigt! Dies wäre eher als untypisch zu bezeichnen. Zumal man immer den Eindruck hat, der Bardino überlegt sich sehr gut und wägt für sich genau ab, welchen Schritt er als nächstes überhaupt gedenkt zu tun. Vielleicht könnte man über eine Form an ungewöhnlicher Intelligenz eines Hundes und einer ganz besonderen Hunde-Rasse sprechen?

Aber dafür fehlt im wissenschaftlichen Bereich und in der notwendigen Sachlichkeit der entsprechende und begründete fachliche Nachweis.
So tiefenentspannt und relaxt diese Streifenhörnchen oftmals wirken, sie sind immer in Alarmbereitschaft und jederzeit zu allem bereit!
Gerne könnte man es einfach so erklären:
"Unterschätze niemals einen echten und typischen Bardino!"

- Ein Bardino geht nicht gleich abseits von unmittelbarer Gefahr und einer direkten Bedrohung "nach vorne"!
Unnötige Aggressivität gehört nicht zu seinen typischen Eigenschaften.

Kapitel 16 - Hüte-Hund vs. Schutz-Hund

Immer wieder taucht in Bardino-Kreisen und bei entsprechenden Haltern eines Streifenhörnchen die große Frage auf, was dieser Hund nun tatsächlich ist?!
Eigentlich eine sehr schwierige Frage und eine einseitige Antwort ist nicht wirklich möglich! Denn gerade das "Hüten" ist bei Rassen wie dem Bardino unweigerlich mit dem "Schützen" verbunden!
Der ganz normale / natürliche Lebensraum und damit verbunden die direkte Aufgabe dieser gestreiften Hunde spricht eine klare Sprache.
Über Jahrzehnte wurden beide Faktoren in der Zucht immer weiter ausgeprägt und verfeinert, zumal der typische Bardino in der Regel selbständig und vor allem "alleine" seine Aufgaben bei den Herden in den spanischen Bergen seiner Heimat ausüben soll!

Der typische Bardino agiert in seinen Aufgaben in beiden Bereichen selbständig und abseits des Menschen. Ein Bardino arbeitet nicht wie viele andere Hunde-Rassen "unterstützend" mit dem Menschen zusammen, wie beispielsweise ein typischer und entsprechend konditionierter "Border-Collie" & Co.
Ein Bardino stellt da wohl eine ganz andere Liga der Hütehunde dar!
Seine "Herde" und sein "Handeln" unterliegt ausschließlich seiner eigenen und damit persönlichen Verantwortung.

Das heißt im Detail, dass er diese ihm anvertraute Herde in jeder Hinsicht nicht nur zusammenhalten / hüten muss, sondern im Bedarfsfall und bei entsprechender Gefahr oder einer Bedrohung uneingeschränkt gegen "alles und jeden" schützen muss!
Dies ist seine Bestimmung als Hund in seinem natürlichen Lebensraum und seiner angestammten Heimat. Genau zu diesen Zwecken wurde er über Jahrzehnte gezüchtet und als Rasse perfektioniert.

Mal ganz am Rande und unter uns!
Wer hat schon wirklich Angst vor einem ganz normalen Border-Collie in Ausübung seiner typischen Aufgaben, wenn man ihn beispielsweise bei einer Wanderung entlang einer Schafsherde antrifft oder ihm bei der Ausübung seiner Aufgaben gar in die Quere kommt?! Man erntet vielleicht einen kleinen "Beller" oder einen mittelprächtigen "Wuff", aber das war es dann auch schon!

Im Fall Bardino ist dies schon eine ganz andere "Begegnung" / Geschichte und vor allem eine wirklich andere Hunde-Liga, der man in gleicher Situation "unterwegs" begegnet. Ein Bardino lässt absolut keinen Zweifel offen oder im Raum stehen, wenn man sich seiner Herde zu sehr nähert und eine gewisse Grenze überschreitet.

Ähnlich wie bei einem Kangal werden Bardinos schon im frühen Welpen-Alter von ihrem Menschen / Halter extrem stark auf die Herde konditioniert,
geprägt und an ihre späteren Aufgaben gezielt herangeführt.
Zusätzlich nutzt man seinen angeborenen Schutz-Trieb aus und verstärkt diese Eigenschaft entsprechend. Abseits der normalen Hüte-Aufgaben dieser Hunderasse bevorzugen viele Spanier inzwischen den Bardino als reinen Schutz-Hund für die Familie, Hof, Grundstück und Haus! Zu diesem Zweck sucht man sich bei einem Züchter gleich den entsprechenden Welpen aus, der gewisse Eigenschaften, Selbstsicherheit und Mut stärker ausgeprägt zeigt als seine Wurf-Geschwister und möglichst der größte Welpe seines Wurfes ist.
In Spanien ist es im Zuchtbereich des Bardino ohnehin so, dass man in der Regel die kleineren Hunde eher für die Herden- und Hüte-Aufgaben nutzt und für die Schutzbereiche eher die möglichst größeren Tiere eines Wurfes auswählt!
Auf das Thema, wie man nun einem solchen Bardino die notwendige "Härte" oder die sogenannte "Schärfe" weiter ausprägt, konditioniert und trainiert,
möchte ich hier nun nicht wirklich näher im Detail eingehen.
Dieses Thema und Stück spanische Mentalität zeigt eine teils sehr grausame, brutale, leidvolle und nicht gerade schöne Seite der spanischen Bardino-Welt und im Umgang mit diesen wundervollen Hunden!

Vor allem aber, wie man mit diesen gestreiften Geschöpfen tatsächlich dort in ihrer eigentlichen Heimat und in der Realität umgeht! Im Handel (auf Messen & Märkten) von Bardinos trennt man die für den Verkauf in Frage kommenden Hunde immer sofort nach besonders geeigneten "Hüte-Hunden" und dem entsprechend auch die geeigneten Schutz-Hunde voneinander!

Ein wahres Bild und Einblicke von der Bardino Zucht, Verkauf und den Handel mit diesen Hunden erhält man auf den spanischen Inseln sehr gut auf verschiedenen "Messen" und Ausstellungen im landwirtschaftlichen Bereich.

So werden beispielsweise jedes Jahr auf der größten Messe der Inseln wie der "Exposición Monográfica FEAGA" (natürlich auch andere Veranstaltungen, Märkte usw.) dort Bardinos nicht nur gezeigt, sondern dem Interessenten oder Käufer vorgeführt und entsprechend angeboten.

Ehrlich gesagt gleichen diese "Tier-" und "Hunde-Märkte" auf diesen Messen und Veranstaltungen eher einem echten und sehr leidvollen Trauerspiel!

Besonders dann, wenn ein Bardino von seinem neuen Halter, Käufer, Interessenten (hinter dem Zelt und abseits der Zuschauer-Menge / Öffentlichkeit) geprüft und regelrecht "getestet" wird. Was gewünschte "Härte" und "Schärfe" angeht, wird ein Hund nicht selten auf übelste Art und Weise mit Gegenständen regelrecht verprügelt, bis er eine gewünschte Reaktion, Verhalten und eine geforderte Aggressivität zeigt. Wirklich kein schöner Anblick für einen normalen und verantwortungsvollen Hundehalter! Manche Details dieser teils grausamen, leidvollen und traurigen Seite der spanischen Realität und Teil dieser Hunde-Welt möchte ich hier in diesem Buch dem Leser wirklich ersparen!

Die Fakten, Details, Tatsachen und Darstellungen hier in diesem Kapitel sind keine Mutmaßungen oder frei erfundene Erzählungen!

Wie es auf diesen "Märkten" und Veranstaltungen wirklich zugeht, insbesondere wie Bardinos vor einem Kauf vom Züchter vorgeführt, durch den Interessenten geprüft und getestet werden, konnte ich mir selbst mehrfach leider auch sehr eindrucksvoll anhand von Bild- und Film-Material anschauen und mir entsprechend mehr als nur einen gewissen Eindruck verschaffen!

Ein sehr guter Freund von mir ist schon öfters bei diesen Veranstaltungen vor Ort gewesen (er ist beruflich sehr häufig in Spanien und auf den "Inseln") und hat sich bei diesen Gelegenheiten von der bitteren Realität des spanischen Hundehandel "live" und in Farbe von der Wahrheit und den fast unglaublichen Missständen hinter den Kulissen überzeugen können.
Hinzu kommt die Tatsache, dass er den ein oder anderen Züchter persönlich kennt und so auch immer wieder gewisse "Insider"-Informationen, Tipps und Einblicke in diese gestreifte Hunde-Szene / Bardino-Welt erhält.

Offen eingestanden muss man natürlich anmerken und für manche Menschen wirklich eine Lanze brechen, dass es unter ihnen natürlich wie überall auf der Welt "Solche" und "Solche" Menschen gibt!
Nicht alle Züchter und Hunde-Vermehrer sind pauschal betrachtet echte / fragwürdige "Unmenschen" und quälen oder misshandeln ihre Hunde / Tiere!

Es gibt auch wirklich die "Anderen", denen es abseits der kommerziellen Zucht-Absichten durchaus um den echten Erhalt dieser ganz besonderen und einzigartigen Hunde-Rasse geht. Menschen wie du und ich, die ihre gestreiften Hunde genau so lieben, hegen und pflegen wie wir. Die nicht nur in ihren gestreiften Fellnasen einen gewöhnlichen Arbeitshund, einen Schutzhund für Haus und Hof, oder in ihrer ursprünglich angedachten Aufgabe als "Hüter ihrer Herden" sehen,
sondern in einem Bardino einen wahren Freund und treuen Begleiter!

Kapitel 17 - Familie, Hunde-Haltung und andere Katastrophen

Was gibt es ~~Schöneres~~ Verrückteres als den ganz "normalen" Wahnsinn eines echten Bardino-Alltag und dessen Geschichten?!
Auch immer wieder die sehr interessante Frage:
"Ist der Bardino der ideale Familien-Hund?"
Grundsätzlich würde ich behaupten "ja"!
Selbst wenn diese gestreiften Vertreter ihrer vierbeinigen Zunft uns Menschen eigentlich in ihrem persönlichen Alltag nicht brauchen, abseits der Tatsache die Futterdose zu öffnen und die Näpfe zu füllen, ist er dennoch ein wirklich toller und sehr angenehmer Familien-Hund. In seiner Haltung ist der Bardino sehr genügsam und ein relativ ruhiger / stiller Hund. Kein unnötiger Terror, nicht aufdringlich und er muss nicht rund um die Uhr bespaßt werden. Auch zerlegt er nicht unbedingt vor lauter Langeweile oder Unterforderung die neue Inneneinrichtung seines Zuhause.
Offen eingestanden; es gab auch immer wieder Berichte anderer Bardino-Halter, wo ein scheinbar gnadenlos unterfordertes Streifenhörnchen ganze Tür- und Fenster-Rahmen zerlegte, seine Floh-Kiste komplett zerpflückte und ganze Autos ruinierte!
Natürlich stellt man sich bei all diesen Geschichten zwangsläufig die Frage:
"Was ist da jetzt wirklich schief gelaufen?"

- ➢ War das Problem tatsächlich mangelnde Beschäftigung?

- ➢ Vielleicht "Verlassens-Ängste" oder Panik vor dem "allein sein"?

- Oder einfach nur die "unbekannte" Rasse, die im Bardino-Mix schlummert und ganz andere Anforderungen an seinen Halter stellt?

- Ein gewisser "Aufmerksamkeits"-Wahn des Hundes?

- Ist er immer noch der "Chef im Haus" und setzt so klare Akzente und Ansagen an seinen Menschen?

- Ist der Fehler vielleicht nur beim Menschen zu suchen und seinen eigenen Halter-Mankos?

- Sind es Erziehungsfehler, die jetzt Schuld an seinem negativen Verhalten sind?

Pauschal betrachtet ist es sehr schwierig, da jetzt die ultimative Top-Antwort zu geben! In der Regel ist es immer eine Mischung aus vielen und durchaus unterschiedlichen Faktoren, die zu solchen Problemen führen können. Insbesondere bei Mixen ist es um so wichtiger, möglichst schnell herauszufinden, was da noch so alles an gewissen Eigenschaften und Besonderheiten anderer Hunde-Rassen in diesem Fell schlummern!

Auf der anderen Seite will ich jetzt ehrlich gesagt auch nicht zu sehr ins Detail der Erziehung gehen und auch nicht die möglichen Fehler analysieren.
Nicht über verschiedene Maßnahmen fachsimpeln und genauso wenig mögliche "Problem-Lösungen" vertiefen, was im Übrigen hier im Buch gewaltig den Rahmen sprengen würde. Letztendlich ist es doch so, dass so ziemlich jeder Hunde-Halter (auch angehende) inzwischen mindestens 147 Tele-Watching-Kurse zu diesen Themen und Brennpunkten von irgend einem x-beliebigen Hunde-Flüsterer absolviert hat!

Zusätzlich hat man mindestens 28 Fachbücher gelesen, so ziemlich alle regionalen Trainer im Laufe der Zeit verschlissen und man wartet aktuell auf das psychologische Gutachten Nr. 12 seiner Fellnase, um die absolut entscheidenden Maßnahmen einzuleiten. Hinzu kommen mindestens noch all die eigenen und persönlichen Zuschauer-Erfahrungen aus geschätzten 3789 TV-Folgen unseres allzeit geschätzten Kuschelhund-Dompteurs, unzählige Einblicke in andere Familien und deren unglaublichen Hunde-Probleme, Schicksale und tiefste Abgründe!

So dass inzwischen nun wirklich jeder wissen müsste, wo "der Frosch die Locken hat?!" Oder schreibe ich jetzt gleich besser, wo "der Bardino seine Strähnen hat?!"
Was allerdings immer gewaltig unterschätzt wird, ist der Faktor "Hüte"-Hund in unseren gestreiften Fellnasen! Dies macht ihn auch in der Familie als Haus-Hund zu einer gewissen Herausforderung!
Erst einmal in seinem neuen Zuhause angekommen, unterscheidet sich ein Bardino schon gewaltig und in vielen Details zu typischen "Familien-Hunden" und den üblichen Verdächtigen aus der freundlichen Wedler-Liga der Schlapprador, Goldi-Red-Schniefer! Nicht zu vergessen die neuesten Trend-Hunde-Züchtungen, natürlich dem guten Ton entsprechend absolut "reinrassige MISCHLINGE" (man verzeihe mir den Wortwitz, aber ich kann es mir leider nicht verkneifen) und als idealen "Familien"-Hund gedacht.

Zu erhalten in den neusten Trend-Sorten:
Labra-Doodel, Snoodle, Puggle, Goldendoodle, Cockapoo, Malshi, Pomsky & Co.

Denn aktuell haben ganz klar Hunde-Rassen die Nase (sprichwörtlich) in der Gunst der modernen Halter vorne, die schwungvolle Rasse-Namen besitzen und möglichst so süß und nett sind, dass man sie in China in angesagten Spezialitäten-Restaurants auf jeder Süß-Speisen Karte finden würde! Sorry, kleiner gemeiner Scherz!
Natürlich sind selbst diese Hunde nicht zum Essen gedacht, sondern nur um die moderne und anhaltende Nachfrage trendiger Hunde-Halter zu bedienen.
Diese Hunde-Rassen werden oftmals auch als "Designer-Dogs" bezeichnet; oder sage ich besser vierbeinige "Designer-Drugs" für moderne Hunde-Süchtige?!

Jeder wie er mag.

Was wäre diese Welt ohne eine gewisse Vielfalt und wenn alle Menschen den gleichen Geschmack hätten?!

Wobei man schon so manche "Zucht-Idee" und dessen genetische Umsetzung mehr als nur in Frage (besonders gesundheitlich) stellen müsste!

Na ja, zurück zu echten Hunden und damit zurück zu unserem Kern-Thema dem Bardino. Im familiären Alltag ist der typische Bardino (wie schon an anderer Stelle im Buch angesprochen) eher ein sehr ruhiger und tiefenentspannter Hund.

Den größten Teil des Tages verschläft er einfach in seiner Floh-Kiste, bewegt sich nur so viel wie nötig und so wenig wie möglich!

Soweit der "Ideal-Fall" und die optimale Wunsch-Situation.

Denkst du aber nur!

Denn im nächsten Moment klingelt es an der Haustüre Groß-Alarm!

Der noch bis vor ein paar Mikro-Sekunden im vermeintlichen Tiefschlaf befindliche Bardino erwacht zum Leben.

Eigentlich ist es schon sehr geschönt, jetzt überhaupt von einem Bardino oder gar von einem Streifenhörnchen zu sprechen. In dieser Situation der absoluten "Bedrohung" (in zweibeiniger Alien-Ausführung, merkwürdig gelb gekleidet, nervös, ungeduldig wartend vor unserer Haustüre stehend) hat ein berühmter Horror-Schriftsteller solche Situationen passender in seinen Romanen beschrieben wie:

"Cujo" erwachte...oder...**"ES"** lebt!

Kein großes Gedöns oder Mega-Gebelle, wie es bei so manch anderen Hunde-Rassen zu erwarten wäre, sondern es folgt ein tiefes und Bardino typisches Grollen.
Anschließend begleitet der gestreifte Wächter sein Frauchen / Herrle zur Haustüre, geht ins Sitz und beobachtet höchst aufmerksam das komische gelbe Wesen vor der geöffneten Haustüre. Der gut erzogene Bardino geht natürlich nicht unnötig "nach vorne", ist aber als echter Hüte-Hund "allzeit bereit", um seine Herde, Zuhause, sein Revier kompromisslos und jederzeit zu schützen!

Anfassen von Fremden unmöglich und bestechen lässt er sich ebenfalls nicht. Selbst wenn viele Paket-Dienstleister in ihrem Alltag einiges gewöhnt sind und der ein oder andere sicherlich schon die nähere Bekanntschaft mit einem Wadenbeißer gemacht hat, ein Bardino typisches Grollen ist ein sehr spezielles Erlebnis, was mehr als nur Angst und Panik auslösen kann.

Anhand dieses Beispiels möchte ich aufzeigen, dass ein Bardino seine Aufgaben sehr ernst nimmt und mit ihm nicht wirklich zu spaßen ist! Also immer gut aufpassen und das Streifenhörnchen entsprechend trainieren / konditionieren.

Denn überlässt man ihnen zu viele eigene Entscheidungen und entsprechenden Handlungsspielraum (was tief in ihren genetischen Wurzeln gezüchtet und verankert wurde), kann es durchaus an der heimischen Haustüre deutlich zu "eng" werden!
Sie werden nicht nur hüten, sondern bedingungslos schützen!

Gleiches gilt für den heimischen Garten und alles was zu ihrem persönlichen Revier gehört. Ein Fremder, der sich ohne Einladung unerlaubt auf das Grundstück wagt, ohne Erlaubnis das Haus betritt, geht unweigerlich ein größeres Risiko ein.

Daher sollte man einen solchen gestreiften Wächter niemals unterschätzen, alleine agieren lassen und vor allem aber nicht in seiner angeborenen Selbständigkeit und seiner Eigenschaft sich selbst überlassen, Entscheidungen in der Regel selbst zu treffen. Ein durchaus gefährliches Unterfangen. Was bei seiner Art zu schützen extrem auffällig ist, er unterscheidet in seiner Reaktion deutlich, wen er priorisiert, effizient und nachhaltig schützen (anstatt "hüten") soll.

Wie bei vielen anderen Bardino-Haltern auch (anhand zahlreicher Gespräche und deren Berichte) ist uns immer wieder aufgefallen, dass unser Streifenhörnchen (wie deren Hunde auch) sehr genau unterscheidet, ob er nun Herrle oder Frauchen schützen muss, oder ob wir von einem zu schützenden Kind sprechen!

Hütet unser Streifenhörnchen sein Frauchen oder ein ihm anvertrautes Kind, ist er permanent auf Alarmstufe "dunkelrot" und nimmt seine Aufgabe extrem ernst.

Selbst wenn er nicht direkt "nach vorne" gehen würde oder aggressives Verhalten aufweist, wenn er von einem "Fremden" konfrontiert wird oder sich jemand unaufgefordert nähern würde, lässt er niemals seinem Gegenüber einen Hauch an Zweifel im Raum stehen. Dass er jederzeit könnte, wenn er wollte und dass der Fremde besser jederzeit einen gewissen Mindest-Abstand einhalten sollte!

Kommen Gäste / Besuch ins Haus (egal ob die Personen dem Hund schon bekannt oder etwas vertraut sind), bleibt er zwar grundsätzlich friedlich, lässt sich aber dennoch nicht anfassen, nicht locken oder zu sonstigen Handlungen hinreißen, die eine gewisse Nähe verlangen.
Pablo bleibt beispielsweise grundsätzlich immer auf Abstand, beobachtet und verliert niemals sein Rudel aus dem Auge. Komischerweise grenzen diese Streifenhörnchen ihr Revier auf den Zentimeter genau ab!
Wie diese Hunde das im Detail machen, wird wohl ihr großes Geheimnis bleiben?!

Ehrlich gesagt hätten wir für unseren Garten wohl niemals einen Zaun benötigt.
Für Pablo gibt es bei seinem Verhalten genau zwei Seiten des Garten.
Die eine vor dem Zaun, die andere auf der anderen Seite des Zauns.

Für manche Bardino-Halter mögen das vielleicht unerwünschte und durchaus schwierige Situationen sein, aber wir haben uns genau wegen solcher Rasse-Eigenschaften für einen Bardino entschieden.
Er soll im Zweifelsfall schützen, "hüten" und über sein anvertrautes Revier / Zuhause unbestechlich und zuverlässig wachen!
Für uns war sehr faszinierend an der Sache, dass wir diesen Hund in vielen Bereichen nicht einmal aufwendig trainieren und gezielt konditionieren mussten.
Dies hat allerdings nichts mit seiner Vergangenheit zu tun, denn er kannte so gut wie nichts als er hier bei uns ankam, und er verbrachte sein erstes Lebensjahr fast ausschließlich an einer Kette auf einer Fläche von unglaublichen zwei Quadratmetern!
Vieles brachte er einfach schon in sein neues Zuhause mit, und wir mussten lediglich verschiedene Attribute nur minimal verfeinern, ausbauen und gezielt etwas fördern.

Alleine wenn ich überlege, wie viel Zeit und Training ich schon bei anderen Hunden (diverser Rassen) investiert hatte, bis sie nur annähernd so ausgeprägte und erwünschte Handlungen vollzogen, ist ein Bardino schon eine ganz andere, außergewöhnliche und besondere Liga.
Vielleicht besitzt der Bardino neben seiner Selbständigkeit, manch typischen Attributen und angeborenen Eigenschaften usw. sogar eine andere Art von höherer Intelligenz, als manch andere Hunde / Rassen?!

Für mich persönlich nicht einfach nur der tollste Hund der Welt!
Sondern gleichzeitig die merkwürdigste, verrückteste und absolut sonderbarste Fellnase, die ich jemals an meiner Seite hatte.

Noch so eine wirklich schräge Nummer im häuslichen Alltag ist die Sache mit der "Kontrolle"! Bardinos sind in ihrem Zuhause / Revier echte Kontroll-Freaks.
Egal wo man ist, in welchem Zimmer man sich befindet oder wo man im Haus unterwegs ist, ein Bardino ist nie fern!
Er kontrolliert sein Rudel, insbesondere seine Bezugs-Person.
Für ihn ist es regelrecht ein Zwang, immer zu wissen, wo seine Leutchen sind und was sie gerade tun. Selbst wenn man mal eine "geschäftliche Sitzung" im Bad abhält, passiert es immer wieder einmal (nur weil man vergessen hatte die Türe zu schließen), dass plötzlich die Türe langsam und quietschend aufgestupst wird und eine gestreifte Nase in den Raum hineinragt.
Gefolgt von ein paar neugierigen Knopfaugen und einem fragenden Stirnrunzeln.
Sachen gibt es...

Was die Ordnungs-Liebe in der guten Stube angeht, tun sich noch ganz andere Abgründe auf, und ein Bardino ist in seiner Neugierde und seinem Kontroll-Wahn kaum zu toppen. Gerade eben kam wieder einmal so ein merkwürdiges Post-Paket, für das Herrle noch keine Zeit zum Auspacken hatte und es ins Wohnzimmer stellte. Kaum abgestellt, wird es von diesem Streifenhörnchen umzingelt, anschließend zur genaueren Untersuchung beschnuppert, angestupst und irgendwann als "ungefährlich" eingestuft. Dennoch stellt jetzt dieses merkwürdige Paket für den Bardino ein wirklich größeres Problem dar. Denn es gehört nicht mitten in den Raum und auf dem Fußboden einfach mal so von Herrle abgestellt!
Im nächsten Schritt fängt das Streifenhörnchen an mit Aufräumen.
Das Paket wird zunächst hin und her geschubst, immer wieder begutachtet, um es dann anschließend in den Hausflur zu entsorgen. Hauptsache raus aus dem direkten Sichtfeld des Hundes und es kann ja nun wirklich nicht sein, dass so ein Paket dem Hund die freie Sicht in den Raum (von seiner Floh-Kiste aus) versperrt!

In dieser gestreiften Welt ein echtes "No go"!

Eine andere Herausforderung ist der Wochenend-Putz im Zuhause.
Da wagt sich doch glatt dieser verrückte Zweibeiner, für seine Putz-Orgien die "Napf-Decke" seiner Fellnase ohne Erlaubnis, entsprechender Genehmigung und schriftlichen Antrag beim vierbeinigen "Nutzer" aufzurollen, nur damit er mit seinem Putzlappen barrierefrei die Bude reinigen kann.
Ein echter Skandal im Alltag eines echten Streifenhörnchen! Kaum ist die familiäre Putzkolonne verschwunden, folgt von diesem Streifenhörnchen die notwendige Aufräum-Aktion! Hechtsprung aus der Floh-Kiste, Napf-Matte erobert und sofort wird diese mit den Pfoten wieder ordentlich ausgerollt.
Noch schnell die Näpfe richtig positioniert und zurecht geschoben...fertig.
Schnell zurück in die Floh-Kiste und Bardino typisch so tun, als wäre nichts geschehen.
Frei nach dem Bardino-Motto:

"Ich war es nicht!"

Schuhe und Haus-Schlappen, die mal wieder unordentlich in der Gegen rum stehen, ergeht es auch nicht so viel besser. Diese werden entweder nachhaltig sofort entsorgt oder verschwinden plötzlich in einem sehr merkwürdigen und sogenannten "schwarzen Loch" dieses Hunde-Universum.
Verstehe mal jemand diese verrückten und gestreiften Hunde?!

Fakt und vorläufiges Fazit;
ich hatte noch nie einen Hund in all den Jahren der Hunde-Haltung an meiner Seite, der so extrem Ordnung liebend war / ist und diesen Kontroll-Wahn regelrecht auslebte! Es gibt noch viele andere verrückte Dinge, von denen man berichten könnte, die dieser Hund so in seinem Zuhause anstellt oder schon praktiziert hat.
Aber kaputt gemacht oder zerstört hat er bis heute absolut nichts!
Ganz im Gegenteil.
In vielen Dingen seines merkwürdigen Verhaltens in bestimmten Situationen sehen wir sogar Vorteile, letztendlich führt es auch immer wieder zu einem amüsierten Lächeln und Schmunzeln in unseren Gesichtern.

Alles in allem schon irgendwie ungewöhnlich, denn in ihrer spanischen Heimat werden diese Streifenhörnchen in der Regel nicht im Haus gehalten, und ehrlich gesagt kennen sie solche Situationen nicht wirklich aus ihrem Vorleben.

Auch wurden all diese Merkwürdigkeiten von uns weder in seinem neuen Zuhause antrainiert, noch der Hund für solche lustigen Zirkus-Nummern entsprechend konditioniert. Grundsätzlich aber bin ich auch der Meinung, dies alles muss nicht unbedingt typisch für einen gestreiften Bardino sein!

Wie sagt unser Frauchen immer schmunzelnd und so treffend:

"Jetzt habe ich zwei Verrückte und Chaoten in meinem Haushalt und an meiner Seite!"

Kapitel 18 - Die Sache mit den Zwergen

Gerade das Thema "Kind & Hund" ist leider auch so ein gewisses Tabu heutzutage!
Entweder wird erst gar nicht darüber offen gesprochen, oder man erntet sofort all die bösen Blicke dieser Super-Muttis heutzutage, wenn man als verantwortungsbewusster Bardino-Halter grundsätzlich keine kleinen Kinder an den Hund heran lässt!
Erst recht nicht, wenn sie hektisch wild in der Gegend rumfuchtelnd auf die Fellnase zugelaufen kommen, um ihn dann auf den Kopf zu tätscheln!
Hallo...geht es noch?!

Bevor wir uns jetzt falsch verstehen, ich bin persönlich weder ein Kinder-Hasser, noch ein Menschen-Feind! Dennoch habe ich einen Hund, der weder (wie viele andere Vertreter seiner Gattung) mit Vornamen "tut nix" oder "macht nix" heißt,
noch hektische und plötzliche Berührungen fremder Menschen mag!
Da spielt es auch keine Rolle, wie groß oder halt klein sein Gegenüber ist.
Wir sprechen hier auch von Verantwortung! Ich als Halter eines Hundes anderen gegenüber, aber auch von anderen Menschen uns gegenüber.
Nur scheint dieser Gedanke noch nicht überall angekommen zu sein?!
Manche Zeitgenossen haben scheinbar (sprichwörtlich) " den Schuss noch nicht gehört" oder verkennen gnadenlos die möglichen Gefahren.
Ein Hund ist grundsätzlich kein Monster!
Aber er ist auch ein lebendiges "Tier", was in einem gewissen Rahmen immer (!) ein kleines Stück unberechenbar sein und bleiben wird!
Selbst wenn da all die ganzen Hunde-Flüsterer, fragwürdigen Trainer und Hunde-Welt-Verbesserer ständig etwas anderes behaupten. Wie vermessen ist es eigentlich,
bei Begegnungen jeden fremden Hund pauschal als harmlos zu werten oder gar richtig einschätzen zu können?

Nicht jeder Hund mag Kinder, genau so wenig lässt sich jeder Hund Rute wedelnd gerne begrabschen! Was soll eigentlich dieser Irrglaube mancher Menschen?
Aber oh weh der Hund sieht plötzlich eine Gefahr oder Bedrohung in seinem Gegenüber, kommt seiner ganz normalen Aufgabe nach (wir erinnern uns; wir sprechen hier immer noch von einem "Hüte-Hund", der im Zweifelsfall sehr massiv "schützen wird!), will lediglich sein Herrle oder Frauchen schützen?!

Würde er nicht nur beeindruckend grollen, sondern würde er dann mal richtig zuschnappen...holla die Waldfee, dann ist aber das Geschrei, Gezeter und der folgende Gedöns verdammt groß!
Wenn dann wirklich mal was passiert, nur weil sich mal wieder niemand an gewisse Spielregeln gehalten hat, sich nicht seiner Verantwortung anderen gegenüber bewusst ist. In der vollendeten Endzeit-Katastrophe ist ohne Wenn und Aber immer der Hund der Dumme! Natürlich wird dann nicht mehr von dem süßen hübschen Streifenhörnchen gesprochen, sondern von dem bösartigen und nicht sozialisierten Terror-Beißer, der grundsätzlich alles und jeden grundlos anfällt!

Vor allem aber auch, weil ja solche Hunde aus Heimen und Tötungsstationen ohnehin alle einen psychologischen Schaden haben, eine schlechte und negativ prägende Vergangenheit besitzen. Na danke für das Gespräch, da freut sich doch sofort jeder Hunde-Halter über seine netten und rücksichtsvollen Mitmenschen!
Drehen wir den Spieß doch einfach mal um und sprechen von der wahren Realität und den echten Begegnungen / netten Gegenüber.

Was kann unser Hund denn dafür, wenn er von solchen unerzogenen Terror-Zwergen ständig belästigt, genötigt und angegrabscht wird?!

Wer schützt ihn eigentlich vor solchen Bedrohungen, Übergriffen und Gefahren?
In der heutigen Zeit stellt doch das gut erzogene und rücksichtsvolle "Kind" doch eher die Ausnahme dar.

Die Masse (die einem heutzutage leider begegnet) dieser Alptraum-Zwerge sieht doch tatsächlich so aus, dass die entscheidende "Sozialisierung" in der wichtigsten Phase des Lebens voll in die Hose gegangen ist. Rechtfertigend heißt es dann:

- Die Erziehungs-Pädagogen in der 24-Stunden Kita haben gravierende Fehler gemacht...

- Die Super-Nanny hat gnadenlos versagt...

- Der Schulbus ist viel zu oft vor der eigenen Haustüre ohne zu halten "vorbei" gefahren...

- Die "stille Treppe" konnte wegen Baumängel am neuen Häuschen nicht genutzt werden...

- Der Psychologe hat trotz regelmäßigen Terminen nichts gebracht...

- Die Eltern waren in der wichtigen Prägungs-Phase nie zu Hause...

Wenn später betrachtet nichts mehr zu retten war und dieser Knirps irgendwann vor dem Onkel Richter steht wegen all seinem Terror, heißt es dann als Entschuldigung "nicht schuldig" euer Ehren..."er hatte eine schwere Kindheit"!

Das sind dann genau die Momente im Leben eines rücksichtsvollen und verantwortungsbewussten Hunde-Halter, wo ich mir oftmals für solche Kinder (wie für unsere "unberechenbaren" Streifenhörnchen auch) in "geschlossenen Ortschaften", öffentlichen Wanderwegen usw. eine einheitliche und pauschal Bundesland übergreifende "Leinen-Pflicht" für "Kinder-Halter" wünsche!

Bevor nun die ersten "Eltern" und Super-Muttis / Krawall-Papis mit den Hufen scharren oder kurz vor einer Schnappatmung stehen?!
Es liegt mir wirklich fern, euch zu verärgern und unnötig zu frotzeln!
Ich würde euch an dieser Stelle nur sehr gerne bitten, einfach mal über die letzten Zeilen ernsthaft nachzudenken.
Diese Dinge und die damit verbundene Problematik mal ganz einfach aus der Sicht eines verantwortungsbewussten Hunde-Halter zu betrachten!
Mir liegt ausschließlich etwas daran, euch im Namen der Hunde-Halter und deren Hunde insbesondere als "Eltern" von Kindern an eure persönliche Verantwortung und Rücksicht "anderen" gegenüber zu erinnern!

Hunde sind wirklich kein "Kinder-Spielzeug"!

(Natürlich auch kein Weihnachts- oder Geburtstags-Geschenk!)

Man kann nicht oft genug in Hinsicht gewisser Gefahren und Risiken appellieren:

- ➢ Bevor klein Michelle-Sofia-Chantalle das nächste Mal klingelnd und mit Vollgas rasend auf ihrem rosa Kinder-Rädchen achtlos, zielstrebig und sehr bedenklich auf den Hund zusteuert!

- ➢ Der kleine (angehender Fußball-Star der Dorfstraßen-Champions-League) Linus-Heinz-Alexander in seinem Fußball-Wahn den nächsten Elfmeter und Freistoß auf den Hund ansetzt!

- ➢ Ein absolut unschuldiger Hund versehentlich auf seiner täglichen Gassi-Runde plötzlich zum Monster-Opfer einer modernen und neuzeitlichen "Pokemon"-Treibjagd wird!

- Ein (noch) ahnungsloser friedliebender Hund kein lebendiger Endzeit-Gegner der neuesten "Trouble-Shooter"-Version ist, nur weil Heino-Karl-Dieter mal wieder aus erzieherischen Maßnahmen ein "Play-Station"-Verbot erteilt bekommen hat und nun Wut schnaubend auf seinem persönlichen Rache-Feldzug befindlich mit seiner Kinder-"Pump-Gun" um die Dorf-Ecken und durch die Orts-Gassen zieht!

- Theodor-Karl-Heinrich auf seiner neuesten "Expedition ins Tierreich" unbedingt wissenschaftlich ergründen muss, was nun passiert, wenn man einen Hund mit Steinen oder Gegenständen bewirft?!

- Herold-Hans-Peter mal wieder aus der Hecke springt und schreiend auf den Hund zusteuert, um diesen bestmöglich und nachhaltig zu erschrecken!

- Es gibt noch zahlreiche andere Beispiele, um unnötige Gefahren und Situationen zu beschreiben! Dies möchte ich jetzt aber nicht weiter vertiefen.

    *Abgesehen von zwei sehr wichtigen Dingen / Situationen, auf die ich gleich noch entsprechend eingehen werde.

Ach ja, bevor ich es noch vergesse!
Ich habe bewusst in den aufgeführten Beispielen "trendige" Neuzeit-Namen ausgewählt, da ich ja schließlich in den Buchzeilen gerne die "moderne" Gesellschaft spiegeln und real darstellen möchte! Wenn ich jetzt in meinen Zeilen jemanden wegen der Namensgebung persönlich getroffen oder gar persönlich beleidigt haben sollte, tut mir dies natürlich sehr Leid und war so nicht wirklich beabsichtigt! An der Stelle schon mal vorab meine ehrlich gemeinte und aufrichtige Entschuldigung!

Wichtiger Hinweis an dieser Stelle:
Bitte ärgert euch nicht immer so, wenn euer zweibeiniger Zwerg mal wieder auf der extra ausgewiesenen "Hundewiese" in duftende Hunde-Pyramide patscht! Schließlich nehmen auch wir Hunde-Halter Rücksicht auf euch, denn wir dürfen den extra für euch ausgewiesenen und entsprechend ausgeschilderten "Kinder-Spielplatz" auch nicht betreten. Eigentlich wollte ich ja auf diese "Hund vs. Kind" Geschichten überhaupt nicht in diesem Buch eingehen, zumal es ja leider ein sehr strittiges Thema darstellt und zu massiven Streitigkeiten und Unverständnis zwischen beiden Halter-Parteien animiert und führen kann. Natürlich auch, um mich nicht selbst als verantwortlicher Verfasser dieses Buches in ein schlechtes Licht zu rücken,
nur weil ich es wage, diese ernsthafte Problematik der heutigen Hunde-Welt und aus Sicht eines betroffenen Hunde-Halter offen anzusprechen.

Also zurück zum Kernthema dieses Buches, dem Bardino, seinem Schicksal und seiner Vermittlung als (angeblicher) idealer "Familien-Hund" in eine Familie mit Kindern.
Im Prinzip wollte ich anfangs nur kurz darauf hinweisen, dass diese ganze Alltags-Problematik "Kind / Hund" auch ein sehr großes und viel diskutiertes Thema bei der Bardino- (Hunde-) Vermittlung darstellt! Denn es stellt sich immer wieder die wichtige Frage oder steht offen im Raum, ob es wirklich sinnvoll ist, einen Bardino aus dem Tierschutz in eine Familie mit "kleinen" Kindern zu vermitteln?!

Nicht nur eine wirklich sehr schwierige Frage, sondern eine entsprechende Entscheidung ist nicht immer einfach zu finden!
Es spielen zu viele Faktoren eine gewichtige Rolle und man kann dieses Thema einfach nicht pauschalieren. Es geht nicht darum, hier alle Kinder pauschal als typische Sandkasten-Terroristen abzustempeln, denn es gibt auch Zwerge, die deutlich besser und verantwortungsbewusster mit Hunden umgehen, als so mancher Erwachsene es jemals könnte! Auch haben Kinder oftmals einen viel besser und intensiveren "Draht" zum vierbeinigen Gegenüber!

Leider ist es in der heutigen Hunde-Gesellschaft so, dass viel zu häufig und an vielen diversen Stellen in der Öffentlichkeit ein "Hüte-Hund" (in unserem Fall der Bardino) als idealer "Familien-Hund" dargestellt und auch so beschrieben wird!
Diese Fehleinschätzungen können durchaus sehr fatale Folgen und gewisse Probleme verursachen!
Mir liegt es natürlich fern, jetzt den Bardino als gefährlichen Hund darzustellen, sondern ich möchte nur anhand einiger realer Beispiele aufzeigen, von welchen Hunden, möglichen Gefahren, Risiken, nötiger Verantwortung usw. wir hier eigentlich sprechen! Denn die Realität spricht eine (oftmals verschwiegene Schattenseite) klare Sprache, gerade wenn man all die Geschichten / Erfahrungen vieler Bardino- (andere Halter von diversen "Hüte"-Hund-Rassen-) Halter hört, zu welchen Missständen es in einer Hunde-Vermittlung kommen kann und wie oft Hunde persönlich und gnadenlos falsch deklariert, beschrieben und irreführend eingeschätzt werden!
Insbesondere deswegen, weil viel zu viele unwissende Menschen leider nur einen hübschen gestreiften Hund im Bardino sehen, aber nicht was sich eigentlich im Wort "Hüte-Hund" und damit seine speziellen Eigenschaften, Eigenheiten verbergen kann!

Bevor jetzt die ersten unken werden...ganz nach dem Motto:
"Der Bardino ist doch kein Listen-Hund?!"
All denen sei (nachweislich) gesagt, dass gerade auch Hunde-Rassen aus diesem nach wie vor nicht nachvollziehbaren "Listen"-Wahn ideale Familien-Hunde sein können!
Es kommt wie so oft schon in diesem Buch genau darauf an, dass der "richtige Hund" seinen Weg zu den "passenden Menschen" findet!
Diese Tatsache hat nichts im Geringsten damit zu tun, von welcher Rasse wir nun überhaupt sprechen!
Im Fall Bardino gibt es einige Beispiele, die man bei der Suche nach dem idealen "Familien-Hund" berücksichtigen sollte:

> In der Regel kommt ein Bardino in unseren heimischen Breitengraden aus dem Tierschutz, Heimen und einer Hunde-Vermittlung.

Ob nun der Hund als solches richtig, treffend und verantwortungsvoll bei seiner Vermittlung beschrieben wurde, setzt immer eine sehr gute Hunde-Kenntnis voraus, man kennt den Hund persönlich und es zählen nicht zuletzt die Erfahrungen eines guten und seriösen Vermittler!
Alles andere gleicht eher einem echten Glücksspiel und kann schon im Ansatz zu gewissen Problemen führen!

- Nur weil ein typischer "Hüte-Hund" seine "Herde" schützt und hütet, eher ein souveräner, ruhiger und ausgeglichener Hund ist, heißt dies noch lange nicht, dass er dieser Aufgabe 1:1 in einer Familie umsetzen wird!
  Gerade in Hinsicht seiner an gezüchteten "Selbständigkeit" als Hund sollte man grundsätzlich immer berücksichtigen, dass er vieles immer wieder aufs Neue in seinem "Familien"-Alltag "in Frage" stellen wird. Er ist es gewohnt, seine eigenen Entscheidungen selbständig zu treffen, und es wird für uns in der Familie nicht selten ein langer und steiniger Weg werden, ihn entsprechend anzupassen, zu erziehen und entsprechend zu trainieren.

- Das Kind selbst stellt allerdings das größte Risiko dar.
  Gerade im Kleinkind-Alter neigen sie zu unkontrollierten Bewegungen, zuppeln ständig am Hund rum, schlagen ganz unbeabsichtigt zu usw., wo ein Hund sich nicht nur erschrecken kann, sondern vor lauter Schreck auch mal schnappen kann!
  Nicht jeder Hund ist ein typischer Kuschelhund, der alles grenzenlos einsteckt und sich niemals zur Wehr setzen würde!
  Besonders bei einem Bardino ist da größte Vorsicht geboten, da ein typischer Bardino nicht gerade darin glänzt, dass er sich von jedem ständig anfassen, begrabschen und nötigen lassen möchte.
  Abgesehen davon sollte ein Kleinkind ohnehin niemals mit einem Hund alleine und unbeaufsichtigt bleiben!

Leider wird diese Verantwortung allen Beteiligten gegenüber nicht wirklich ausreichend ernst genommen.
Es kommt leider (von der Hunde-Rasse unabhängig) aus dieser Unachtsamkeit immer wieder viel zu oft zu gewissen Zwischenfällen, Unfällen und absolut unnötigen Beiß-Vorfällen.

➢ Ein weiteres Problem stellt auch die Hunde-Vermittlung selbst als solches dar! Viel zu häufig werden die "schwierigsten", extrem traumatisierten und leider auch manchmal aggressiven Hunde (zum Beispiel die sogenannten "Angst-Beißer") als echte Schmusebacke, idealen "Anfänger"- und "Familien"-Hund angepriesen! Entsprechend falsch beschrieben und ihre tatsächlichen Charaktere-Züge bewusst geschönt oder einfach verschwiegen, nur um sie möglichst schnell in eine entsprechende Endstelle zu vermitteln!

➢ So unglaublich es sich jetzt anhört, immer wieder bekommt man Vermittlungs-Geschichten von Insidern zugetragen, wo wirklich unseriöse Vereine, Organisationen und Vermittler selbst verbotene und für ihre Schärfe und Aggressivität bekannte Hunde-Rassen als Bardino deklariert werden,
nur um sie vermitteln und damit hier in unser Land trotz entsprechender Verbote einführen zu können!
Ein wirklich unhaltbarer Zustand, aber genau das ist auch ein trauriges Stück grausame und rücksichtslose Realität dieser Hunde- und Tierschutz-Welt.
 Dies sind leider keine Märchenstunden und frei erfundene schaurige "Gute-Nacht" Geschichten, sondern echte und reale Tatsachen!
An der Stelle kann ich mich nur zu gut mit Gesprächen unter Insidern erinnern, wo so ein angeblich total netter und verschmuster Kuschel-Hund in eine junge Familie mit zwei kleinen Kindern nach erfolgreicher Vermittlung übergeben werden sollte.

Am Tage der Übergabe auf dem Zielflughafen wurde der Hund aus seiner Box gelassen und biss sofort mehrmals die Vermittlerin! Anhand ihrer schweren Verletzungen musste die Vermittlerin zur sofortigen Notfall-Behandlung und für einen längeren Aufenthalt in die Klinik eingeliefert werden.

Nicht auszudenken, was da alles den kleinen Kindern (natürlich auch den erwachsenen Familien-Mitgliedern) in ihrem Zuhause hätte passieren können! Das alles nur, weil rücksichtslose Menschen auf sehr fragwürdige Art Hunde vermitteln, abseits jeglicher eigenen Verantwortung, eigenes Bewusstsein darüber, was sie da eigentlich tun und wie sie durch ihr verantwortungsloses Verhalten andere Menschen massiv gefährden!

An dieser Stelle ein ganz klares und sehr lautes: "Aus!"... "Pfui!"

Wenn ich selbst mal wieder in Sachen "Vorkontrolle" oder im Auftrag einer Vermittlung unterwegs bin, bin ich grundsätzlich bei der "Kinder im Haushalt" Frage nicht nur sehr skeptisch, sondern ziehe sogar eine gewisse Grenze, wenn es um das Alter der Kinder in der Familie geht! Selbst wenn viele Menschen meine persönliche Einstellung (Erfahrung) nicht teilen oder gar als extrem negativ kritisieren, möchte ich persönlich solche möglichen Vorfälle niemals verantworten müssen!

Was soll ich anschließend Betroffenen oder den "Eltern" als Entschuldigung sagen? Etwa solche Dinge wie:

- "Sorry, ich habe mich leicht bei der Beschreibung des Hundes geirrt?!"

- "Ups, leider echt dumm gelaufen! Wer hätte das alles vorher wissen können?!"

Vielleicht doch besser gleich zur Standard-Ausrede zurückgreifen:

- "Entschuldigung, was haben sie falsch gemacht und getan?"

- "Am Hund kann es ja wohl absolut nicht gelegen haben, denn er heißt ja schließlich mit Vornamen "Tut nix"..."Macht nix"... "Das hat er ja noch nie gemacht"...!"

Mal ernsthaft; wie vermessen, selbstgefällig und arrogant ist es denn, einen Hund, den man vielleicht nicht einmal persönlich kennt, selbst nur seine Beschreibung in Tierschutz-Kreisen gelesen hat, sich auf Aussagen andere Personen (mit mehr oder weniger Hunde-Kenntnissen und ausreichender Erfahrung) verlassen soll / muss, wenn man mit dem neuen und unbekannten Hundchen zwecks Vermittlung oder Übergabe vor der neuen Familie steht?!?

Gerne stelle ich auch hier die ernst gemeinte Frage in den Raum, wer maßt sich denn wirklich an, ein lebendiges Tier mit eigenem Charaktere, vielleicht mit einer gewissen Vergangenheit, mit mehr oder weniger ausgeprägten typischen Rasse-Eigenschaften in kürzester Zeit 100% richtig und treffend einschätzen, beschreiben und empfehlen zu können! Dabei sprechen wir noch nicht einmal im geringsten Ansatz von dem Schwierigkeitsgrad, wenn wir von diversen Mixen sprechen, wo noch ganz andere Rasse-Eigenschaften (positiv wie negativ zu betrachten) mit ins Spiel kommen!

Es gibt natürlich auch die berühmte andere Seite des "Garten-Zaunes"...
...passender ausgedrückt: "Die Ausnahmen bestätigen die Regel."
Vielleicht genau die Familie, wo einfach nur der richtige Hund zu den wirklich passenden Menschen gekommen ist. Richtig tolle Kinder im Umgang mit Hunden und ein wünschenswert beeindruckender Alltag zwischen Mensch und Hund!
Ob nun bei all diesen Überlegungen ein Welpe von vorneherein die bessere Wahl wäre, oder doch der gut "gebrauchte" und erwachsene Hund, sei mal so dahingestellt.

Letztendlich muss diese Frage wohl jeder selbst für sich entscheiden und verantworten. Fakt ist, es gibt keine pauschale und ultimativ "ideale" Antwort auf all diese Fragen und aufgeführten Argumente!
Da eine standardisierte Top-Antwort zu geben, würde der Aussage gleich kommen, dass man endlich nach langer Suche den "heiligen Gral" gefunden hätte!

Mir persönlich geht es hier in keinerlei Weise in meinen geschrieben Zeilen darum, mit dem Finger auf bestimmte Menschen zu zeigen, sie persönlich vielleicht zu beleidigen oder bestimmte Dinge generell an den Pranger des Lebens zu stellen!
Es geht lediglich darum, den ein oder anderen Menschen dahingehend zu provozieren, einfach mal den eigenen Kopf anzuschalten, um über gewisse Dinge nachzudenken, endlich mal selbst eine Verantwortung zu übernehmen, anstatt sich immer nur auf andere zu verlassen und zu berufen.
Sich damit nicht nur einen kurzweiligen Einblick in die Realität und der Wahrheit dieser Hunde-Welt bewusst zu vermitteln, sondern sich in erster Linie einen ehrlichen Überblick in der großen Welt der Streifenhörnchen verschaffen zu können.

Anderen Menschen wiederum möchte ich einfach nur die Augen etwas weiter öffnen, über Wahrheiten zum Thema Bardino / Hund informieren, Anregungen geben, um selbst vieles mehr gezielt und kritisch zu hinterfragen.
Natürlich auch für sie auf ihrem eigenen Weg mehr zu sensibilisieren...
...auf der Suche nach ihrem persönlichen "Wunsch-Hund".

Strittiges Thema hin oder her!
Sich vielleicht mal wieder zum Deppen der Hunde-Nation zu machen?!
Eigentlich sowas von egal, denn ausgerechnet dieses relativ heikle Thema hier ist ein sehr wichtiger Beitrag zum Thema Tierschutz!
Warum werdet ihr euch vielleicht fragen, daher hier ein kleines Beispiel für meine persönlich durchaus begründeten Zeilen.

Erst kürzlich endete in dieser Forum-Welt wieder eine sehr traurige Hunde-Geschichte. Man hat über fast zwei Jahre in dem entsprechenden Hunde-Tagebuch dieses Hundes und seiner Halterin mitgezittert, die Geschichte des Hundes Tag für Tag verfolgt, mit allen Höhen und Tiefen dieses Alltages...bis zum bitteren und leider unnötigen Ende.
Ich versuche mich kurz zu fassen und nehme das Ende (ohne die Anfangs- und Zwischen-Passagen dieser Geschichte) vorweg. Von Anfang an hatte diese Hunde-Geschichte irgendwie einen etwas merkwürdigen Beigeschmack, manche Erzählungen hatten oftmals eine gewisse Fragwürdigkeit und verursachten ein mulmiges Gefühl.
Es war natürlich der absolute "Wunsch-Hund", der in diese junge Familie einzog. Irgendwie hatte man beim Lesen allerdings immer den gewissen Eindruck gehabt, dass dieser Hund nur deswegen angeschafft wurde, weil das moderne Frauchen in ihrem goldenen Käfig und ihrer großen Langeweile neben Pferd, Sportwägelchen usw. mal wieder mit einem neuen "Spielzeug" versorgt werden musste.
Irgendwann war wohl auch dieses vierbeinige Spielzeug langweilig geworden, und es kam wie zu erwarten langsam zum Kinderwunsch, da gerade zu diesem Zeitpunkt auch alle besten Freundinnen das gleiche Schicksal ereilte.
Es folgte (wie zu erwarten) schon vorbeugend zu der geplanten Hunde-"Abschiebung" und als beschwichtigendes Alibi für das Hunde-Tagebuch und dessen Leser der (angeblich) erste Gedöns und Drama auf das Bühnen-Programm...

1. Akt des Bühnen-Drama, Vorhang auf:
Die Schwiegermutter duldete plötzlich (scheinbar ganz spontan nach zwei Jahren) den Hund nicht mehr im Haus! Ist ja schließlich für die "angehende Mutter" alles höchst gefährlich! Man kämpft natürlich weiter, damit der Hund irgendwie bleiben darf!

2. Akt, Vorhang auf:
Das "Wunsch-Kind" ist inzwischen auf diesem Planeten angekommen!
Plötzlich hat Frau Mutter eine Hundehaar-Allergie, von der sie die letzten zwei Jahre natürlich nichts wusste.
Vorerst darf der Hund natürlich noch bleiben!

Komisch nur, dass genau diese Dame einer Freundin erzählt hatte, dass sie natürlich keine Allergie hat, aber der Hund stört und sie für dieses "Vieh" ohnehin jetzt keine Zeit mehr habe! Sie müsse es aber so den Leutchen im Forum erzählen, damit sie später für die eventuelle Hunde-Entsorgung mehr Verständnis aufbringen.

3. Akt, Vorhang auf:
Es reicht, die Allergie bringt Mutti jetzt fast um!
Es muss dringend gehandelt werden, und da sich für den inzwischen bei einem Verkaufs-Portal angebotenen Hund niemand gemeldet hat, bleibt halt nur das regionale Tierheim als sofortige Lösung übrig!
Gesagt, getan! Nur glaubte die Tierheimleitung diese Geschichte leider nicht und verweigerte die Übernahme / Aufnahme des Hundes.

4. Akt, Vorhang auf:
Plan B!
Eine lebensbedrohliche Allergie war wohl die falsche Strategie.
Kein Problem, jetzt folgt die harte Nummer!
Anderes Tierheim (man will ja schließlich nicht noch einmal bei der Märchenstunde ertappt werden), andere Geschichte.
Der Hund wird ab sofort als sehr gefährlich deklariert, schnappt ständig nach dem Kind und muss sofort weg!
Diesmal wird ihr (leider) geglaubt und der Hund sofort übernommen!
Der letzte Vorhang fällt...Applaus...das Spielzeug ist endlich weg, nachhaltig und fachgerecht entsorgt!

Genau das sind die realen Geschichten, warum ich nicht wirklich gerne pauschal und mal eben so Hunde in Familien mit aktuellen "Kinder-Wünschen" vermitteln möchte und bei entsprechenden Vor-Kontrollen einer Vermittlung nicht befürworten möchte! Hört sich jetzt vielleicht krass und irgendwie gnadenlos an!?

Aber genau aus solchen Beispielen besteht auch der ganz normale Tierheim-Alltag. Nur irgendwann kann man echt nicht mehr all diese Märchen und Geschichten an der Tierheim-Pforte hören, nur weil mal wieder jemand schnell und einfach sein ausgedientes Spielzeug entsorgen möchte! Unterm Strich machen solche Dinge nicht nur traurig, sondern die Hunde zahlen dafür einen sehr hohen Preis.
Man könnte Tag für Tag schreien vor Wut! Eine grenzenlose Wut darüber, wie die heutige Wegwerf-Gesellschaft mit ihren angeblich ach so geliebten Fellnasen umgeht!

Wird man ihnen überdrüssig, werden sie einfach entsorgt!
Und weil dies keine seltenen Tatsachen, Alltag und Vorfälle im Tierschutz / Tierheim sind, würde es viele Insider in diesen Kreisen sehr freuen, wenn so manche "angehende" Familie sich einfach mal im Vorfeld die verantwortungsvolle Kernfrage stellen würde: "Hund oder Kind?"
Sollte die Entscheidung dennoch offen bleiben, oder hat sich gar für Kind und Hund entschieden, würde ich mir (vor allem dem Hund gegenüber) immer wünschen, mit einer Entscheidung "pro Hund" noch etwas zu warten.
Zumindest so lange, bis das Kind ein bestimmtes Alter erreicht hat, um in einem vertretbaren Rahmen mit einem Hund umgehen zu können und bereit ist, eine gewisse Verantwortung für ein Lebewesen zu tragen!
Dies wäre für mich eine optimale und wirklich vertretbare Lösung im großen Spiel des Lebens...mit dem Namen "Wünsch dir was!"

Natürlich gibt es auch die Familien, wo Kinder und Hunde in einem zauberhaften und wünschenswerten Einklang leben.
Kein Stress, kein Gedöns und echt gelebter "Friede, Freude, Eierkuchen"!
Eine wirklich wünschenswerte Situation, aber leider sind dies in der Realität eher die wenigen und positiven Ausnahmen!
Auch gibt es die wirklich tollen Familien, wo Hund und Kind gemeinsam aufwachsen und dies der Beginn einer lebenslangen und sehr innigen Freundschaft darstellt!

Bei der Masse an besuchten Familien mit Kleinkindern und "Hunde-Wunsch" (im Auftrag des Tierschutzes) zeigt sich aber leider ein ganz anderes Bild bei zahlreichen Vor-Kontrollen, einer bevorstehenden Hunde-Vermittlung und einer Adoptions-Absicht. Als Beauftragter für den Tierschutz oder für das Tierheim ist es da oftmals nicht einfach, neutral zu bleiben und ausschließlich im Sinne des Hundes die richtige Entscheidung zu treffen! Es ist und bleibt immer eine gewisse Grat-Wanderung. Denn man ist letztendlich für jeden Hund dankbar, der endlich ein neues Zuhause, eine Zukunft und damit seine Familie findet!

Liebe Eltern!
Denkt in Zukunft bitte auch mal an die Hunde-Halter und klärt bei eurer Erziehung die Kinder zeitnah auf. Bringt bitte euren Kindern früh genug bei, etwas Rücksicht zu nehmen und dass Hunde lebendige Wesen sind, die nicht nur Gefühle haben, sondern auch Schmerzen empfinden!
Danke für euer Verständnis und natürlich auf eure zukünftige Rücksichtnahme Hunden und ihren Haltern gegenüber!
Denn auch wir nehmen gerne Rücksicht auf euch und vor allem auf eure Kinder!

*Zwei sehr wichtige Dinge / Situationen, über die wir nun unbedingt noch folgend sprechen müssen, um wirklich "Schlimmeres" in Zukunft zu vermeiden:

➢ Da wir uns aktuell (als ich gerade diese Zeilen hier schrieb) mal wieder so einem verrückten und eingeschleppten Brauchtum namens "Halloween" stellen müssen, möchte ich jetzt schon mal verantwortungsbewusst und warnend vorbeugen! Hallo ihr Eltern da draußen; bitte klärt eure Kinder darüber auf, nicht unbedingt an "jeder" Haustüre Terror zu machen und Sturm zu klingeln! Insbesondere dann nicht, wenn in dem betreffenden Haus ein sehr wachsamer Bardino wohnt!

> Bitte unbedingt daran denken, Kindern an Karneval in komischen und merkwürdigen Kostümen zu untersagen, sich plötzlich und auf aufdringliche Art "fremden" Hunden unerlaubt zu nähern!

Dieser sehr wachsame und Pflicht bewusste Hund findet es überhaupt nicht lustig, wenn sein genervtes Frauchen oder Herrle (zum vierunddreißigsten mal an diesem Abend) die Haustüre nach einem Dauerklingeln öffnet, um dann:

- von einer merkwürdigen Raubkatze auf komische Art angefaucht wird...

- ein noch merkwürdiger Garten-Troll drohend mit einen Baseball-Schläger wild in der Luft rum fuchtelt...

- ein äußerst kleiner Vampir mit den viel zu langen Eck-Zähnen knirscht...

- so ein komisches Gespenst in einem mit Blut befleckten Laken-Gewand mit seiner Kette rasselt...

...uns zu unserem blanken Entsetzen und krönenden Abschluss der Situation eine Mini-Ausgabe von "Darth-Vader" mit den ernst gemeinten Worten (zusätzlich drohend mit seinem beeindruckenden Laser-Schwert-Gefuchtel) heiser anröchelt :

"Gib uns sofort Süßes...sonst setzt es jetzt Saures!"

Holla die Waldfee, was ein unglaublich "gefährlicher" Überfall!
Nicht dass ihr jetzt wirklich denkt oder gar der Eindruck entstehen könnte, der Autor dieses Buches macht sich doch tatsächlich ernsthafte Sorgen um seine Frau oder gar um sein eigenes Leben?!
Falsch!
Dem ist absolut nicht so.

Ich habe bei der Schilderung dieser Situation und der Aufzählung aller beteiligten Personen, den merkwürdigen Geschöpfen der Schattenwelt und all der diversen Lebewesen ein wirklich entscheidendes und wirklich Angst einflößendes "Wesen" doch tatsächlich vergessen!

Vielleicht sollte ich die Situation einfach nochmal neu erklären, einiges richtig stellen und natürlich dabei ein anderes tatsächlich anwesenden "Wesen" berücksichtigen und den genauen Sachverhalt wiedergeben?!

Nicht dass es hier noch zu Missverständnissen führt und ein falsches Bild der Realität für den Betrachter entstehen könnte!

Also nochmal der Richtigkeit halber von vorne...

Es ist inzwischen Abend geworden, die Dunkelheit hat längst eingesetzt, schaurige Nebel-Schwaden ziehen durch die Gassen und es klingelt also plötzlich an der Haustüre Sturm!

Aus dem vor der Türe befindlichen Vorgarten sind sehr merkwürdige Geräusche und Töne zu hören. Nichts ahnend öffnet die Dame des Hauses die Haustüre und schaut:

- in das Angst erfüllte und leicht panische Gesicht eines merkwürdigen "Stuben-Tiger"...

- einen ungewöhnlich ängstlichen Garten-Troll, der beim Öffnen der Haustüre sofort seinen Baseball-Schläger unmotiviert zitternd fallen ließ...

- ein äußerst kleiner Vampir, der traumatisiert Glubschaugen bekam und dabei seinen Mund bedenklich und beklemmend zusammenkniff...

- so ein komisches Gespenst in einem zitternden und vor Angst bebenden Laken-Gewand, was sich gerade noch so (mit seinem letzten Mut) aufrecht stehend halten konnte...

...uns dann zu unserer ehrlichen Verwunderung (und Anblick dieses merkwürdigen Szenario vor unserer Haustüre) eine Mini-Ausgabe von "Darth-Vader" mit den extrem schüchternen Worten heiser anröchelt :

"Gib uns sofort Süßes...sonst setzt es jetzt Saures!"

Der kleine aber sehr entscheidende Unterschied der Situations-Schilderung ist die banale Tatsache, dass wenn es an unserer Haustüre klingelt und unser Frauchen die Türe öffnet, unmittelbar hinter ihr immer ein sehr wachsamer und extrem aufmerksam beobachtender Bardino steht!
Wie schon an anderer Stelle im Buch beschrieben, ist eine solche Situation und der Bardino als solches besonders bei einsetzender Dunkelheit und in den Abendstunden nochmals mit größerer Vorsicht zu genießen! Im Bezug auf die eben geschilderte Situation kommt nun erschwerend und als Gefahr hinzu, dass dieser gestreifte "Höllen-Hund" nicht nur deutlich wachsamer sein wird als bei Tageslicht, sondern er baut sich regelrecht hinter / neben Frauchen auf und ist zu allem bereit!
Vor allem aber um Frauchen bei Bedarf sofort und unbeirrbar zu schützen!
Das heißt im Klartext auch, dass diese kleinen "Halloween-Monster" einem knapp 34 Kilogramm schweren und gestreiftes Muskelpaket gegenüber stehen, dabei in braune-leuchtende Augen schauen, sehr lange bedrohliche Zähne unter hoch gezogenen Lefzen sehen, und das ganze wird sehr eindrucksvoll von einem heranziehenden Gewitter-"Grollen" untermalt!

Eigentlich eine echte und wirkliche "Horror-Vorstellung"!
Vor allem aber eine reale Situation, die nicht ungefährlich enden könnte!
Man versetze sich doch einfach mal bei diesem Gedankenspiel in die Haut des Hundes!
Die Haustüre wird geöffnet, das bedingungslos zu beschützende Rudel-Mitglied "Frauchen" wird plötzlich und ohne Vorwarnung konfrontiert von lauter kleinen merkwürdigen Monstern, die noch entsprechend bedrohliche Verhaltens-Muster aufzeigen und nicht gerade freundlich wahrzunehmen sind!
Denkt mal bitte darüber nach!

Insbesondere dann, wenn ihr selbst "Eltern" seid und eure Kinder beispielsweise an Halloween kostümiert losziehen lasst, um dann nichts ahnend an "fremde Türen" zu klingeln...

Dennoch würde ich mir persönlich sehr wünschen, dass es auch heutzutage mehr Familien geben würde, wo Kinder mit Hunden gemeinsam aufwachsen würden!

Denn gerade in der modernen Gesellschaft, wo selbst bei den "Zweibeinern" eine mangelnde "Sozialisierung" fast schon als ganz normal zu bewerten ist, könnten Hunde im direkten Bezug und im Umgang mit ihnen ihren Teil für eine "bessere Welt" maßgeblich beitragen und beeinflussen!

Abgesehen davon ist es inzwischen mehr als nur fachlich nachgewiesen, dass Kinder in einem deutlich besseren Umfeld aufwachsen, wenn sie in ihrem persönlichen Alltag den Umgang mit Tieren (anderen Lebewesen) erlernen und dadurch bedingt auch lernen, eigene und größere Verantwortung zu übernehmen!

Kapitel 19 - Hurra es geht in Urlaub

Wo fährt man eigentlich mit einem "gestreiften" Hund hin in Urlaub?
Eine gar nicht mal so einfache Frage. Zuerst habe ich lange überlegt, ob ein solches Thema überhaupt in ein solches Buch hier passt?!
Auf der anderen Seite gehört es dennoch zu den wichtigen Themen, denn in vielen Ländern sind leider "gestreifte" Hunde nicht unbedingt gerne gesehen und willkommen. Alleine schon aus der Tatsache heraus, das unsere Streifenhörnchen oftmals durch ihr Fell und dessen gestreifte Musterung mit "gefährlichen Hunde-Rassen" von Unwissenden verwechselt oder halt von vorneherein als sehr "gefährlich" eingestuft werden. Besonders dann, wenn es auch noch Mixe sind!
Nach wie vor ist es immer noch (trotz verschiedener Änderungen von Gesetzen usw. in diversen Ländern) so, dass ich / wir manche Länder aus genau diesen Gründen meiden! Auch wenn sich angeblich Länder wie zum Beispiel Dänemark & Co. mit ihren extremen Gesetzen im Bezug auf bestimmte Hunde-Rassen inzwischen anders in der Öffentlichkeit darstellen als noch vor ein paar Jahren, hat sich in der Realität nicht wirklich viel geändert, was gewisse Risiken und Probleme für Hund und Halter bedeuten! Leider kann man es immer noch als riskant betrachten, in solchen Ländern mit einem "gestreiften Hund" und ohne schriftlichen "Rasse-Nachweis" (den man im Fall der Fälle nach wie vor vorweisen muss!) in der Tasche seinen Urlaub zu verbringen! Gerade auch aktuell häufen sich mal wieder die Berichte über Beschlagnahmungen (folgend auch Einschläferungen!) von angeblich "auffälligen" Hunden und anhand von fragwürdigen "Verdächtigungen"!
Okay, wollen wir dieses Thema hier in diesem Buch jetzt nicht vertiefen, dramatisieren und nicht an den Pranger stellen! Denn jeder muss für sich selbst entscheiden und entsprechend seinem Hund gegenüber verantworten, welches Risiko man letztendlich selber eingeht und welche Länder man nun (trotz einer "Anti-Hund-Einstellung") mit seiner Fellnase überhaupt bereisen möchte?!

Also ich persönlich verweigere mich jetzt und auch in Zukunft aus Prinzip gewissen Ländern und EU-Staaten, wo ein Hund kein gern gesehener "Gast" und somit nicht willkommen ist! Da interessiert mich auch nicht, welchen bloßen "Verdacht" ein Vertreter der Staatsmacht ausspricht (wie auch immer er dies begründen würde?!) oder gar auf seinen persönlichen Verdacht hin (auf was auch immer?!) oder aus purer Unwissenheit den Hund amtlich beschlagnahmt!

Nur weil mein Hund mal irgendwen angegrollt oder vielleicht kurz an gebellt hat und dann anschließend sofort als sehr "verdächtig", "böswillig" und "aggressiv" eingeschätzt / eingestuft wird von jemandem, der von Hunden und deren Rassen (Verhalten / Eigenschaften) keinen blassen Schimmer hat!
Bei dieser Problematik einer Einreise mit Hund, Jahres-Urlaub usw. kann man leider nach wie vor einige Länder und somit die ein oder anderen EU Staaten mehr als nur in Frage stellen! Besonders anhand ihre aktuellen Hunde-Gesetze, Richtlinien und Vorgaben im Bezug auf Hunde und ihre Halter! Insbesondere dann, wenn ein Hund nicht reinrassig ist, sondern ein Mix ist und dann auch noch merkwürdige "Streifen" hat. Erschwerend kommt hinzu, dass einige Länder im Zweifelsfall (Zwischenfall) einen entsprechenden "Rasse-Nachweis" fordern, was bei "Mixen" ein schwieriges Unterfangen darstellen dürfte.
Unter uns; wer hat schon einen solchen "Nachweis" und dann auch noch immer dabei?! Im EU-"Heimtierausweis" kann sehr viel stehen, und was die tatsächlich richtige oder in Frage kommende Rasse des Hundes angeht, entsprechen die "Rasse"-Angaben / Eintragungen (gerade bei Rasse-Mixen) eher nur reinen Vermutungen und Mutmaßungen des Ausweis ausstellenden Tierarztes / Behörde.

Übrigens; egal welches Land man nun mit seiner Fellnase im nächsten Urlaub "bereisen" möchte, man sollte sich immer vorab und mit zeitlichem Abstand zum Reiseantritt ausreichend informieren!
Egal ob wir nun von diversen Einreise-Bestimmungen sprechen, erforderliche Schutz-Impfungen (wie zum Beispiel eine Tollwut-Impfung usw.) oder ganz banal von jahreszeitlichen Einschränkungen des anstehenden Strandbesuches mit Hund?!

Wer sich vorab ausreichend informiert, muss nicht mit Gedöns und gewissen Schwierigkeiten bei einer Einreise mit Hund rechnen!
Ausreichende und sehr nützliche Informationen, Bestimmungen, Richtlinien usw. von diversen Urlaubs-Ländern findet man beispielsweise auf verschiedenen Internet-Seiten, Urlaubs-Plattformen für Hunde-Halter und oftmals sogar auf Anfrage vom eigenen Tierarzt.

Zurück zum eigentlichen Thema "Urlaub mit Hund".
Als ideales Urlaubsland hat sich für uns persönlich Belgien immer wieder und nach einigen Jahren von Hunde-Urlaub sehr empfohlen! Egal ob Kurz-Trip oder der bevorstehende Jahres-Urlaub, die 65 km lange Küstenregion "West-Flandern" ist ein reines Hunde-Paradies. In den 15 Badeorten, alle mit einem eigenen Charakter und einer einzigartigen Atmosphäre, sind Hunde fast überall herzlich willkommen.

Es interessiert dort wirklich niemanden ernsthaft, welche Hunde-Rasse man da an der Leine hat, ob schwarz, ob braun oder halt gestreift, Hund ist Hund!
Selbst in den regionalen Lokalitäten sind Hunde meist "erlaubt", und in den seltensten Fällen bekommt man auf seine Anfrage eines Aufenthalts ein nein.
Dies gilt insbesondere auch für einen Restaurant-Besuch oder einem Aufenthalt in einem gemütlichen Dünen- / Strand-Café. Selbst wenn die Strandwanderung mal wieder viel zu weit und lange war, stellt dies kein sonderliches Problem dar und man darf die Rückreise gerne mit Hund per "Strandbahn" (Küsten-Trambahn) zurücklegen. Auch belgische Taxifahrer haben selten ein Problem damit, wenn der dritte Fahrgast im Bunde ein Streifenhörnchen ist.

Generell betrachtet ist Belgien als absolut Hunde freundlich zu beschreiben und wirklich für den nächsten "Hunde-Urlaub" mehr als nur sehr zu empfehlen!

Was die Buchung einer Unterkunft selbst angeht, sind die meisten Ferienwohnungen und Ferienhäuser für Hunde geeignet und dies entsprechend erlaubt.

Bei so ziemlich allen Reise-Anbietern kann man schon bei der Unterkunft-Suche einen Hund berücksichtigen (einfach den entsprechenden Detail-Filter auf der Homepage des Reise-Anbieters den Hund bei der Unterkunft-Suche im Vorfeld angeben und bestätigen). Worauf ihr allerdings unbedingt bei der Unterkunft-Auswahl (eurer Buchung) achten solltet, ist die Tatsache, dass die wenigsten Appartement-Häuser über ein "Hunde freundliches Treppenhaus" verfügen!

Die typisch belgischen Treppenhäuser sind extrem steil, besitzen nur sehr kleine Stufen / Sprossen und sind in der Regel unglaublich eng!

Bei Hotels ist diese Situation schon deutlich besser, was die Treppenhäuser und ihre Nutzung mit Hund angeht. Erkundigt euch immer vor einer verbindlichen Buchung über die Eignung eines Treppenhauses für den Hund oder stellt sicher, dass eure Fellnase kein Problem damit hat, einen Aufzug zu nutzen?!

Hört sich verrückt an, ist aber so.

Viele Hunde neigen leider dazu, einen Fahrstuhl grundsätzlich nicht zu betreten oder verfallen in eine größere Panik! Hinzu kommt die Schwierigkeit, dass man nicht immer unbedingt den Fahrstuhl für jede Fahrt alleine nutzen kann!

Man sollte immer allerdings daran denken, dass ein typischer Bardino auf engstem Raum mit anderen "fremden" Menschen mit Vorsicht zu genießen ist und dies ja auch noch mal so eine ganz besondere Nummer und gewisse Herausforderung für eine solche Fahrstuhl-Fahrt darstellen kann.

Was die endlosen Strände von der belgischen Nordsee-Küste angeht, sind diese in "Flandern" nicht nur endlos und gehören zu den größten / schönsten in Europa, sondern es gibt unzählige und extra ausgewiesene Hunde-Strände, die ganzjährig genutzt werden dürfen!

Die typischen "Touristen-Strände" sind in der Regel von Anfang Mai bis Mitte September (es gibt kleine Unterschiede bei den Ortschaften und deren zeitlichen Sperr-Regelungen) nur eingeschränkt für den Hund nutzbar.
Gleiches gilt für die Hunde-Leine und die Leinenpflicht!
Diese wird von Ort zu Ort sehr unterschiedlich gehandhabt und ausgelegt.
Aber keine Panik, es gibt überall nicht zu übersehende Hinweis-Schilder über die örtlichen Regelungen. Der einfachste Weg und ehrlich gesagt auch die deutlich bessere Urlaubs-Qualität erhält man eh, wenn man auf typische Ferienzeiten verzichtet! Für einen ruhigen und sehr erholsamen "See-Urlaub" würde ich ohnehin immer nur im späten Frühjahr oder im Herbst diese Art von Hunde-Urlaub empfehlen. Selbst die Aufenthalte in einem Café, Strandbar, Restaurant & Co. fallen viel angenehmer aus und man begegnet nicht an jeder Ecke gewissen Touristen-Massen, die ständig dem eigenen Hund auf die Rute oder Pfote treten, in der großen Schlacht um einen freien Tisch mit Meerblick!
Ein weiterer und nicht unwichtiger Vorteil ist die banale Tatsache, dass man in nur "halb gefüllten" Lokalitäten (im Gegensatz zur Haupt-Saison) auch eher einen gemütlichen Platz "mit Hund" angeboten bekommt.
Alles in allem hebe ich persönlich und aus den eigenen Erfahrungen von zahlreichen Aufenthalten an der belgischen Küste dieses Land gerne für Hunde-Halter hervor!
Denn ich kann nach selbst all den Jahren nur Positives berichten, vor allem aber in Hinsicht, wie man uns mit einem "gestreiften" Hund überall freundlich begegnet.
Man fühlt sich als Tourist und Hunde-Halter einfach nur grenzenlos willkommen!

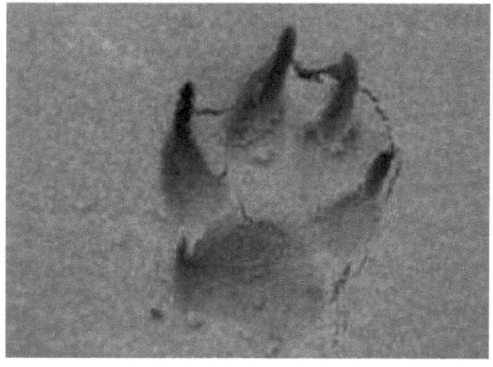

Endlose Strände...das ist Belgien / "Flandern" von seiner schönsten Seite.

Gleiches kann ich an dieser Stelle von anderen Ländern wie zum Beispiel Frankreich, den Niederlanden usw. leider nicht berichten! Natürlich gab es auch da schöne Aufenthalte, aber auch immer wieder negative Erfahrungen, die einen gelungenen Urlaub etwas schmälern. Auch die Tatsache, dass man beispielsweise in den Niederlanden (je nach Urlaubs-Region) nicht gerade auf "Streifen"-Hunde gut zu sprechen ist und in diesem Land leider immer noch eine gewisse negative Grundhaltung gegenüber unbekannten Hunde-Rassen und Verwechslungen zu "gefährlichen Rassen" besteht!
Nicht wirklich dramatisch im Detail, aber wir meiden grundsätzlich Länder, wo ein gewisses Risiko an Ärger bestehen könnte. Solchen Tatsachen und noch so kleinen Risiken gegenüber möchten wir uns nach wie vor nicht in unserem Hunde-Urlaub / Erholungs-Urlaub aussetzen!

So kam es dann irgendwann, dass wir auf der Suche nach einem idealen Urlaubs-Land für "Reisen mit Hund" von unseren besten Freunden regelrecht überredet wurden, eine etwas "verrückte Insel" mit ihnen zusammen und im Gepäck mit drei gestreiften Hunden zu bereisen und erkunden.
Anmerken muss ich allerdings, dass es für einen "Test-Urlaub" kein unbekanntes Land war, denn mein bester Freund Andy ist nicht nur ein echter "Kelte", sondern auch ein Orts kundiger "Eingeborener". Aus dieser Tatsache heraus konnten wir uns sehr gut auf diesen Aufenthalt vorbereiten, erhielten viel Insiderwissen über dieses Fleckchen Erde, und letztendlich besorgte mein Freund uns auch die traumhafte Unterkunft in grandioser Lage.
Gesagt, getan, wir brachen auf, um mit unserem Streifenhörnchen neues Land zu entdecken. Dank vieler unsinniger Gerüchte anderer Touristen zufolge war zunächst unsere Erwartungshaltung sehr gering. Denn angeblich ist die regionale Küche ein absoluter Alptraum (was für mich persönlich eine Voll-Katastrophe bedeuten würde), und das typische Inselwetter wird nach wie vor so beschrieben, dass die Sonne oftmals nur "in Strömen" scheint.
Nun ja, was soll es.

Als echter und langjähriger Hunde-Halter trotzt man eh Tag für Tag jedem Wetter, und man hat ja auch die entsprechende Kleidung für Schlechtwetter-Zonen ausreichend im Schrank. Frei nach dem Hunde-Halter Motto:
"Es gibt kein schlechtes Wander- und Gassi-Runden-Wetter...
...sondern bekanntlich nur falsche Kleidung!"
Was unser merkwürdiges Streifenhörnchen angeht, spielt schlechtes Wetter eh keine größere Rolle, denn er liebt es einfach nur! An dieser Stelle ein sehr gutes Stichwort, um mal über das bevorzugte und typische "Bardino-Wetter" zu sprechen!

Wobei man ja eingestehen muss, das Pablo weder Strände noch Sand mag!

Es sei denn, er muss mal wieder auf Frauchen aufpassen und sie beschützen!

Oder vielleicht mal zum k...en, wenn mal wieder keine Wiese in der Nähe ist.

Echtes Bardino-Wetter...

Es ist nach wie vor ein echter Irrglaube und nur ein sich haltendes Gerücht, dass ein typischer Bardino die Sonne liebt oder gar ein Sonnenanbeter ist!
Nur weil seine Herkunft und Ursprung von einer südlichen Sonnen-Insel entstammt, heißt dies noch lange nicht, dass er dieses Wetter / Klima für sich persönlich bevorzugt. Aus einer Vielzahl von Alltags-Erzählungen, Berichten und Beschreibungen zahlreicher Bardino-Halter kann man tatsächlich behaupten, dass unsere Streifenhörnchen echte "Schlechtwetter-Hunde" sind!
Sie lieben es einfach.
Anders ausgedrückt; der typische Bardino meidet gerne die Sonne und die Hitze!
Im Garten oder Außenbereich bevorzugt er in den Sommer-Monaten und an wirklich sehr heißen Tagen ausschließlich schattige oder sehr "kühle" Plätzchen!
Er stellt grundsätzlich stressige Aktivitäten gänzlich ein und bewegt sich in seinem Alltag auf Gassi-Runden usw. regelrecht wie ein professioneller "Zeitlupen-Darsteller". Sofern er sich überhaupt aus seiner Sicht unnötig bewegen soll oder muss.
Schlägt das Wetter um, es regnet mal wieder ohne Pause oder es setzt sogar der Winter ein, laufen diese Streifenhörnchen regelrecht (oftmals zum Leidwesen seiner Halter) zur absoluten Höchstform auf!
Bei keiner anderen Hunde-Rasse, die ich bis heute an meiner persönlichen Seite hatte, gab es ein solches Schlechtwetter-Verhalten in dieser extremen Form.
Auch werde ich niemals die Tage vergessen, an denen unser Pablo das erste Mal Schnee für sich entdeckte.
Eine mehr als nur sehr schräge und lustige Nummer, als er Herrle oder Frauchen vor diesen plötzlich runterfallenden und sehr bedrohlichen "Schnee-Flöckchen" schützen wollte. Und jetzt sprechen wir noch nicht einmal im Ansatz davon, dass er gleich immer wieder versuchte, all dieses weiße "Zeugs" zu fressen und nachhaltig zu entsorgen! Auch sprechen wir nicht über so extrem bedrohliche Monster-Wesen wie diese merkwürdigen "Schnee-Männer"!
Natürlich auch nicht darüber, diese sofort ordentlich anzugrollen, sie entsprechend zu stellen, sie zu umzingeln und effektiv zu "Eliminieren"!

Da gab es schon so manche Kinder-Träne und müde geschaufelten und enttäuschten Papi, wenn das Streifenhörnchen auf seinem winterlichen Feldzug im Schnee unterwegs war, um mal wieder diese Welt zu retten und von all diesen merkwürdigen "Schnee-Wesen" zu befreien!
Dann gibt es diese Tage, wo es draußen mal wieder gnadenlos schüttet ohne Ende und dieses ungnädige Streifen-Monster hüpft und spielt, als gäbe es kein morgen.

Dicht gefolgt von seinem bis auf die Knochen durchnässten und fluchenden Halter, der einfach nur glücklich darüber wäre, endlich wieder in trockene Klamotten zu kommen und im wollig warmen Stübchen auf den nächsten Sommer zu warten! Das sind genau diese berühmten Tage, wo man wirklich froh wäre, keinen echten "Schlechtwetter-Hund" an seiner Seite zu haben, sondern einen echten Sonnenanbeter.

Zurück zum Hunde-Urlaub auf dieser sehr merkwürdigen Insel.
Man muss allerdings der Richtigkeit halber dazu sagen, dass dieses "Kernow" (auch unter Touristen eher als Cornwall oder "Pilcher-Town" bekannt) nicht einfach nur eine von vielen Grafschaften auf dieser Insel ist.
Nein!
Cornwall ist eine sehr spezielle und (wie unsere Hunde auch) etwas "andere" Welt.
Zwar ist "Kernow" wie die anderen Grafschaften auf der gleichen Insel, die sich "Great-Britain" nennt, dennoch auf eine sehr liebenswerte Art ein ganz eigener und selbständiger Mikro-Kosmos.
Eine völlig andere Welt im direkten Vergleich zu seinen benachbarten Grafschaften wie "Devon", "Kent" und andere. Selbst im direkten Bezug auf das Thema Hunde und Hunde-Tourismus, wie wir immer wieder selbst festgestellt haben!

Angefangen von den Unterkünften (egal ob Hotel, Wohnung oder Ferienhaus), wo zwar in anderen Grafschaften Hunde in gewisser Weise geduldet werden, dennoch nicht wirklich willkommen sind! In "Kernow" ist dies wirklich anders.
Man liebt Hunde und als Urlauber bekommt man dies ständig (positiv) zu spüren!
Ob wir nun von einem sprichwörtlich blinden Verständnis sprechen, oder der einem ständig begegneten Freundlichkeit der Einheimischen uns und vor allem dem Hund gegenüber, ein echtes Hunde- und Urlaubs-Paradies.

Selbst bei Begegnungen gibt es keine bösen Worte, keinen unnötigen Gedöns und Terror! Der typische Einheimische leint bei Begegnungen und ohne ein Wort zu verlieren seinen eigenen Hund an (obwohl es auf der Insel keine Leinen-Pflicht gibt).
Bellt sein Hund oder reagiert nicht gerade nett, wird sich sofort entschuldigt und um Verständnis gebeten! Klar gibt es dort auch die berühmten Ausnahmen, aber die Masse der Einheimischen ist einfach nur nett und ausgesprochen rücksichtsvoll bei Begegnungen mit anderen Hunde-Haltern. Nur zu gut erinnere ich mich an eine Geschichte in einem englischen Garten-Center.

Kaum dort mit unserem Floh-Taxi auf den Parkplatz gefahren (es war an diesem Tag sehr heiß und sonnig), die Heckklappe geöffnet, damit der Hund etwas Luft bekommen kann, als sofort der Marktleiter auf uns zugelaufen kam mit den ernsthaften Worten: "Was fällt ihnen denn ein, einfach dort mit ihrem Hund im Kofferraum und geöffneter Heckklappe zu parken?!"
Sorry, aber ich wusste zu diesem Zeitpunkt nun wirklich nicht, was jetzt falsch war oder wo der tatsächliche "Aufreger" dieses Herrn zu suchen wäre?!
Die Angelegenheit klärte sich dann so auf, dass es in diesem Garten-Center extra für Hunde-Halter einen speziellen und im Schatten überdachten Park-Bereich gibt, damit das Hundchen bloß nicht im Auto wartend in der prallen Sonne ausharren muss!

Von Zeit zu Zeit schaut sogar extra ein Mitarbeiter nach, ob man noch frisches / kühles Wasser benötigt und ob es dem Hundchen gut geht.
Mal ehrlich, so eine Besorgnis um das Wohlergehen eines Hundes auf einem Discounter-Parkplatz wollte ich hierzulande wirklich mal erleben!
Übrigens darf man fast immer und meist absolut uneingeschränkt seine Fellnase mit hinein nehmen. Das Einzige, was rücksichtsvoll erwartet wird, ist den Hund immer anzuleinen. Man sollte einen Kotbeutel dabei haben und der Hund sollte nicht gerade alles und jeden anpieseln und mit einer gewissen Erziehung aufwarten.
Was andere Annehmlichkeiten wie Restaurant-Besuch & Co. angeht, ist ein Hund fast immer und überall willkommen! Wie schon gesagt, ich spreche nur von Cornwall!
In benachbarten Grafschaften sieht diese Geschichte ganz anders aus!

Viele Restaurant-Betreiber vereinfachen beispielsweise die Situation einer oftmals nervigen Nachfrage, ob der Hund denn nun mit "rein darf", in dem sie an der Eingangstüre einen nicht zu übersehenden (gelben Aufkleber mit Hunde-Kopf) Aufkleber platzieren, der sofort darauf hinweist: "Dogs welcome!"
Oder im Gegenzug mit einem roten Balken durchgestrichen: "Sorry, no dog allowed!"
Also einfacher und ansprechender geht es ja wohl für einen Hunde-Halter nicht!

Unterwegs ist es sehr beeindruckend und wirklich angenehm, dass man selbst in der freien Natur so gut wie nie über "Tretminen" stolpert oder ständig in die Hinterlassenschaften anderer Hunde tritt.
Selbst auf den endlosen Küsten-Pfaden ("Coast-Path") entlang des Atlantik ist alles absolut sauber. Ob dies an den empfindlichen Strafen dort liegt oder an den Kontrollen eines Naturpark-Ranger der örtlichen Naturpark und "Trust"-Gesellschaft, es ist schön, durch eine "saubere" und damit "Kot freie Umwelt" zu wandern!
Ohne Stress und ohne ständigen "Kot-Radar" auf Wanderwegen unterwegs zu sein.
So ein Umwelt-Verhalten und echt gelebte Rücksicht würde ich mir hierzulande gerne von so manchem Hunde-Halter sehr wünschen!

Was das angeblich ach so schlechte Wetterchen angeht, kann ich nur sagen "Wunderschön"! Relativ wenig Niederschlag an der Küste selbst (es regnet fast immer nur Land einwärts!), und wenn es wirklich mal plötzlich und unerwartet schüttet wie aus Gießkannen, ist der Spuk genauso schnell wieder vorbei!
Es weht immer ein sehr angenehmer Wind vom Atlantik her und es herrscht fast ganzjährig ein gewisses Mikro-Klima; nicht zu kalt, aber auch niemals zu warm!
Ein ausgesprochen ideales Wetter für Hunde-Halter, egal ob für längere Wander-Touren und sehr angenehm "unterwegs" zu sein.

Was die bevorzugte Selbstversorgung angeht und die regionale Küche, kann ich nur sagen, dass ich selten in anderen Ländern so gut und vor allem "frisch" gegessen habe! Dies ist aber in erster Linie darin zu begründen, dass man fast überall in der Nähe des eigenen Umfeldes auf regionale Ware zurückgreifen kann, alle paar Tage in einem Dorf in der Nähe ein sogenannter "Farmers-Market" veranstaltet wird.
Rein "Kulinarisch" betrachtet ist dieses südliche Zipfel der Insel einfach nur klasse! Besonders dann, wenn man frisches Meeres-Getier, Fisch, erstklassiges Weide-Fleisch (egal ob man nun Rind, Lamm usw. oder erstklassig frisches Gemüse und Obst direkt vom Erzeuger / Bauern) bevorzugt!

Selbst in Hinsicht Hund und seiner Ernährung eine wirklich andere Welt!
An der Küste und bei entsprechenden Einkaufsmöglichkeiten könnte ich jetzt davon berichten, dass ich dort unseren Hund nicht "BARFE", sondern ihn hin und wieder regelrecht "LOBSTERE". Wenn das jetzt jemand komisch oder vielleicht dekadent findet, kann ich damit gut leben. Fakt ist aber, dort am Atlantik (abseits typischer Touristen-Dörfer) ist frischer "Hummer" direkt vom Kutter und Fischer des Vertrauens oftmals günstiger, als hierzulande ein mittelprächtiges Stück Rindfleisch mit einer mehr als nur fragwürdigen Herkunft!
Sehr nett ist auch die Tatsache, dass egal wo man "einkehrt", sofort jemand angelaufen kommt mit "Leckerlies" und einem frischen Wasser-Napf.
Auf Deutsch ausgedrückt; auf diesem Fleckchen Erde ist selbst der Hund ein gern gesehener "Gast"!

Was die Landschaft (auch abseits des Coast-Path) selbst angeht, ist diese ein absolutes Wander- und Hunde-Paradies.
Alleine schon deswegen, dass man nach einem alten und immer noch geltenden mittelalterlichen "Wege-Recht" überall "durch" darf! Egal ob über Farm-Gelände, eingezäunte Wiesen, Weiden und was weiß ich noch alles?! Man darf einfach und ohne Probleme hindurch. Lediglich auf manchen Weiden / Wiesen mit Herden sollte man den Hund aus Rücksicht anleinen und natürlich auch immer schön die Türchen und Tore wieder schließen!

Diese besondere Landschaft in "Kernow" hat etwas sehr "magisches"...
(wie Pablos Frauchen immer zu pflegen sagt).

Abgesehen all der vielen Besonderheiten, der leckeren regionalen Küche und dem wirklich tollen Wander-Wetter verfügt Cornwall über eine atemberaubende und sehr abwechslungsreiche Landschaft.

Egal ob die endlosen Wege die Küste auf den Klippen entlang, kleine aber wunderschöne Strände und Buchten, über die wirklich grünen Wiesen oder die endlosen und teils bergischen Weiden. Man hat seine Ruhe und es ist noch fast unberührte Landschaft pur zum Entspannen und wohl fühlen.

Was unser Streifenhörnchen selbst angeht (auch wenn er kein großer "Läufer" ist), fühlt er sich auf eine sehr eigenartige und merkwürdige Weise nirgends auf diesem Planeten wohler als dort. Und das im wahrsten Sinne des Wortes! Es gibt für Pablo absolut nichts Schöneres auf der Welt, als mit der Nase im Wind stundenlang hoch oben auf einer Klippe vor sich hinzudösen und richtig ordentlich "ab zu hängen". Natürlich immer in "bester Lage" und mit Blick auf den Atlantik.

Quasi ein echt gestreifter "Cliff-Hanger".

Wenn dann das Herrle noch einen auf "Physio-Onkel" macht, die müde Fellnase ausgiebig massiert, fühlt sich das Streifenhörnchen so richtig ~~Pudel~~ "Bardino wohl".

Unabhängig seiner ursprünglichen spanischen Heimat und seinem neuen Zuhause! Ich kenne keine Landschaft, Region oder Gegend auf diesem Erdball, wo sich unser Streifenhörnchen so wohl fühlt wie hier! Nirgends ist er entspannter und nur annähernd so relaxt, als in dieser besonderen Landschaft von "Kernow" (Cornwall). Er liebt seine Klippen hoch über dem Atlantik, den Wind um die Nase, eine salzige Brise und den Ausblick in die Ferne. Abgesehen davon; wenn da nicht immer so komische gefiederte Küsten-Viecher nervend unterwegs wären, die einen ständig mit ihrem Gekreische und lauten Gedöns wecken würden! Nach Pablos Meinung müsste man wohl dieses laute und fliegende "Gesindel der Lüfte" eh umbenennen!
Von wegen "Lachmöwen". Da gibt es aus Sicht des Hundes überhaupt nichts zu "lachen", wenn ein Streifenhörnchen mal endlich seine Ruhe haben möchte...

Na ja, zum Glück geben diese fliegenden Quälgeister irgendwann auf. Schließlich ist Pablo ein echter Bardino und etwas auszusitzen ist für diesen "sturen Hund" eine seiner kleinsten Übungen und nicht wirklich eine Herausforderung!

Kapitel 20 - Begegnungen...der unheimlichen "dritten Art"

Oder die große Frage: "Was macht das gestreifte Fell an der Wohnzimmer-Wand?"

Was wäre unsere verrückte Hunde-Welt und unser gestreifter Alltag ohne die vielen unzähligen "Begegnungen", die wir alle so lieben?!
Genau die Sorte Begegnungen, denen man nicht rechtzeitig ausweichen kann oder es keinen optimalen "Fluchtweg" gibt.
Echte Begegnungen der unheimlichen "dritten Art!"
Man ist mal wieder selbst und unterwegs mit seiner Fellnase einfach nur gnadenlos einer unnötigen Situation ausgeliefert, die man selbst kaum beeinflussen oder gar verhindern kann! Genau das sind dann diese Momente, die unter die Rubrik fallen: "Tage, die der Mensch nicht braucht!"

Bevor jetzt aber ein wirklich falsches Bild unseres gestreiften "Kuschel-Hund" entsteht oder wir immer nur unser "Gegenüber" verurteilen?!
Unsere Streifenhörnchen sind auch keine "Heiligen" und können sehr gut und plötzlich (ohne typische Hunde-Anzeichen!) zu einem echt gestreiften Terroristen auf vier Pfoten mutieren! Uns immer wieder in unserem Hunde-Alltag an die Grenzen unserer persönlichen Hunde-Haltung befördern!
Uns immer wieder aufs Neue daran eindrucksvoll erinnern, was für einen Hund wir da tatsächlich am anderen Ende der Leine haben!
Genau das sind oftmals diese berühmten Tage, wo man am liebsten dieses Streifenfell als Dekoration an die Wohnzimmerwand hängen würde.

Hunde-Begegnungen / andere Hunde-Halter...

Nichts ahnend dreht man gemütlich sein Gassi-Ründchen, bestes Wetter, noch ein tiefer und entspannter Zug vom Zigarettchen, der Alptraum kann beginnen.
Kaum über die nächste Wiesen-Kuppe tiefenentspannt mit seinem Streifenhörnchen geschlendert und da steht er nun!
Unser Lieblings-Nachbar mit seinem völlig durchgeknallten und unerzogenen Labradoodle. Scheinbar hat der gute Herr mal wieder seine Brille vergessen und erkannte uns nicht sofort. Von weitem ruft er schon (wie immer):
"Er tut nichts"..."gehen sie ruhig an uns vorbei!"

Oh wie ich das liebe und mich immer wieder aufs Neue genau auf diese Situationen freue! All diese merkwürdigen Hunde-Halter, deren Hund sich Zähne fletschend und völlig außer Kontrolle in ihrem Halsband drehen, winden und zu allem Terror bereit sind. Ehrlich gesagt mag ich auch inzwischen all diese Sprüche nicht mehr hören!
Vor allem nicht diesen Lieblings-Spruch solcher Hunde-Halter:
"Er will nur spielen!"

Kaum diesen Satz ausgesprochen, gehen bei seinem Hundchen auch schon passend zur Begrüßung die Lefzen hoch, Rute und Ohren sprechen eine klare Sprache und die Kragen-Bürste seines Hundes wächst inzwischen ins Uferlose.
Eigentlich bin ich ja als sehr verantwortungbewusster Hunde-Halter sehr bescheiden geworden nach all den Begegnungen der letzten Jahre!
Ich erfreue mich ja schon inzwischen an Kleinigkeiten, so auch an der Tatsache, dass dieser ~~Hund~~ "Cujo" ("Stephen King" lässt grüßen) wenigstens noch angeleint ist und sich nicht gleich auf uns stürzt!
Dies erspart uns wenigstens diesmal seitens unseres Gegenüber den nächsten dummen und verantwortungslosen Spruch der Sorte:
"Das hat er ja noch nie gemacht!"

Nur zu gut kann ich mich an eine ähnliche Situation erinnern, als genau ein solcher Blödsinn untermalt von genau diesen Sprüchen unnötig beim Tierarzt endete.
Nur weil das "Gegenüber" nicht angeleint war und es zu einer größeren Beißerei gekommen ist!
Okay; offen eingestanden! Mein ~~Streifenhörnchen~~ Rüpel- und Terror-Tierchen ist auch nicht gerade der "Netteste" in solchen Situationen.
Auch mein Streifenhörnchen reagiert immer sehr extrem auf gewisse Bedrohungen und mögliche Gefahren, lässt dabei solche Begegnungen niemals "unkommentiert" und ist grundsätzlich "zu allem bereit".
Vor allem aber ist mein Bardino zu einem immer bereit...zu schützen!
Längst habe ich damit aufgehört, immer zu allem und jeden freundlich zu sein!
Aus der Tatsache heraus, dass man mit Freundlichkeit nicht wirklich solche Situationen unbedingt verbessern kann, habe selbst ich schnell gelernt, dass eine gewisse Unfreundlichkeit bei solchen Begegnungen zu einer schnelleren Lösung maßgeblich beiträgt. Warum auch nicht mal unfreundlich seinem Gegenüber sein?!
Schließlich möchte ich weder auf unseren Runden Freundschaften schließen, noch andere Hunde-Halter kennen lernen.
Im Grunde will ich nur meine Ruhe haben und relaxt die Gassi-Runde zu Ende gehen!
Unserem Frauchen geht es da auch nicht besser.
Ganz im Gegenteil!

Ihre Situationen und Begegnungen sind eher noch eine deutliche Spur krasser und unangenehmer, wenn sie mal wieder einem solchen "Überherrn der Schöpfung" begegnet. Da laufen solche männlichen "Alltags-Zombies mit Hund im Gepäck" regelrecht zur Höchstform auf, wenn sie einer "Frau mit Hund" begegnen!
Nur zu gerne werden diese Herrn einer Frau gegenüber schnell sehr beleidigend, belehrend, extrem rücksichtslos und durchaus auch aggressiv.
Was sollen wir uns jetzt auch hier diese Problematik schön reden?!
Willkommen in der Realität!

Da nutzt in der Praxis und auf den täglichen Gassi-Runden auch keine Freundlichkeit mehr. Der echte Schlüssel heißt auch hier sachliche Unfreundlichkeit, eine klare Zielorientierung und dies gewürzt mit einer großen Portion Selbstbewusstsein! Denn eins haben fast alle dieser Alltags-Zombies und Super-Machos gemeinsam! Sie sind echte und nachhaltige "Gegenwehr" nicht gewöhnt und in den seltensten Fällen einer "starken Frau" gewachsen!

Was die nächste (mögliche) Instanz einer solchen Begegnung oder Konfrontation angeht, hat Frauchen ohnehin immer auf ihren Gassi-Runden (für den "Fall der Fälle") ein sehr zuverlässiges "Tier-Abwehrspray" für Notfälle und zur Verteidigung in der Tasche. Schließlich weiß man ja nie im Vorfeld, was für ein "Untier" einen auf dem nächsten völlig unbedarften Gassi-Ründchen plötzlich anfallen oder gar auf der Lauer liegen könnte?!
Was die direkte Kommunikation (besonders als Frau) solchen "Typen" gegenüber angeht, sollte man vielleicht mal dringend überdenken, auch hier klare und wirklich unmissverständliche Akzente abseits einer normalen "Freundlichkeit" zu setzen!
Seit unser Frauchen ihre "Nettikette" und ihre sehr guten Umgangsformen abgelegt hat, geht es sich viel entspannter durch die Landschaft!
Ungewollte, lästige und nervige Begegnungen werden merkwürdigerweise immer seltener! Inzwischen hat es sich hier in unserem direkten Umfeld längst herumgesprochen, dass man dieser Frau mit ihrem gestreiften Hund besser weitläufig aus den Füßen geht. Gut so, Ziel erreicht!

Gerade in ländlichen Regionen, wo jeder jeden kennt, kann dies klar von Vorteil sein. Die Kehrseite ist natürlich die, dass man schnell einen gewissen "Ruf im Ort" hat. Damit sollte man natürlich klar kommen und auch entsprechend umgehen können!
Frei nach dem Motto:
"Ist der Ruf erst mal ruiniert, geht es sich Gassi ganz ungeniert!"

Eigentlich könnte man ja über gewisse "Verhaltensweisen" mancher Hunde-Halter ganze Bücher füllen und es würde auch sicherlich Sinn machen, endlich mal anstatt einer "Hunde-Schule" eine "Halter-Schule" zu eröffnen.
Da bekommen wirklich so Worte wie mangelnde "Sozialisierung", "Abrufbarkeit" bis hin zu einer "Begleit-Halter-Prüfung" eine ganz andere Bedeutung!
Bekanntlich ist ja eher das andere Ende der Leine das größere Problem und nicht der Hund...

Und jetzt sprechen wir nicht einmal im Ansatz von all den Joggern, Wanderer, Nordic-Walker & Co. (oder gar spielende Kinder) in der freien Natur, die sich immer wieder aufs Neue über genau diese verantwortungslosen und rücksichtslosen Hunde-Halter freuen, die ihre nicht abrufbaren Hunde immer wieder "frei" in der Gegend laufen lassen! An der Stelle darf man sich nun wirklich nicht wundern, dass allgemein die Hunde-Halter immer mehr in Verruf geraten und stark in der (begründeten) Kritik stehen?!
Ehrlich gesagt möchte man sich selbst als rücksichtsvoller und einer gewissen Verantwortung bewussten Einstellung als Hunde-Halter all die Argumente dieser zweibeinigen "Begegnungs-Zombies" nicht mehr aussetzen und erst recht solchen Menschen mit frei laufenden und nicht abrufbaren Hund in der Natur (oder sage ich treffender "freien Wildbahn") begegnen!

Genau das sind doch die Tage, die wir alle so lieben!
Besonders dann, wenn der krönende Tagesabschluss (das Ende der Begegnung und einer Alptraum artigen Gassi-Runde) mal wieder absolut unnötig beim Tierarzt endet!
All das nur mal wieder, weil die beiden Hunde bei ihrer Begegnung nichts einfach nur untereinander "klären" wollten, sondern sich mal wieder gnadenlos zerbissen haben.

Mountain-Biker / Drahtesel-Raser / Fahrrad-Terroristen...

Oh wie ich diese Menschen und Begegnungen liebe, diese (meist sehr rücksichtslose) Hobby-Zunft der Drahtesel-Bezwinger!
Egal ob sie nun mal wieder auf ihren High-Speed-Reifen lautlos und mit typischen "Tunnelblick" von hinten angerast kommen, oder mal wieder auf Stollen-Reifen im Wald plötzlich aus den Büschen kommen!
Lustig ist das für einen Hunde-Halter und seine Fellnase schon längst nicht mehr.
In den seltensten Fällen wird zur Warnung mal geklingelt oder gar etwas zugerufen, so dass man sich nicht einmal auf die bevorstehende (oftmals gefährliche) Situation einstellen könnte oder gar mal den Hund zur Sicherheit (aller Betroffenen) an die "kurze" Leine nehmen könnte, um Schlimmeres überhaupt vermeiden zu können.
Es ist noch nicht lange her, als es bei einer solchen unliebsamen Begegnung fast zu einem größeren "Crash" gekommen wäre.
Da kommt dieser wahnsinnige Raser in einem Affenzahn von hinten lautlos angerast, kein Signal, kein Warnruf...absolut nichts!

Streift bei seinem "Überhol-Manöver" von uns den Hund schmerzhaft am Hinterlauf und radelt (ohne mal stehen zu bleiben!) gnadenlos und sein persönliches Etappenziel im Auge einfach weiter!
Als ich ihm noch hinterher gerufen hatte, ob er nicht einmal stehen bleiben wolle, wenn er schon meinen Hund anfährt und verletzt?!
Erntete ich lediglich einen in die Luft gestreckten und winkenden "Mittelfinger" und als Antwort von ihm zum Abschied ein lautes:
"Blödes Hunde-Ar...l.ch!"
Mit Wut im Bauch und extrem erhöhten Blutdruck setzten schnell wieder meine grauen Zellen ein und der Verstand siegte ausnahmsweise.
Denn was dieser Radler nicht bedachte bei seiner rüpelhaften und unverschämten Aktion; der Rad- & Wanderweg dieser Eifel-Passage verläuft nur exakt in zwei Richtungen! Was er allerdings zusätzlich auch nicht bedachte war die Tatsache, wir hatten ein Floh-Taxi dabei.

Schnell noch den Hund überprüft auf mögliche Verletzungen und nichts wie ab zum knapp 300 Meter entfernt parkenden Floh-Taxi!
Die Rechnung hatte dieser Rad- & Wanderweg-Terrorist ohne uns gemacht.
Wir machten uns also auf den Weg zum nächsten Ort (der Weg über die Landstraße ist um ein Vielfaches kürzer als der Weg über diesen "Eifel-Stieg"), denn in den nächsten 15 -20 Minuten wird wohl unser "Freund" mit sehr großer Wahrscheinlichkeit auch dort eintreffen!

Was soll ich sagen?!
Logischerweise gibt es auf diesem "Eifel-Stieg" selbst keine Parkplätze, so dass ich halt gezwungen war, das Floh-Taxi quer auf dem Rad- & Wanderweg zu parken!
Keine zwei Minuten später kam er auch schon angeradelt und irgendwie drohten seine Pupillen nicht ganz dem zu vertrauen, was er gerade erblickte.
Da stand doch wirklich so ein Vollpfosten mit seiner Karre (also ich) mitten auf dessen persönlichen Renn-Strecke, und es führte leider kein Weg an diesem Hindernis vorbei.
"Ausweichen" nicht möglich...anders ausgedrückt, kein Platz zur Flucht!
Aus unserer Sicht war eine Verwechslung nicht möglich, da ja (zum Glück) diese Art von Hobby-Raser sich schön bunt und sehr markant / auffällig kleidet.
Wie es sich für moderne und trendige Draht-Esel-Piloten gehört, prangern auf Rad, Helm, Shirt usw. überall irgendwelche Sponsoren-Banner, Werbeschriftzüge usw., denn man(n) will sich ja schließlich von der radelnden Masse optisch abheben.
Was solche Hobby-Terroristen dabei leider vergessen, es steigert ungemein den eigenen Wiedererkennungs-Effekt!

Auf Deutsch; "Eine Verwechslung mit anderen Radlern absolut ausgeschlossen!"
Nebenbei bemerkt und in Hinsicht dieser verrückten Situation, eher eine wirklich dumme Nummer und ein gewaltiges Eigentor, wenn man "unerkannt" Hunde anfährt und anschließend gerne eine "Unfallflucht" begehen möchte!
So kam es wie es kommen musste...

Es folgte eine Notbremsung des rasenden Radlers auf der "letzten Rille", damit er nicht unweigerlich in das Hindernis auf seiner Rennstrecke einschlug!
Kaum zum Stehen gekommen, ging es auch schon los mit den aggressiven Beschimpfungen dieses Herrn, untermalt von seinem wilden Arm-Gefuchtel und erneuten Drohungen.
Was eine Rücksichtslosigkeit seitens dieses bunten "Lord-Helmchen" und absolut keiner Schuld bewusst. Ganz im Gegenteil!
Was dieser "nette" Herr aber völig in seinem Eifer außer Acht gelassen hatte, war das typische und "unberechenbare Eifel-Wetter". Ein heftiger Windstoß riss diesen Herrn völlig unerwartet vom Rädchen herunter, gefolgt von einem starken Sturmtief...
Es wurde unter seinem Helm plötzlich sehr "dunkel".
Der Rest ist Geschichte.

Man könnte auch sagen, der weitere Verlauf dieser Situation war sehr beeinflusst vom typischen Eifel-Wetter. So ein wechselhaftes Wetterchen oder Wetterumschwung in der Eifel kommt schnell, plötzlich und sehr überraschend.

Selbst die heimischen Wetterdienste berichten und warnen immer wieder von schnell wechselndem Wetter, plötzlicher und stärkerer "Niederschlag", tief fliegende Äste durch starke Wind-Böen bis hin zu einem plötzlich auftretenden Sturmtief!
Und da sprechen wir noch nicht einmal von all den anderen merkwürdigen Gefahren und Gestalten in der Eifel wie Trolle, Kobolde & Co., die laut Sagenwelt der Einheimischen hier in dieser wunderschönen Eifel leben und denen man durchaus in der freien Natur begegnen kann!

Diese Sagen umwogende Wesen sind ja aus Sicht der "Einheimischen" (Eifel-Bewohner) eigentlich sehr friedliche Zeitgenossen und eher selten abseits der Wälder, Wiesen und Auen anzutreffen!
Na ja, zumindest solange man sie nicht in ihrer Ruhe stört, oder wie in diesem "Fall" ein Fahrrad in ihrem Vorgarten gelandet ist und sie bei ihrem gemütlichen Kaffeekränzchen stört.

Also werte Hobby-Sportpiloten und Drahtesel-Akrobaten!
Solltet ihr bei der Ausübung eures Hobby oder Sport mal wieder in der wunderschönen Eifel unterwegs sein, denkt bitte immer unbedingt daran:

- "Rücksicht und Freundlichkeit hat Vorfahrt (auch in der tiefsten Eifel)!"

- "Miteinander" statt "Gegeneinander" heißt die rücksichtsvolle Devise!

- "Radwege" sind auch "Wanderwege", und ihr werdet sicherlich auch umher laufenden Tieren (Hunde, Rehe usw.) begegnen, die sich an ihrer Gesundheit und einer gegenseitigen Rücksichtnahme erfreuen!

- Es gibt an eurem "Sportgerät" so eine geniale Erfindung, die sich "Klingel" nennt, und diese kann man sogar bei Bedarf benutzen!
  Ist keine Klingel (an eurem Hightec-Velo) vorhanden, nutzt doch einfach mal eure Stimme und warnt freundlich andere Mitmenschen / lebendige Wesen! Bevor ihr sie passiert, mal wieder überrascht, erschreckt oder gar gefährdet!

- Geht mit der Natur bitte rücksichtsvoll um!
  Bitte werft nicht immer euren Müll oder Unrat bei der Ausübung eures Hobby in die Vorgärten unserer heimischen Trolle, Kobolde und Fabelwesen!

- Bei "Begegnungen" bevorzugt man hier in der Eifel einen freundlichen Umgangston! Besonders aber auch eine gelebte "Nettikette"!

- Ein freundliches "Hallo" hat schon so manches Wunder bewirkt.

- Immer an das "Wetter" denken und vor allem im Blick behalten.
  Nicht dass es euch plötzlich und unerwartet mal überrascht!

Nordic-Walker / Wanderer...

Noch so ein irrwitziges Thema!
"Zurück zur Natur" und möglichst zu Fuß.
Aber es kann bei "Begegnungen" durchaus auch gefährlich sein / werden!
Man streift gemütlich und tiefenentspannt mit seiner Fellnase auf einer längeren Runde durch die Natur und plötzlich schlägt das Streifenhörnchen Groß-Alarm.
Ein lautes "Geraschel" in den Büschen und Unterholz abseits der ausgewiesenen Wanderpfade, und plötzlich steht da so ein merkwürdiger und mit Stöcken bewaffneter "Nordic-Walker" vor uns.

Holla die Waldfee!
Das Streifenhörnchen läuft sofort zur Höchstform auf, gefolgt von einem tiefen und typischen Bardino-Warn-Groller, und schon fängt das Gegenüber wild mit seinen Stöcken an bedrohlich vor uns rumzufuchteln.
Was soll das eigentlich?!

An der Stelle frage ich mich als rücksichtsvoller Hunde-Halter immer wieder, warum sich solche Mitmenschen nicht einfach mal Gedanken darüber machen, wie sie als "Walker" bei der Ausübung ihres Hobbys auf andere Menschen und vor allem Tiere wirken, wenn sie plötzlich und mit Stöcken fuchtelnd aus den Büschen kommen?!

Auch die Frage auf ihre persönliche Verwunderung (in manchen Fällen sogar pure Angst) hin, warum sie sich dann immer wundern, wenn ein Hund seine Leutchen bei einem solchen Überfall oder einer direkten Bedrohung schützen will?!
Natürlich sprechen wir jetzt nicht einmal im Ansatz darüber, was alles passieren könnte, wenn man einen traumatisierten Hund an seiner Seite hat, der diese Wanderstöcke nur zu gut kennt von all seinen Qualen / Misshandlungen und diese vielleicht mit der erhaltenen "Prügel" mit diversen Gegenständen verbindet?!
Aus eigenen Erfahrungen und einer ehrlich gelebten "Rücksichtnahme" anderen gegenüber würde ich ohnehin empfehlen, ein typisches Streifenhörnchen in den Wäldern anzuleinen!

Dies hat jetzt absolut nichts mit dem Thema "Jagdtrieb" & Co. zu tun!
Sondern einfach und banal mit der realen Tatsache von unerwarteten und plötzlichen "Begegnungen". Vor allem aber mit der größeren Gefahr, dass man ehrlich gesagt niemals weiß, was uns Hunde-Halter hinter dem nächsten Busch oder einer Waldkreuzung erwarten kann / könnte?!

Hoch zu Ross...

Selbst wenn es hier in unserer landschaftlichen Region so gut wie keine "Zäune" gibt, begegnet man diesen Freizeit-Cowboys und Wochenend-"Outlaws" komischerweise genau dort, wo sie trotz entsprechender "Verbot-Schilder" (beispielsweise im ausgewiesenen Naturschutzgebiet!) überhaupt nicht hin gehören!
Anstatt über endlose Wiesen, Felder oder durch die Wälder (wo es größten Teils erlaubt ist) zu "galoppieren", bevorzugen sie leider immer wieder (beispielsweise) die "Rundwanderwege" um die Eifelmaare!

Dabei werden durch die Hufe der Pferde nicht nur aufwendig angelegte Uferbereiche vollkommen zerstört, sondern auch Brutgebiete seltener Vögel und Laichzonen des Fischbestandes massiv gestört.
Abgesehen davon ist es auf einem knapp zwei Meter breiten Wanderweg absolut nicht lustig, wenn man mit seinem Streifenhörnchen unbedarft um die nächste Ecke wandert und fast ein Opfer eines Reitunfalls wird!
Mal ehrlich; "früher" hätte es sowas nun wirklich nicht gegeben, und so ein Natur-Marshall oder "Lonesome-Ranger" der Sorte John Wayne hätte diese Umwelt-Raudis vom Pferd geschossen oder zumindest wegen ihrer Rücksichtslosigkeit am nächsten Baum aufgeknöpft!

Was soll der ganze Quatsch eigentlich?
Muss eine solche Rücksichtslosigkeit denn wirklich sein?

Ist das wirklich so toll für einen solchen Hobby-Cowboy, mehrere Runden um das Maar (in Fachkreisen der Einheimischen inzwischen schon passend Idioten-Rennbahn genannt) zu drehen?
Dabei ahnungslose Wanderer, Gassi-Runden-Gänger, Angler & Co. zu gefährden und dabei noch nachhaltig die Umwelt und "Lebensräume" anderer Tiere zu zerstören?!
Anstatt einfach nur dem Sonnenuntergang der Eifel auf den endlosen Wiesen entgegen zureiten?!

Dieses rücksichtslose Unterfangen ist für den Reiter selbst nicht ganz ungefährlich! Vor allem dann, wenn mal wieder ein inzwischen völlig genervter und mehr als nur wütender Angler (der dort nicht nur Pächter ist, sondern auch noch mühevoll und aufwendig diese Rund-Wege / Uferbereiche sauber hält, letztendlich auch noch von Pferdeäpfeln befreit) plötzlich hoch springt, dabei die Arme zur Abschreckung in die Höhe reißt und laut in die Hände klatscht!

Sorry, aber das muss doch alles nun wirklich nicht sein! Scheinbar leben wir alle inzwischen in einem sehr merkwürdigen Land, wo statt Rücksicht und Freundlichkeit ganz andere Tugenden mehr als nur modern und angesagt sind?!

Jäger, Spaß- und Schieß-Gesellschaft...

Ganz großes "Halali"!
Leider ist dies heutzutage eine wirklich nicht zu toppende "Begegnung" für einen unbedarften und bis zu diesem Zeitpunkt (noch) tiefenentspannten Hunde-Halter!
Nur zu gerne berichte ich an dieser Stelle und als positives Beispiel über unseren "Orts-Jäger" (Revier-Pächter), der wohl inzwischen eher eine Ausnahme dieser "Zunft" darstellt!

Ein wirklich für heutige Verhältnisse ungewöhnlicher "Jäger", gerade was seine persönlichen Ansichten angeht. Wie pflegt er zu sagen:
"Wenn dein frei laufender Hund ("Jagdtrieb" hin oder her!) wirklich ein Reh erwischen würde, ist es wohl sehr krank oder altersschwach und hat es nicht besser verdient!"
Ihn persönlich juckt es nicht im Geringsten, ob nun ein Hund an der Leine ist oder frei durch die Gegend läuft, sofern sein Frauchen oder Herrle in der Nähe ist und bei Bedarf eingreifen kann. In erster Linie ist er selbst ein Ruhe liebender Mensch!
Er jagt nur das Wild, was alt oder krank ist, sitzt am liebsten gemütlich mit Fernglas und Kaffeekanne bewaffnet auf seinem "Hochsitz", um seine Herden zu beobachten.

Er spielt und übt gerne Jagdhörnchen (weil er scheinbar in "freier Wildbahn" seine Frau mit den falschen Tönen nicht so sehr nervt und nötigt als in seinem Zuhause?!) und pflegt noch selbst seine Wälder, Natur, Umwelt und sein Revier sehr sorgfältig. Eigentlich so, wie man sich einen echten Jäger und Naturschützer vorstellen würde!

Wenn es nicht genau die verachtenswerten Jagd-Pächter (oder spreche ich besser über schießende "Rummelplatz-Chaoten") und insbesondere deren extra angereiste "Gast-Jäger" in den Nachbar-Revieren geben würde, die genau dieses Bild völlig verwerfen und einen ganz anderen Schatten über diese jagende Zunft werfen! Genau denen möchte man mit Hund im Wald absolut nicht begegnen!

Kleine Anmerkung am Rande und bevor vielleicht ein falsches Bild entsteht!
Persönlich bin ich weder ein militanter Tierschützer, noch ein echter und absoluter Jagd-Gegner. Denn ich liebe diese "Tiere des Waldes" in jeglicher Form.
Egal ob lecker geschmort und mit frischen Garten-Kräutern im Römertopf, gegrillt aus dem Steinofen oder einfach nur herzhaft zubereitet!
Die Vegetarier oder bekennenden "Veggie-Day"-Fans unter euch Lesern mögen es mir an dieser Stelle verzeihen, aber ich sehe dieses Thema auch unter dem Aspekt "Art-Erhalt durch aufessen!"

Auch wenn dies jetzt in gewisser Hinsicht und für den ein oder anderen Leser dieses Buches einen thematischen Wiederspruch darstellt, es ist mein persönlicher Beitrag zur tierischen "Bestands-Pflege" und deren Art-Erhalt.
Allerdings bin ich trotzdem ein absoluter Gegner von fragwürdigen "Kirmesplatz"- oder "Schützen-Fest"-Veranstaltungen im Wald, seitens schießwütiger und blutrünstiger Hobby-Killer in bunten Tarnanzügen und elitärer Großstadt-Kreise, denen der Golfplatz inzwischen zu langweilig geworden ist!
Deren sogenannte Treib-Jagd und wie sie das alles nennen, haben weder etwas mit aktiven Naturschutz zu tun, noch dient es abseits dem persönlichen Spaß, der eigenen Befriedigung und Jagderlebnis irgendeinem anderen nachvollziehbaren und verantwortbaren Zweck. Wir sprechen jetzt nicht einmal nur annähernd von den vielen und zahlreichen Unfällen, Zwischenfällen usw. in den Wäldern, Wiesen und Auen, zu denen es Jahr für Jahr auch bei "Begegnungen" kommt!
Oder sich mal wieder ganz zufällig eine "Kugel" verirrt und dabei ein Hund oder eine Katze aus purem "Versehen" / Zufall und aus einer Verkettung von unerklärlichen Umständen erlegt wird!
Längst sind es keine Geschichten und Gerüchte mehr, dass so mancher (scheinbar selbst tollwütige) "Weidmann" weit über sein Ziel hinaus schießt!
Im wahrsten Sinne des Wortes!

So kam es kürzlich zu einem gewissen "Zwischenfall", den wir eigentlich schon längst in all den Jahren (seit wir hier "auf dem Land" leben) erwartet haben.

Da geht unser Frauchen nichts ahnend und gemütlich wie gewohnt mit unserem Streifenhörnchen ihre ganz normale Samstags-Runde in den angrenzenden Orts-Wald. Gerade mal 13:00 Uhr, als sie die ersten Schüsse in der Ferne hört!
Na ja denkt sie sich noch, ist ja weit genug entfernt und schlendert weiter den gewohnten Wanderweg entlang.
Plötzlich ein riesiger Gedöns, es raschelt in den Büschen, gefolgt von einem panischen Quietschen eines Wildschweins auf der Flucht.

Einen kurzen Moment später fängt das (angeleinte) Streifenhörnchen an zu grollen und bevor sie reagieren konnte, kreuzt auch schon das Wildschwein "angeschossen" und laut quietschend ihren Weg, um seine Flucht sofort ins nahe gelegene Unterholz fort- zusetzen. Einige Augenblicke später taucht dann auch schon wie aus dem Nichts ein Jagdhund auf, gefolgt von zwei älteren Jägern mit ihren bedrohlichen Flinten. Kaum auf Höhe meiner Frau angekommen, geht das unfreundliche Geschrei dieser beiden Herrn auch schon los:
"Verschwinden sie sofort aus diesem Wald und nehmen sie ihren Köter mit!"

Es folgen weitere hitzige und unfreundliche Worte dieser beiden "Schießbuden-Figuren" und meine Frau tritt mit ihrem Streifenhörnchen den Rückzug an.
In dieser Situation wohl das Klügste, was sie machen konnte.

Zu Hause angekommen, erzählte sie mir dann sofort von ihrer merkwürdigen, bedrohlichen und unfreundlichen "Begegnung" im Wald.
Bis hierher waren meine persönlichen Gedanken ja noch ganz friedlich, auch sah ich noch keinen dringenden Bedarf, aktiv zu werden, und ich fuhr los zum ganz normalen Samstags-Einkauf in den nahe gelegenen Discounter.

Dort schnell meine Wochenend-Einkäufe getätigt und ich stellte mich nichts ahnend an der Discounter-Kasse an, um zu bezahlen.
Scheinbar war meine Frau und Hund wegen diesem Vorfall schon regelrecht "Orts-Gespräch", denn an der Kasse vor mir standen vier Jäger und amüsierten sich köstlich und angeregt über den Jagd-Vorfall mit meiner Frau.
Langsam stieg meine Wut empor!
Mein Blutdruck erhöhte sich rasch und ich klopfte dem Herrn "Jäger" auf die Schulter, um ihn zu fragen, was an der Geschichte denn nun so lustig sei?!
Einige Argumente später waren diese Herrn scheinbar sehr froh darüber, endlich den Discounter verlassen zu können und traten diesmal ihrerseits rasch in einer Art von "Schallgeschwindigkeit" den Rückzug an.

Zumindest wusste ich jetzt, wo diese Jagd-Gesellschaft ihr Lager (oder sage ich treffender ihren "Kirmesplatz") aufgeschlagen hatte und wo ich die beiden "freundlichen" Herrn dieser "Begegnung" mit meiner Frau finden würde!
Gesagt, getan! Ab ins Floh-Taxi und ich machte mich auf den Weg in den heimischen Wald und auf diese Grillhütte.
Dort angekommen, waren die beiden Herrn schnell ~~gefunden~~ "gestellt".
Was ein Trauerspiel und welch armselige Gestalten standen da vor mir!
Da standen sie nun, zwei altersschwache und kränklich wirkende Jäger (oder sage ich besser "Schießbudenfiguren" eines Wald-Rummelplatzes) im gesetzten Alter, wo ich mich schon ernsthaft fragen musste, wer sowas verantworten kann und solche Gestalten mit einem geladenen Gewehr durch unsere Wälder frei laufen zu lassen?!
Vor allem auch aus der Tatsache heraus, dass sie scheinbar nicht einmal dazu in der Lage sind, auf ihrer Jagd (in ihrer persönlichen Unfähigkeit) ein Tier zu "erlegen" und auch endlich von seinen Qualen zu erlösen!

Anschließend folgten auch meine Fragen, was der Wahnsinn denn soll, in einem "öffentlichen Wald" und auf einem "öffentlichen Wanderweg" eine Frau grundlos zusammenzuschreien und sie regelrecht zu bedrohen?! Selbst die Tatsache, dass nicht einmal im Ansatz dieser Wald für die Öffentlichkeit für die Zeit dieser Jagd "abgesperrt" war, oder wenigstens (wie als positives Beispiel in Nachbar-Revieren immer getätigt und als löbliches Gegenbeispiel) ein paar Warn-Hinweise, Warn-Schilder usw. auf eine stattfindende "Jagd" aufgestellt wurden, ist ja schon, was die öffentliche Sicherheit von Spaziergänger, Wanderer & Co. angeht, eine absolute Zumutung, bodenlose Frechheit und stellt eine echte Lebens-Gefahr dar!

Als ich mit diesen beiden Herrn fertig war (ausnahmsweise war ich dann auch mal nicht mehr freundlich), war dieser Zwischenfall mehr als nur peinlich für sie und das alles vor den Augen ihrer Jagd-Freunde. Allerdings folgte nicht einmal eine Entschuldigung dieser beiden Herrn, noch sonst etwas.

Um diesem "Vorfall" etwas Nachdruck zu verleihen und mich bei diesen Herrn gebührend zu bedanken, liegt inzwischen eine entsprechende Beschwerde beim Jagdverband (der zuständigen Instanz) vor, und ich bin wirklich mal gespannt, ob es überhaupt zu einer Reaktion oder Stellungnahme der verantwortlichen Jagd-Behörde kommen wird?!

Vielleicht sollte ich mich noch mit einem netten Artikel in der öffentlichen Presse widmen und mal gezielt auf solche Missstände, Vorfälle und Gefahren in unseren heimischen Wäldern und zum Schutz unserer Bevölkerung vor solchen schießwütigen Hobby-Jägern hinweisen...

Natürlich stelle ich gerne auch mal die Frage in den Raum (man verzeihe mir an dieser Stelle meinen Sarkasmus), ob man in Hinsicht aktiver Naturschutz, Artenschutz usw. solche altersschwache und kränkliche Zweibeiner nicht so behandeln sollte, wie man für gewöhnlich mit altem und krankem "Wild" in unseren heimischen Wäldern umgeht?!

Auch die Frage, wie man diesen Planeten "nachhaltig" vor solchen Menschen und ihre mehr als nur fragwürdigen Hobbys schützen kann?

Manchmal frage ich mich wirklich, was kommt als nächstes auf uns zu und welchen Gefahren muss sich ein unbedarfter und Natur liebender Hunde-Halter demnächst noch so alles aussetzen, auf der nächsten "Gassi-Runde", Wanderungen usw. und all diesen wirklich merkwürdigen (oftmals absolut unnötigen und verzichtbaren) Situationen und teils durchaus gefährlichen "Begegnungen"?!

Jüngst und nach einem erneuten Biss-Vorfall, wo wieder einmal unser Streifenhörnchen zum Opfer wurde, kann ich wirklich nur jedem raten sich zu wehren! Lasst euch nicht bedrohen, einschüchtern oder erst recht nicht immer wieder von anderen rücksichtslosen Menschen und ihren Hunden gefährden!

Wehrt euch!

Denn macht ihr dies nicht, wird es durch solche Menschen und ihre grenzenlose Rücksichtslosigkeit immer wieder zu den gleichen Situationen und auch zu grenzwertigen Begegnungen kommen!

Abseits von unnötigen Arztbesuchen ist eure Fellnase immer der Leid tragende und nicht selten erneut traumatisiert.

Ihr fangt oftmals wieder ganz von vorne an, eure Fellnase erneut zu resozialisieren und müsst sie immer wieder aufwendig und über längere Zeiträume dahingehend trainieren, nicht auf andere Hunde und einer vermeidlichen Gefahr / Bedrohung selbst sofort massiv zu reagieren und selbst wieder in ein vielleicht negatives Schema in ihren Reaktionen zu verfallen. Sich einfach nur "tatenlos" zu ärgern, zurückzuziehen, seinen persönlichen Frust und die Probleme vielleicht in ein paar Zeilen irgendwo zu verfassen, löst bekanntlich keine echten Probleme!

Frei nach dem Motto: **"Handeln! Nicht wegsehen!"**

*"Dass mir mein Hund das Liebste sei, sagst du, oh Mensch, sei Sünde,
doch mein Hund bleibt mir im Sturme treu, der Mensch nicht mal im Winde!"*

(Quelle / Zitat: Franz von Assisi / 1182-1226)

Kapitel 21 - Sein oder Nichtsein...

...ist hier in diesem Buch nicht wirklich die große Frage!

Sondern ich persönlich zolle jedem Menschen meinen Respekt, der sich für den gemeinsamen Weg mit einem Tierschutz- oder Ausland-Hund entschieden hat!
Dabei spielt es auch nicht wirklich eine große oder gewichtige Rolle, ob die Fellnase nun gestreift ist oder halt nicht?!
Wichtig ist doch lediglich, dass sich wirklich zwei "Seelen" in dieser verrückten Welt gefunden haben und ein Stück "Lebens-Weg" gemeinsam Seite an Seite gehen!

Gegenseitiges Vertrauen, Treue und viele andere alten Werte gemeinsam "leben" und "erleben", die leider oftmals in dieser modernen Gesellschaft und neuzeitlichen Welt oftmals schon verloren gegangen sind.
Auf diesem Planeten gibt es keine Lebewesen, die nur annähernd so ehrlich und so treu sind wie ein Hund!

Egal welche Fehler du als Mensch machst...
...ein Hund wird sie dir immer verzeihen!

Egal wer deine "Freunde" sind...
...ein Hund ist immer der ehrlichste und treueste Freund von allen!

Egal wie fair das Leben zu dir ist...
...ein Hund wird immer treu an deiner Seite stehen!

Egal welchen Streich dir dein Leben spielt...
...ein Hund wird dich immer schützen und treu über dich wachen!

Daher auch mein großer Wunsch an diese Menschheit und die moderne Gesellschaft, diesen Geschöpfen auf vier Pfoten den gebührenden Respekt entgegenzubringen!
All diese Lebewesen (egal welches Fell sie nun besitzen) zu achten und nicht mehr mit den Füßen zu treten, zu quälen, zu misshandeln und brutal zu entsorgen!
Denn dann wäre dieser Planet auch schon ein großes Stück schöner und lebenswerter.

An dieser Stelle auch nochmals der Appell an alle zukünftigen Hunde-Halter und die Leser dieses Buches, die noch vor einer großen Entscheidung stehen:

- Überlegt und prüft es sehr genau, welcher Hund nun wirklich zu euch, euren Lebensumständen und in euer Leben passt?!

- Vor allem aber überlegt sehr gut, welcher Hundeseele ihr eine Chance auf ein neues Leben und ein neues Zuhause schenken möchtet!

- Ob "Streifen" oder nicht, ob jung oder alt, die Fellnase wird es euch mit seinem großen Herz, grenzenloser Liebe, Treue, Vertrauen und Ergebenheit danken!

- Entscheidet ihr euch für einen Bardino oder Bardino-Mix, seit euch bitte immer im Klaren darüber, welche Herausforderung da auf euch zukommen kann und welchen Alltags-Situationen ihr euch durchaus stellen werdet!

- Denkt bitte nicht über einen Hund vom Züchter, kommerziellen Vermehrer, obskure und fragwürdige "Hobby-Zuchten" oder gar über besonders günstige "Kofferraumhunde" nach!

- Die Tierheime und Tierschutz-Bereiche sind voll mit den tollen Fellnasen, die nur auf euch und ihre (vielleicht letzte) Chance in ihrem traurigen Dasein warten!

- ➤ Sollte es die Möglichkeit geben oder die Situation es erlauben, lernt euren "Wunsch-Hund" erst einmal kennen, bevor ihr euch entscheidet!

- ➤ Vertraut mit eurem Hunde-Wunsch nicht gleich jedem!
  Prüft bitte immer die Seriosität, Ehrlichkeit und die Angaben über den Hund des Vermittlers, Verein oder Organisation. Schaut immer zweimal hin und prüft all die vielen Versprechungen, Zusicherungen, Angaben usw., bevor ihr euch endgültig für eine ganz bestimmte Fellnase entscheidet!

- ➤ Glaubt nicht immer alles, was euch andere und "Fremde" erzählen!
  Nur das eigene Bild ist ein wirklich wahres Bild.

Kapitel 22 - Die Frage aller Fragen

Habe ich nun einen wirklich echten und vor allem reinrassigen Bardino an meiner Seite oder vielleicht auch nicht?!
Diese Frage (vielleicht spreche ich treffender von "Neugierde") beschäftigt nicht zuletzt so ziemlich jeden Halter einer gestreiften Fellnase irgendwann.
Im Gegensatz zu all den eigenen Mutmaßungen oder gar Meinungen verschiedenster Hunde-Halter eben solcher Streifenhörnchen, abseits der "typischen" Eigenschaften, gewissen Rasse-Merkmalen und einem spezifisches "Aussehen" des Hundes kann lediglich ein genetischer Test tatsächlich diese Frage wirklich klären!
Allerdings ist ein solcher aussagekräftiger Test und letztendlich der endgültige Beweis der Reinrassigkeit des Hundes gar nicht mal so einfach zu erbringen!
Denn hierzulande kann man zwar auch über diverse Fach-Labore einen entsprechenden Gen-Test / Rasse-Nachweis und dessen Bestimmung in Auftrag geben, aber es gibt kein geeignetes und kein vorhandenes "Vergleichs-Material" in den hiesigen Datenbanken der Labore!
Mit ein Grund für diese Tatsache und die Umstände hierzulande sind:

> Bardinos sind (insbesondere hier bei uns in unseren Breitengraden) viel zu selten anzutreffen

> Es gibt weder offizielle Züchter noch entsprechende Zucht-Verbände in Deutschland und damit auch keine genetische Datenbank, keine Zucht-Linien, keine Listung entsprechender Hunde und demzufolge auch kein Vergleichsmaterial

- Die Rasse des Bardino (Majorero Canario) ist nach wie vor nicht offiziell von der FCI (Fédération Cynologique Internationale) anerkannt

- Lediglich und nur bei der spanischen RSCE (Real Sociedad Canina de España / damit bei dem zuständigen spanischen Hunde-Dachverband und verantwortlicher Ableger der FCI) ist der Bardino / Majorero Canario als "eigenständige Hunde-Rasse" (*Gruppe 1, *Sektion 1, Standard-Nr. 402) wie auch bei der FAO als "Hunderasse Spaniens" geführt. Demnach in Deutschland eigentlich nur ein "unbekanntes" Wesen auf vier Pfoten der Sorte "gestreifter Hund"!

  *(Gruppe 1: Hüte-Hunde und Treib-Hunde / Sektion 1: Schäferhunde)

All diese fachlichen Hintergründe zur Rasse und deren "Listung", damit insbesondere zu ihrer Anerkennung möchte ich jetzt aber hier nicht bis ins letzte Detail erklären und begründen, sondern wieder zum eigentlichen Kapitel-Thema eines Gen-Test und der möglichen Rassen-Identifizierung zurückkehren.

Die RSCE in Spanien arbeitet (als Dachverband der spanischen Hundezüchter) beispielsweise mit dem "Labor für Genetik" (Abteilung für Tierproduktion, Fakultät für Veterinärmedizin) an der "Universität Complutense" von Madrid zusammen.

Anhand des Identifizierungsverfahren und genetischer Test ("Genetics Canine") werden dort die Reinrassigkeit der Hunde (in unserem Fall der Bardino / Majorero Canario) bestimmt, nachgewiesen und in der spanischen Zucht-Datenbank (LOE) registriert. Eine solche Eintragung in der spanischen Datenbank (LOE) ist für einen Züchter erforderlich, um überhaupt entsprechende Papiere für den Hund, den Stammbaum-Nachweis und eine entsprechende Zuchterlaubnis der zuständigen Zucht-Verbände zu erhalten.

Durch die direkte Zusammenarbeit der RSCE mit dem Labor in Madrid erhalten die Züchter auch gewisse Sonderkonditionen für dieses Verfahren.

Neben dem bevorzugten Kooperations-Labor in Madrid gibt es natürlich auch andere spanische Labore, die fachlich geeignet und anerkannt sind, über entsprechendes Vergleichs- und damit Gen-Material verfügen, um die Rasse nachweisen und bestimmen zu können.

Natürlich auch die fachliche Auswertung mit der notwendigen Datenbank verknüpfen und erforderliche Eintragungen, genetische Nachweise, Listungen für die Züchter vornehmen können.

Fazit:

Ein genetischer Test und damit der Nachweis auf eine Reinrassigkeit des betreffenden Hundes (in unserem Fall des Bardino / Majorero Canario) ist grundsätzlich möglich! Es bedarf nur an etwas Aufwand, insbesondere bei der Auswahl des richtigen und vor allem geeigneten Fach-Labor (mit entsprechenden "Vergleichsmaterial")!

Offen eingestanden, selbst mich hat es irgendwie interessiert und gewissermaßen mehr als nur beschäftigt, was für eine Fellnase ich da überhaupt an meiner Seite habe?!

Zwar hatte ich dieses interessante Thema immer wieder verworfen und auf Eis gelegt (alleine schon, weil ein Gen-Test in den Laboren hierzulande wirklich wenig Sinn ergibt), dennoch stellte das Rasse-Thema viele offene Fragen dar, d
ie es irgendwann mal aus reiner Neugierde zu beantworten galt.

So ergab eine Reihe von Zufällen, dass wir irgendwann "Antworten" auf unsere Fragen erhalten haben! Es fing eines Tages mit der "Merkwürdigkeit" an, dass ein Tierarzt bei den diversen Behandlungen von Pablo plötzlich (bei einer CT-Diagnostik) feststellte, das er einen zweiten "Chip" in sich trägt!

Auf Deutsch; Pablo hatte nicht nur vor seiner Vermittlung einen vorgeschriebenen Chip (neben dem neuen Heimtierausweis) erhalten, sondern hatte schon einen Chip in seiner Vergangenheit durch den Züchter erhalten.

Jetzt war langsam aber sicher der Zeitpunkt gekommen, wo ich wirklich mehr als nur etwas neugierig wurde! Unser zu diesem Zeitpunkt behandelnder Tierarzt (selbst inzwischen sehr neugierig geworden) machte mir den Vorschlag, über einen seiner medizinischen Kontakte nach Spanien doch einfach mal die erforderlichen Proben dorthin zur "Auswertung" und Rassebestimmung zu schicken.

Nicht lange gefackelt!
Das Angebot habe ich natürlich sofort angenommen und die notwendigen Proben wurden entnommen, und auf schnellstem Wege zu seinem Kollegen nach Spanien geschickt! Dieser kümmerte sich dann um alles Weitere und beauftragte auch die entsprechende Auswertung in einem anerkannten Fachlabor.

Eine gefühlte Ewigkeit (knappe 4 Wochen) später kam der erlösende Anruf unseres Tierarztes; ich solle doch mal bitte nach der normalen "Sprechstunde" bei ihm vorbeikommen, die Ergebnisse wären inzwischen eingetroffen.
Holla die Waldfee, was war ich inzwischen nervös und angespannt!

Am Abend fuhr ich dann zum Tierarzt und er überreichte mir das Ergebnis...
...Pablo ist zu 99,8 % ein waschechter Bardino / Majorero Canario!

Selbst wenn ich es schon die ganze Zeit im Vorfeld und nach allem, was ich bis dahin recherchieren konnte, innerlich erahnt und gehofft hatte.
Jetzt hatte ich es schwarz auf weiß und durch das spanische Fachlabor entsprechend auch bestätigt bekommen.
Als weiteres "Ergebnis" und Nebengeschichte fand der spanische Kollege meines Tierarztes anhand des älteren Chip heraus, dass Pablo in Spanien "gelistet" war und er eigentlich als "Zucht-Rüde" vorgesehen war!

Warum es allerdings nie dazu kam, wird wohl ein spanisches Geheimnis bleiben.
Was allerdings mehr als nur interessant war, ist die Tatsache,
dass wir (zwar sehr mühsam und nach längerer / etwas aufwendigerer Recherche) nicht nur die Herkunft von Pablo klären konnten!
Sondern auch über seinen Züchter und auch große Teile seiner Vergangenheit stolperten und diese größtenteils aufklären konnten.

Zwei Jahre nach Pablos Vermittlung / Ankunft in seinem neuen Zuhause kannte ich nun endlich nicht nur seine Vergangenheit!
Sondern auch sein persönliches Schicksal, seinen traurigen Lebensweg und damit auch die wahre gestreifte Geschichte dieser misshandelten und geschundenen Hunde-Seele!

Leider bekam ich aber auch Antworten auf viele offenen Fragen, warum Pablo heute so ist wie er nun mal ist!
Allerdings erhielt ich auch viele Antworten zu seiner gesundheitlichen Situation und deren Problematik. Nicht zuletzt erklärten sich viele Dinge und Ursachen, die er aus seinem "Vorleben" in sein neues Zuhause mitbrachte.

Eins kannte ich jetzt allerdings auch; seinen Züchter und all die Menschen, die für sein persönliches Leid, all die zahlreichen Verletzungen und damit nicht zuletzt für die vielen Misshandlungen verantwortlich waren...

...der Rest ist Geschichte!

Resümee

Für mich persönlich wurden durch diese Labor-Geschichte nicht nur viele offene Fragen beantwortet!
Denn viele "Ecken & Kanten", Eigenschaften wie auch Eigenheiten dieses gestreiften Hundes an meiner Seite erklären sich jetzt fast von selbst.
Aber auch die nüchterne und schonungslose Tatsache, dass die Vergangenheit der Hunde und nicht zuletzt ihre wahre Lebensgeschichte, die durch solche Recherchen ans Tageslicht kommen können, nicht jedem Hunde-Halter gefallen werden!
Daher sollte jeder, der über einen solchen Schritt und eine Rasse-Recherche des eigenen Streifenhörnchen nachdenkt, unbedingt auch die mögliche und traurige Kehrseite / Vergangenheit einer solchen Geschichte bedenken und was da alles vielleicht ans Tageslicht gefördert werden kann.

Die "Wahrheit" und damit die "Vergangenheit" zu kennen, ist nicht immer gut!

Kapitel 23 - Eine kleine "Bitte"

Jedes Buch geht mal zu Ende...

...und irgendwann sind die letzte Zeile und Kapitel geschrieben.

Dennoch hätte ich als Abschluss dieses Buches **an alle Leser, Fellnasen-Besitzer, Streifenhörnchen-Dompteure** und zukünftige Hunde-Halter **eine kleine "Bitte"**!

Gebt nie auf zu "Suchen"!

- Ob ihr nun auf der Suche nach Lösungen für eure Alltags-Problemchen seit...

- Wieder einmal mehr Fragen offen sind, als es tatsächlich Antworten gibt...

- Eure Fellnasen euch mal wieder so richtig in den Wahnsinn treiben...

- Das Chaos und der Wahnsinn der "vierbeinigen" Alltags-Welt mal wieder kein Ende nimmt...

- Euch mal wieder ganz banal die pure Verzweiflung an ihre Grenzen treibt...

Es wird immer eine Lösung geben, man wird immer einen guten Weg finden!
Augen auf, etwas Geduld und Vertrauen sind der Schlüssel...
...denn man muss nur an der richtigen Stelle "suchen"!

Für alle "zukünftigen" Hundebesitzer, die noch kurz vor einer (vielleicht sogar "gestreiften") Entscheidung stehen, welcher Hund nun der passende ist oder gar die richtige Fellnase sein soll:

- Schaut immer zweimal hin, bevor ihr euch endgültig entscheidet und langfristig bindet! Vor allem aber abseits des Hundes bei der Auswahl der richtigen Organisation, Verein und verantwortlichen Vermittler.

- Überlegt immer sehr genau, welcher Hund und welche Rasse nun tatsächlich zu euch, zu euren Lebensumständen und euren persönlichen Erwartungen passt!

- Hört bei eurer Entscheidung nicht zu sehr auf "Andere" und was sie alles raten und empfehlen! Sondern lasst euch immer von eurem eigenen Herz, das eigene Bauchgefühl und dem eigenen Verstand lenken!
  Das sind immer die ehrlichsten, fairsten und mit Abstand die besten Ratgeber.

Egal wie ihr euch letztendlich entscheiden solltet, bitte geht nicht mit eurem Hunde-Wunsch zum Züchter oder kommerziellen Hunde-Vermehrer!
Wendet euch bitte vertrauensvoll an Tierschutz-Organisationen, Vereine in diesen Bereichen der Hunde-NOTHILFE und sprecht mit ihnen über euren Wunsch-Hund!

Denn irgendwo auf dieser Welt wartet eine Fellnase, nur um euch sein Herz, seine Liebe und seine grenzenlose Treue zu schenken.

Ob "Streifen" oder nicht, ihr werdet ihn finden...

 ENDE

Natürlich geht es weiter mit unserer gemeinsamen Reise...
...bis an das "Ende dieser Welt"!

Bis denne und demnächst, euer Pablo und sein Herrle!

 **Danksagung**

- Mein ganz besonderer Dank gebührt meinem kleinen gestreiften Freund Pablo. Er ist nicht nur mein persönlicher "Seelenhund", sondern er hat in schweren Stunden mehr als nur über mich gewacht, oder mich treu begleitet. Ohne ihn hätte ich auch niemals angefangen, dieses Buch zu schreiben.
  Danke mein "Kleiner" und gestreifter Freund, dass es dich gibt an meiner Seite und in meiner Welt!

- Tausend Dank an meine Frau Ulrike für ihr Verständnis und ihre grenzenlose Geduld! Besonders dann, wenn ich mal wieder die ganze Nacht am Laptop und an diesem Buch gesessen habe. Ich weiß, es ist nicht einfach mit einem Alltags-Chaoten und einem verrückten "Bardino-Halter". Schon gar nicht mit diesem verrückten Streifenhörnchen in ihrem ganz normalen Alltag.
  Danke für alles, vor allem aber auch im Namen von Pablo!
  Denn sie war es, die ihm in so vielen Nächten die Pfoten gehalten hat, ihn immer wieder aufopferungsvoll gesund gepflegt und über ihn gewacht hat.

- Einen ganz besonderen Dank richte ich an meine beste Freundin Sandra Ost, die mir schon seit vielen Jahren vor allem als echter Freund nicht nur mit Rat und Tat zur Seite steht.
  Besonders wenn es mal wieder um unsere Streifenhörnchen, deren Problemchen und den ganz "normalen" Hunde-Alltag (oder sage ich treffender "Alltags-Wahnsinn") geht. All die unzähligen Gespräche "Around the World", die vielen Gespräche über Hunde und andere Themen, die bewegen!
  Und nicht zuletzt mein persönliches "Fenster zur Welt"...
  Danke für alles Sanny!

- Natürlich nicht zu vergessen und zu schmälern, mein echter "keltischer" Freund. Danke Andy! Vor allem aber für deine immer etwas "andere" Meinung und deine sehr spezielle "Sicht der Dinge", denn es gibt mir immer wieder das wertvolle Gefühl, nicht der einzige Verrückte auf dieser Scheibe zu sein, die sich angeblich Erde nennt. Ach ja, bevor ich es noch vergesse!
Danke dafür, dass du uns auf deine "Insel" am "Ende der Welt" eingeladen hattest. Denn ohne euch hätten wir dieses wundervolle und "magische" Fleckchen Erde niemals kennen und schätzen gelernt.

- Ein wirklich großes Dankeschön gebührt natürlich meinem alten Freund, langjährigen Wegbegleiter und Vertrauten "Tommy", der mir nicht nur oftmals beratend und fachlich bei unzähligen Hunde-Themen stets zur Seite steht, sondern selbst langjähriger Bardino-Halter und Hunde-Kenner ist!
Darüber hinaus sich als echter Insider auch in der spanischen Hunde-Szene, der medizinischen Pfoten-Welt und dem Land & Inseln selbst bestens auskennt! Nicht zuletzt auch, weil er einen sehr guten "Draht" zum "Heiligen Geist" hat...

- Außerdem möchte ich an dieser Stelle meinen ganz besonderen Dank zwei ganz besonderen Menschen / Tierärzten (die aus persönlicher Bescheidenheit und einer tiefen Freundschaft hier nicht genannt werden möchten) aussprechen, denen Pablo mehr als nur einmal sein Leben verdankt und die ihn in seinen schwersten Stunden niemals aufgegeben, über ihn gewacht und vor allem niemals alleine gelassen haben!

- Insbesondere danken Pablo und ich dem weltbesten "Leibarzt" Michael Tietz (Tierarzt) und seiner Frau Kyra Tietz (ein gesondertes Danke für all ihre Tipps und wertvollen Empfehlungen). Veterinärmedizin zu studieren und als Arzt erfolgreich zu praktizieren ist sicherlich nichts ungewöhnliches. Aber einen guten und direkten Draht oder ein besonderes Händchen für einen Bardino zu besitzen, ist eine ganz andere Geschichte und Herausforderung!

Natürlich bedanken wir uns auch bei dem absolut erstklassigen, vertrauenswürdigen und sehr fürsorglichen Praxis-Team Katharina Otten, Julia Otten und Katharina Schäfer, denen Pablo sein Vertrauen schenkt (was wirklich etwas heißen will und für ihn eher sehr ungewöhnlich ist!).
Eine wirklich ganz besondere Praxis, die mehr als nur sehr empfehlenswert ist.
Nie war mein Streifenhörnchen in besseren und vertrauenswürdigeren Händen!

- Danke an all die vielen Bardino-Halter in dieser verrückten und etwas "anderen" Forum-Welt und in unserem privaten Umfeld, dass ihr uns an euren Geschichten und eurem persönlichen Alltag / Erfahrungen mit euren Streifenhörnchen habt teilhaben lassen!
  Ohne all die vielen Geschichten, Gespräche, Informationen, Diskussionen und Einblicke in eure Hunde-Welt wäre dieses Buch nicht in dieser Form möglich gewesen. Danke!

- Ein persönliches Dankeschön richtet sich natürlich an Lothar Korn, der es doch tatsächlich und mühevoll geschafft hat, all mein "Geschriebsel" auf die Grammatik zu prüfen und meine chaotischen Hieroglyphen zu entwirren.

- Mein ganz besonderer Dank gebührt einer Hand voller ganz besonderer Menschen (dessen Namen hier nicht genannt werden sollen, dennoch möchte ich euch in diesem Buch verewigen, denn ich weiß, dass ihr es lest),
  die nicht nur so manche "vierbeinige" Seele und Leben gerettet haben!
  Sondern die echte "Schutzengel" auf Erden sind! Diese Menschen sind die echten "Felsen in der Brandung" des Lebens. Auch wenn ich selbst heute nicht mehr in euren Reihen beruflich aktiv bin, danke ich für eure grenzenlose Freundschaft und Treue...heute und bis in alle Ewigkeit!

- Zum guten Schluss noch ein Dankeschön an den "Heiligen Geist", denn ich weiß, dass es ihn gibt. An dieser Stelle auch ein großes Danke von Pablo, für seine "bezahlten" Rechnungen und im Namen der Gerechtigkeit...

- Meine Aufzählung und die Liste könnten wohl noch einige Seiten fortgesetzt werden, aber nun ist Schluss, und die letzte Seite des Buches ist geschrieben. Sollte ich jetzt jemanden vergessen haben, jemand zu kurz gekommen oder nicht genannt worden sein, möge man mir dies verzeihen.
Dies lag nicht in meiner Absicht!
Also noch ein großes und herzliches DANKESCHÖN an all die Menschen, die Pablo und mir nahe stehen und hier nicht genannt wurden.

- Mein persönlich größtes DANKESCHÖN zolle ich allerdings an dieser Stelle all jenen Menschen unter euch, die einem geschundenen, misshandelten und vor allem von der Gesellschaft "vergessenen" Hund aus dem Tierschutz, aus Heimen, einer Tötungsstation usw. eine Chance auf ein neues Leben, eine Zukunft und ein neues Zuhause gegeben haben oder geben werden!

Anhang, Tipps & Internet / WorldWideWeb:

- https://www.hund-mit-streifen.de
  (Die Homepage und Info-Webseite zu diesem Buch)

- http://www.bardino-friends.de
  (Das 1. und Offizielle-Bardino-Forum; der etwas "andere Hunde-Treffpunkt für Liebhaber und Freunde dieser einzigartigen südländischen Hunde-Rasse...)

- http://www.der-gebrauchte-hund.de
  (Sehr gelungene und wirklich empfehlenswerte Homepage von Arne Felden, Hunde-Buchautor und langjähriger Halter eines gestreiften Hundes)

- http://www.tierhilfe-fuerteventura.de
  (Tierschutz und Vermittlungs-Organisation für spanische Hunde und natürlich Bardinos, stellvertretend für viele gute und sehr empfehlenswerte Vereine und Organisationen in dem Bereich für "Auslandshunde")

- http://www.tierarzt-tietz.de
  (Homepage von "Pablos" Leib- und Lieblingsarzt)

Mit dem Kauf dieses Buches unterstützt du nicht nur aktiv den Tierschutz, sondern ermöglichst durch einen Teil des Buch-Erlöses auch weitere und neue Projekte im Tierschutz-Bereich und im direkten Bezug / Zusammenhang auf das Thema Bardino und dessen Zukunft / Schicksal.

 Danke!

Um schon im Vorfeld einer gewissen Buch-Kritik zu begegnen…

- ➢ **1.)** Der relativ hohe Preis der Buch-Ausgaben
- ➢ **2.)** Fehler, Rechtschreibung und Grammatik
- ➢ **3.)** Bilder & Fotos ("Farbe" und Qualität)

1.) Der Preis des Buches begründet sich in erster Linie in den Druck und Herstellungs-Vorgaben des Verlags. Hinzu kommt die Problematik, dass bei einem solchen Buch nicht gerade hohe Stückzahlen zu erwarten sind und eine sogenannte Kleinauflage schwierig zu finanzieren ist. Auch die Tatsache, dass dieses Buch-Thema sicherlich nicht in das Schema der modernen Nachfrage und des heutigen Zeitgeistes passt und eine gewisse / notwendige Anzahl / Interesse von Lesern zu diesem Buch-Thema fehlt. Dies alles führt zu einer gewissen Problematik einer solchen Buch-Veröffentlichung.

2.) Es finden sich sicherlich im Buch gewisse Fehler, und der Fehlerteufel hat sich bestimmt in so manchem Kapitel ausgetobt?! Manche Fehler, Wortwahl usw. im Buch sind sogar bewusst und ganz beabsichtigt so gewählt! Dieses Buch soll ja auch real seinen etwas chaotischen Autor in einer ehrlichen und gewissen Form wiedergeben, so wie er persönlich nun mal in seinem Alltag ist, ohne etwas nur wegen der richtigen Grammatik oder richtigen Schriftform zu verfälschen! Persönlich bin ich weder ein professioneller Schriftsteller, noch Dozent der deutschen Sprache. Auch um die Kosten des Buches überhaupt in Grenzen halten zu können, konnte kein professioneller Lektor finanziert werden, und auch stand leider kein entsprechendes Verlags-Team oder fachliche Hilfe in einem bezahlbaren Rahmen zur Verfügung oder mir vor der Buch-Veröffentlichung zur Seite. Was aber den Inhalt des Buches, die Authentizität des Geschriebenen, dem Erlebten und all die gestreiften Fakten, Berichte und Geschichten angeht, entspricht dies der gestreiften Realität unseres Hunde-Alltags und all den Abenteuern mit diesen wundervollen Hunden.
Nur darauf kommt es wirklich an…und DANKE für euer Verständnis!

3.) Leider kann ich in diesem Buch nicht annähernd so viele Bilder & Fotos in "Farbe" veröffentlichen, wie ich es wirklich gerne gewünscht hätte! Farbliches Bildmaterial kostet hohe Aufschläge bei der Buchherstellung und dem entsprechenden Buchdruck. Daher musste ich mich leider auf eine sehr begrenzte Anzahl von "Farbfotos" einschränken und dies bei der Auswahl der Bilder immer wieder berücksichtigen!

Der Autor Stefan Klink, geboren 1967 in "Augusta Treverorum", war einige Jahre beruflich unterwegs, um die ein oder anderen "Tränen der Sonne" zu trocknen, oder mal wieder im Namen der Gerechtigkeit ein kleines Stückchen dieser Welt zu retten. Heute wandert er mit seinem Streifenhörnchen und Frauchen am liebsten den endlosen "Coast-Path" am Atlantik entlang, genießt endlose Tage in dieser einzigartigen Landschaft und etwas "anderen" Welt in "Kernow".
Immer auf der Suche nach den letzten Abenteuer dieser Menschheit. Macht er mal Wander-Pause, lebt er inmitten der tiefen Vulkan-Eifel auf einem Berg, hält Ausschau nach Feen und Kobolden, erforscht Drachen in den heimischen Auen, Wiesen und Feldern, übt sich als Druide im Kräuter-Garten und als "Hausfrau" in der Küche.
Ach ja; hin und wieder schreibt er merkwürdige Bücher über seltsame Themen, wie zum Beispiel hier über seltene, merkwürdige und "gestreifte" Hunde...